文化创新与跨学科文化研究

饶宗颐文化论坛论文集

刘洪一 主编

商务印书馆
创于1897 The Commercial Press
2019年·北京

图书在版编目(CIP)数据

文化创新与跨学科文化研究 / 刘洪一主编. — 北京：商务印书馆，2019
ISBN 978-7-100-17903-4

Ⅰ. ①文… Ⅱ. ①刘… Ⅲ. ①文化研究—中国—文集 Ⅳ. ①G12-53

中国版本图书馆CIP数据核字（2019）第233288号

文化创新与跨学科文化研究
刘洪一　主编

商 务 印 书 馆 出 版
（北京王府井大街36号　邮政编码100710）
商 务 印 书 馆 发 行
艺堂印刷（天津）有限公司印刷
ISBN 978-7-100-17903-4

2019年11月第1版　　开本710×1000　1/16
2019年11月第1次印刷　　印张16
定价：58.00元

目　录

根植华夏　和合万邦

——首届深圳大学饶宗颐文化论坛开幕式致辞

深圳大学　刘洪一

惠风和煦，群雅咸集，“文化创新与人类命运共同体国际学术研讨会”暨首届深圳大学饶宗颐文化论坛在深圳开幕。我谨代表深圳大学、深圳大学饶宗颐文化研究院，向各位与会嘉宾致以热忱欢迎和衷心感谢。

今年当值中国改革开放 40 周年，深圳从一个小渔村发展成为国际化大都市，并以高速的经济发展和突出的科技创新成为全球最具活力、最具竞争力的城市之一。在新的历史节点，全球区域文化中心城市和世界创意先锋城市成为深圳发展的新目标，深圳必将在文化创新发展上担负更大的历史责任，为中国、为世界作出应有的贡献。

深圳大学建校 35 年来，伴随着特区的发展快速成长，是深圳唯一的一所综合性大学。秉承开放包容、敢为人先的精神，学校坚持文化引领、创新驱动、内涵发展，立志把深圳大学建设成文化自信的排头兵、文化立校的典范、城市文化的风标和先进文化的策源地，在功利主义猖獗、人文价值缺失的时代，努力把学校建设成一所有灵魂的大学，建设成新时代人民满意的高水平特区大学。

深圳大学饶宗颐文化研究院于 2016 年 12 月成立。国学大师饶宗颐先生与深圳大学有着深厚的学术渊源，2017 年 7 月 12 日亲临深大见证研究院的揭牌，并任饶宗颐文化研究院名誉院长。如今饶先生走了，我们在此深切怀念先生，编辑出版了《饶宗颐纪念文集》。今天以饶先生名字命名的首届饶宗颐文化论坛在此举行，海内外学人云集紫荆山庄，可以说也是对饶先生的最好纪念。

21 世纪是人类文明全球化的世纪，信息技术、人工智能等科技发展以迅雷之势改变着人类社会和世界结构。如何在错综复杂的国际政治、经济、科技、文化条件下促进不同文化间的有效交流，弘扬中华优秀传统文化和世界文明的优秀成果，根植华夏、和合万邦，以文化创新的精神构建人类命运共同体，发掘和整理人类命运共同体的哲学基础和精神文化纽带，是一项急迫而极其重要的工作。

本次会议尝试突破学科的阈限，突出“跨界”的特点，围绕“饶学研究与跨学科视野”“中国文化自信与文化哲学创新”“传统文化的现代传承与国际传播”三个议题，开展多角度跨学科的理论研讨，衷心希望通过各位学界先贤的努力，能在上述领域作出具有前瞻性、引导性的思考和探索。

感谢各位出席本次研讨会，祝大家愉快安好！

饶宗颐先生的典范作用

法兰西学士院　汪德迈

在当代中国文化界，饶宗颐先生是一位继承传统、承上启下、开辟新路的典范。

第一，他不参与任何政治活动，在他身上体现了隐士的传统形象，但是他并非像山中隐士那样抽身出来；相反，他异常活跃，从世界的一端到另一端：从香港到北京，从剑桥、巴黎、华盛顿到布鲁塞尔、罗马、马德里，从日本到印度。

第二，他被公认为中国古典学界杰出的代表人物，从没有停止过对楔形文字和象形文字的研究，不仅有对中国、日本、韩国以及越南的考古学研究，甚至有对希腊、罗马或是更久远的欧洲史前文化的研究。

第三，他最钟情的研究领域是中国古典文学，其中各类研究，尤其是词方面的研究，他尤为擅长。他对法国古典文化也颇为偏好。

饶宗颐先生以其个人诸多学术著作和艺术作品为中国文化国际地位的提升作出独特贡献。可以说，他贡献的能量超越了任何软实力战略所能及的能量，他所贡献的，不靠权力的强加，也不靠其他软实力，因为这都不是其真正的价值。在世界范围内，要发挥中国文化的优势，最重要的，就是在中国培养更多的像饶宗颐先生这样伟大的精神领军人物。软实力战略是次要的，最主要的应在中国本土加强对中国文化特有价值观的支持和推介，包括文学艺术创作、政治、道德等方面，对教育、媒体以及当今所有的社会活动和行为给予正能量的支持。

（李晓红 译　欧明俊 审校）

学人的典范

——永怀饶宗颐教授

香港大学　李焯芬

余生也鲁，有幸在饶宗颐教授身边工作多年，包括当了十五年香港大学饶宗颐学术馆馆长。尽管学问未有寸进，仍能深深感受到饶教授的大师典范，包括治学精神和品德行谊。衷心希望，我们年轻一代的学人，也可以认真学习饶教授以下的一些优点。

一、勤奋和专注

第一点是他勤奋和专注。众所周知，饶教授学术领域之宽广、学术成果之丰硕，世间罕见。这些成就当然不是侥幸得来的。饶教授曾指出，他不是什么天才。他所有的学术成就，其实都是经过刻苦钻研而得来的。他八十年如一日，勤奋工作，夙夜匪懈，经常工作至深夜。饶教授八十八岁时曾轻微中风，原因正是操劳过度，影响了健康。当时他亲自校订十四卷二十巨册的《饶宗颐二十世纪学术文集》，经常挑灯夜战，废寝忘餐，导致身体违和。幸好经过几个月的调理后，又能如常工作，并可以经常外访。饶教授做学问的专注，亦是少有的。语云：学而优则仕。许多学者成名之后，就会被邀请担任系主任、院长乃至校长等职务。这些职务为一些学者带来了满足感与更多的名利。但行政工作或多或少会分了这些学者们的心，占用了他们的时间。饶教授不愿分神做这些行政杂务，坚持专心做学术研究工作。他数十年来初心不改，从来不旁骛，不挂碍。他的研究成果丰硕，远比一般的学者多，原因在于他的专注和勤奋。高等学府里的大教授

（或讲座教授，乃至院士），一般会有数百篇的学术论文，再加上几本专著（学术书籍）。而饶教授的学术论文逾千，专著逾百。古今中外，实在极为罕见。

量多之外，质当然也非常重要。读过饶教授学术论文的人，都知道他的论文没有废话，基本上第一句已经入题，而且充满创新突破的分析和结论。学术界的朋友们都知道：一篇学术论文的价值，在于它的创新和突破。自然科学（包括诺贝尔奖）如此，人文学科研究亦如此。饶教授论文的创新和突破，源于他的博学，亦即他对中国传统文化的深厚认识、坚实基础。与此同时，他非常重视考古发现和外国相关文献。这种旁征博引的治学精神，令他经常在学术研究中有创新和突破。我这里且举两个例子，和大家分享。

二、突破源于博学

例子一是中国禅宗的《六祖坛经》。据这本唐代佛教经典所述，禅宗六祖是目不识丁、没有文化的人。他因为听了别人诵念《金刚经》，于是便开悟了。这个说法一直从唐代传到近代，从来没有人会质疑。众所周知，饶教授的一个学术领域是地方志的研究。上世纪八十年代，他曾到六祖的出生地（广东省兴与县，即唐代新州）研究地方志。经过深入研究即考证之后，他得出的结论是六祖其实出生于书香门第，并不是目不识丁或没有文化的人。这个结论推翻了一千多年来的误传，如今已广泛为佛教界所接受。这正是文史研究导致创新突破的一个例子。

第二个例子是有关《史记·五帝本纪》："迁三苗于三危"的研究。上古五帝时代，华夏族逐渐扩大版图，从长江流域一直延伸至长江中下游，因而与当地三苗族群发生多次冲突，最后华夏取得胜利，并将"三苗"迁于"三危"。长期以来，史家认为"三危"是指敦煌的"三危山"一带。但也有不少令人费解的疑点。上世纪九十年代初，我就此请教饶教授：三危山一带似乎没有苗族后人；当地是沙漠区，似乎没有资源可以养活三苗这样一个大族群。饶教授也觉得这个问题颇有趣，于是着手进行研究。数月后，饶教授完成他的研究，写成了一篇论文，详细解释了史家长期以来的一个误解。所谓"三危"，并非指敦煌"三危山"，而是指中国的西南部。原来，精通甲骨文的饶教授从多块甲骨上的古文字发现，"危"在甲骨文中是指一个古代的方国“危方”，位于中国的西南方，印证了饶教授研究的结论。饶教授之所以有这个突破，是因为他研究上古史，又精通甲骨学。换句话说，突破源自他的博学。以往许多研究上古学的学者，都不一定懂甲骨学。博学令饶教授在他的研究中不断有创新和突破。勇于创新和突破，是我们应该学习的第二点。

三、人中君子

第三点我们应该向饶教授学习的是他高尚的品德行谊。我在饶教授身边工作多年，从来没有听闻过他骂人或者讲别人的不是，在人前没有，在人后也没有。他待人极为宽厚。与他在一起的时候，你永远都会感受到他的从容自在，让人如沐春风，非常舒服。有时，我觉得饶教授就像他喜欢画的荷花一样。荷花是花中君子，而饶教授就是人中君子。饶教授又喜欢荷枝的挺直，支撑这上面的一片片荷叶。他认为这象征着一种负荷或勇于承担的精神。他期望我们对二十一世纪的中华文化复兴与发展，亦应该勇于承担。

希望我们在缅怀饶教授这位伟人的同时，可见贤思齐，认真地学习以上他的各种优点，以期不断进步，自我完善。

饶宗颐先生的理论建设

香港大学　郑炜明

饶先生是一位中华传统文化中的通人，擅书画，能操缦，亦长于各体传统诗词、骈、赋、古文，在学术研究、艺术创作和文学创作三方面均深造有得，可谓一身兼文、艺、学三绝。先生自字“选堂”有三义，其因之一为对钱选“学艺双携”的景仰。加上先生有感于现今是一个学、艺隔阂分家的时代，故要求自己的学术研究与艺术实践合而为一，力图突破二者之界限，其在敦煌学方面的研究，便是一例。

饶宗颐先生，字伯濂，又字选堂，号固庵，1917 年生于广东潮州，学问渊博，著作等身。先生治学虽以考证为主，但亦不乏理论建树，现略述如下。

一、华学与关联主义的国学

饶宗颐先生虽有国学大师之美誉，但他本人甚少提及“国学”一词。他是主张用“华学”一词的。1994 年他创办主编了《华学》这份学术刊物，在发刊辞中写道：

> 中华文明是屹立大地上一个从未间断的文化综合体……从洋务运动以来，国人对自己的传统文化已失去信心，外来的冲击，使得许多知识分子不惜放弃本位文化，向外追逐驰骛，久已深深动摇了国本。“知彼”的工作还没有做好，“知己”的功夫却甘自抛掷。现在是返求诸已、回头是岸的时候了……我们所欲揭橥的华学趋向，有下列三个方面：一是纵的时间方面，探讨历史上重要的突出事件，寻求它的产

> 生、衔接的先后层次，加以疏通整理。二是横的空间方面，注意不同地区的文化单元，考察其交流、传播、互相挹注的历史事实。三是在事物的交叉错综方面，找寻出它们的条理——因果关系。我一向所采用的史学方法，是重视“三点”，即掌握焦点、抓紧重点、发挥特点，尤其特别用力于关联性一层。因为唯有这样做，才能够说明问题而取得较深入的理解。亚述语（Assyrian）文法上的关系代词（Relative Pronoun）有一个（Sa）字，具有 Whom、What 等意义，我在史学是主张关联主义的，我所采用的，可说是一种“Sa”字观，有如佛家的阿字观。

从饶宗颐先生的夫子自道，可知一般人心目中所谓国学，即先生心目中的知己功夫、返求诸己的传统中华文化之学，所以他会称之为华学。找回中华传统文化的真义，正是他认为应该重塑的民族文化自信心。先生在讲了华学的范畴之外，也谈及了他所主张的方法论：史学上的关联主义。他一向认为一切文化领域的研究，皆文化史范畴的研究，故必须具备史学的角度。他所提倡的研究方法上的史学的关联主义（Sa 字观、阿字观）等，以及所谓在研究时所采的纵、横和交叉错综等切入角度和坐标，其实最终皆可总结为文化的关联性研究。因此，笔者认为大可以将之称为饶先生的关联主义国学。至于文化的关联性，指的是文化源流的复杂性和多元化，这些你中有我、我中有你的内涵及其条理和因果等关系，正是饶先生最有兴趣、认为最值得探索的。

二、从“三重证据法”到“五重证据法”

饶宗颐先生早年以攻治地方文献及中国上古史地为主，中年以后兼治四裔交通及出土文献，壮年则由中国古代的研究扩展到人类文化史的研究，兴趣逐渐移到印度至西亚，而新世纪时又回归到中华上古史地。由于先生精通中国传统文献，史学根基深厚，又长期研治甲骨文、金文和战国秦汉文字，并通晓英、日、德、法等国语言及印度与巴比伦古代语文，研究问题能旁征博引，突破地域与学术门类的界限，并常能着人先鞭，发掘新问题，提出原创性的命题与立论，在多个学术领域皆有重要建树。

作为一个划时代的大学者，饶先生有着自己的研究方法论。

上世纪二十年代间，王国维提出“二重证据法”，主张运用“地下之新材料”，以印证古文献记载的数据，着重以两重证据互证，为考证学奠下新法，对传统学术研究进行了改造与革新。

过去数十年间，大量的文物与文献相继出土，面对这些丰富的史料，饶先生认为研究者应在前人的基础上继续发展，以缜密的方法与角度，对新出土文献进行研究，结合传统与科学的研究方法运用这些珍贵的资料。1982年，饶先生首次提出以“三重证据法”研究夏文化，认为“必须将田野考古、文献记载和甲骨文的研究三方面结合起来进行研究，互相抉发和证明”。而先生后来在《论古史的重建》一文中，再次阐述了“三重证据法”的要旨:“余所以提倡三重史料，较王静安增加一种者，因文物的器物本身，与文物之文字记录，宜分别处理；而出土物品之文字记录，其为直接史料，价值更高，尤应强调它的重要性。”此外，更提出史学研究必须采取的三种途径：一是尽量运用出土文物上的文字记录，作为我们所说的三重证据的主要依据；二是充分利用各地区新出土的文物，详细考察其历史背景，做深入的探究；三是在可能范围内，使用同时代的其他古国的同时期事物进行比较研究，经过互相比勘之后，取得同样事物在不同空间的一种新的认识与理解。

至于民族学材料，先生指出只可作辅助资料，而非直接史料，从而引申出他的“五重证据法”。笔者曾对于饶先生研究上古史所提倡的“五重证据法”做简析:

> 饶师是先将有关史料证据分为直接、间接两种，再分成中国考古出土的实物数据，甲骨、金文等古文字材料，中国传统的经典文献与新出土的古籍（例如简帛等）资料，中国域内外的民族学资料和异邦古史资料（包括考古出土的实物资料和传世的经典文献）五大类；前三类为直接证据，后二类为间接证据。他最主要的方法是通过比较研究各种证据中各种资料的关系（特别是传播关系）与异同，从而希望得出较为客观的论点。

从“三重证据法”至“五重证据法”的建立，可见饶先生所提倡的考证法兼顾直接证据和间接证据两个层面，以上世纪的新资料和新方法为向导，拓展出研究证据方法的多重性，发展了前人的方法论，是古史及古文献研究方法上的创建，并突破了传统文史研究学科的发展空间，引领研究者进入一个新的学术潮流。其实，这种研究方法，应可适用于华学研究的各个领域。

三、新经学的提出

饶先生所提的“新经学”，主要是想建立一套全面而系统的代表中华民族文化和思想、感情传统的“圣经”，因为每个国家和民族都应有其代表性的经典，这有助于建立民族文化自尊心和自信心。所谓“新”，是指：一、重新整理和研究，因为现在新出土了不少材料，要求我们做这个工作；二、重新界定传统的经的范围，不应只限于儒家；三、可扩大经的范围至各家各派的著作。先生提倡的乃中国古典学在新时代的复兴，为当代中华文化发展奠定了精神基础。

四、学艺双携——通人的培养

饶先生认为中国传统学问本就重视通古今之变，究天人之际，要求学者做通人。这个通究之道要付出极大心力。他就是这样教学生的。当代学术界重视专家，不重视通人，阻碍了人文学科的发展。先生主张学者可以先成专家，然后再追慕会通，以终成通人为目标。

饶先生极力主张，学术研究特别是在文艺研究方面，必须有一定程度的实践做后盾才能踏实。这是先生的另一重要教导。此所以他教古典文学，一定要学生写作旧体文学；他教艺术史，也同样要求学生兼通艺术创作。

饶先生是一位中华传统文化中的通人，擅书画，能操缦，亦长于各体传统诗词、骈、赋、古文，在学术研究、艺术创作和文学创作三方面均深造有得，可谓一身兼文、艺、学三绝。先生自字“选堂”有三义，其因之一为对钱选“学艺双携”的景仰。加上先生有感于现今是一个学、艺隔阂分家的时代，故要求自己的学术研究与艺术实践合而为一，力图突破二者之界限，其在敦煌学方面的研究，便是一例。先生长年致力敦煌学的研究，将理论、实践互为表里，例如，他用临摹古代壁画所得来的经验、技法等来研究中国传统绘画技法；另一方面，他又将中国绘画的传统技法，结合现代思维的表现方式、构图方式和绘画理念，通过其对中国西北地区的研究与体会，晚年开创了西北宗山水画派的理论和技法。

先生今遽尔仙游，了脱凡尘之锢，作为追随了他 38 年的学生和助手，的确悲欣交集；适逢编者命题索文，乃匆匆草就此篇，并致哀悼。

甘棠遗爱　德厚流光

——缅怀国学大师饶宗颐教授

深圳大学　王宋荣

转瞬间，一代鸿儒、被国际学界尊为“二十世纪中国学术界最后一位通人”的国学大师饶宗颐先生离开我们已经快一年了，但在我的心中，饶公音容宛在。

今年2月6日，饶公以“积润享寿一百有五”的高寿仙逝，社会各界纷纷致以深切的哀悼和怀念。一位学者能够享受如此哀荣，这在古今中外是不多见的。这是饶公毕生心系国家，致力弘扬中华文化并作出杰出、不朽贡献所赢得的崇高地位，其挚诚的爱国情怀、严谨的治学态度、卓越的贡献建树和高洁的人格魅力值得人们敬仰和怀念！

饶公长期致力于中华传统文化的学术研究和艺术创作，学识渊博，贯通中西，博古通今，在敦煌学、甲骨学、简帛学等当代显学领域里都有重大的贡献，又广泛涉及经学、史学、文学、哲学、宗教学、目录学、语言文字学、中外关系史、潮学等，在众多学科皆有突出成就，为国际汉学界所公认。他对诗词书画音乐亦无不精通，是当代中国最为著名的传统文学巨匠和杰出艺术家，在文坛、艺坛上独树一帜，造诣殊深。饶公平生著述在八十种以上，论文逾千篇，并世似乎没有第二位学人有能够与之比肩的神通。饶公同时又是杰出的教育家和文化使者，他情系教育，立足讲坛，到晚年仍奔走于国内各大高校和世界各地，不懈弘扬中华文化，做了大量卓有成效的工作。

饶公以百岁有余的高龄无疾而终，对于他自己来说，是心无挂碍地进入得大自在的天人之境，而对于中国以至世界学术界、艺术界来说，却是一个不可弥补的巨大损失。我有幸和饶公相识多年，屡次得饶公亲炙，悲痛尤切，感念尤深！

饶宗颐先生与深圳大学有着深厚的学术渊源，30余年来他一直关心深圳大学的发展。我曾经作为深圳大学领导成员，又是饶公的潮汕老乡，亲历饶公与深大的交往，经常聆听他的教益，获得他赐赠墨宝，深切体会他对深大和我本人的厚爱。

早在34年前的1984年9月，深圳大学刚刚成立一周年的时候，饶先生就与深大结下学术之缘。当时，饶先生在国际汉学界已经赫赫有名，在内地国学界也享有盛誉。深圳大学创办之初，聘请北京大学著名国学家汤一介和著名比较文学家乐黛云伉俪南下创建深圳大学中文系。乐黛云成了深大中文系首任系主任，汤一介先生则在深大创建全国第一个国学研究所。饶先生应汤先生邀请，出席深圳大学国学研究所的成立大会，担任国学所顾问，并为学生授课。1995年6月，饶先生受聘为深圳大学名誉教授，应邀访问深圳大学并为学生上课。当时，我陪伴先生左右，目睹他挥毫写下“贞石记万载，轻舆历八荒”对联赠予学校。2005年10月，饶先生又应邀担任深圳大学比较文学与比较文化研究所顾问。2011年5月，时任深圳大学副校长李凤亮教授和我到香港大学饶宗颐学术馆，向饶老介绍深圳大学为迎接世界大学生运动会，策划国画《鹏程万里图》长卷的情况，并祈请他惠赐墨宝。饶老欣然为画卷题写“鹏程万里图”五个苍劲大字的卷首，使画卷顿然增辉。同时，我们向他提出在深圳大学建立饶宗颐学术馆的心愿，饶老点头表示支持。2016年12月，深圳大学成立饶宗颐文化研究所并成为饶学联汇成员，饶先生应邀担任研究院名誉院长，他表示全力支持研究院的发展。2017年6月，饶宗颐先生为深圳大学饶宗颐文化研究院题写院名并致函祝贺。贺函中写道：“成立深圳大学饶宗颐文化研究院，不是对我个人的肯定，而是代表了一所高等学府传承和弘扬传统国学与文化的抱负”“目前作为深圳唯一的饶宗颐文化研究院，对深港澳大湾区教育文化事业，也必将承担起弘道重任”。贺函充分表现了饶公以弘扬国学和传统文化为己任不变初心和对深圳大学殷殷期望。同年7月12日，百岁高龄的饶老不顾舟车劳顿，亲临深圳大学，出席饶宗颐文化研究院揭牌仪式，给深大师生极大鼓舞。

几十年来，饶公对传承弘扬国学的不懈努力和卓越奉献，对深圳大学的期望和厚爱不仅仅体现在这些“大场合”上，还体现在许许多多的细节和对深大师生包括我自己的关爱上。据我所知，饶宗颐先生曾为深圳大学党委书记、深圳大学饶宗颐文化研究院院长刘洪一教授的《犹太文化要义》《圣经叙事研究》《两界智慧书》等学术专著题写书名，并对他的研究给予肯定和指导。饶公年高德劭，作为学术泰斗、硕学鸿儒，却平易近人，扶掖后进不遗余力。在追思饶老时，深大退休教授杨移贻深情回忆：20多年前的1996年8月，他到潮州参加“饶宗颐学术研讨会”，向大会提交了题为“商业文化汪洋中的大儒：试论商业文化与儒家文化的兼容”的论文。会议期间，他到饶公下榻的宾馆拜望饶公。饶公以一个忠厚长者循循善诱的情态与之交谈，对他文章的观点表示肯定。杨移贻还不揣冒昧，将他写的《七律·谒韩文公祠》《七绝·韩祠》两首习作请饶公过目并求指教，饶公也详细给予指点。每谈及此，杨移贻都十分感动感恩。

这几十年来，我有幸和饶公有比较多的交往。每次谒见饶公，都能聆听饶公教益。不仅如此，饶公还赐我墨宝，内容有“淡泊明志”“浑金璞玉”“积善余庆”“平常心”“厚德载物”等。

这些十分宝贵的馈赠，除了是他独具一格、高逸优雅的书法，其内容虽然简洁平实，却包含极其丰富的传统文化和人文精神，让我更深层思考人生。我反复学习，领悟其精神实质和教育意义，并努力去践行。

淡泊明志，语出《淮南子·主术训》：“是故非澹泊无以明志，非宁静无以致远。”诸葛亮《戒子书》：“非澹泊无以明志，非宁静无以致远。”澹泊，同“淡泊”，不慕荣利，生活简朴。宁静，安静沉着，不追逐名利与享受，表明高尚的志趣；平稳安静，踏实地走向长远目标。淡泊明志，就是说我们对生活的物欲不能过高，才能建立高尚之志趣。饶老是针对现实中存在的“天下熙熙，皆为利来；天下攘攘，皆为利往”的情况，希望我们能够克服一味追求物质享受、贪图功利的弊病，清白做人，廉洁行事，树立远大志向，不忘初心，砥砺前行。

浑金璞玉，未冶炼的金，未雕琢的玉，形容天生的美好品质。梁启超《节本明儒学案·师说·罗整庵钦顺》：“德行如浑金璞玉，不愧圣人之徒，自是生质之美，非关学力。”饶老题赠此四字，就是要我们保持赤子之心，保持像还未被雕琢改造的黄金美玉那样天生美好品质。

积善余庆，出自《周易·坤·文言》：“积善之家，必有余庆；积不善之家，必有余殃。”意思是一直做好事的人家，必定会得到很多幸福；经常做坏事的人家，就必然导致灾祸。饶老用“积善余庆”来勉励我们要多做好事，多结善缘，在处理人际关系时要突出一个“诚”字；对朋友要真心实意，对一切人都要尊重；要与人为善，多做“帮助别人、快乐自己”的事。

平常心是一个汉语词汇，也是一句佛教偈语，具体表现为对自己做任何事既要积极主动、尽力而为，又要顺其自然，不苛求事事完美。完美是相对的，不完美是绝对的。人生不一定追求满分。人生的“必答题”，如事业、婚姻等，能高分就不错；而人生的“选择题”，要因人而异，不必强求一致。幸福始终充满着缺陷，人或一辈子难免有缺陷和“短板”。要有从容淡定的自信心，做好每天要做的事情，享受生活，享受做好每一件事情所带来的快乐，就会有足够的力量承担一旦到来的挫折和痛苦。平常心应该是一种“常态”，是具备一定修养才可经常持有的，因为它属于一种维系终身的处世哲学，是我们在日常生活中处理周围事情的一种心态。平常心应该是一种“常态”，但要真正持有平常心，是需要有一定修养的，如孟子所说的：“仁，人心也；义，人路也。”因此，平常心也是一种至高至纯的人生境界。真正领悟平常心的意义，并以此为人生准则，从中获取无限的欢乐、满足和无穷的力量。成为一个珍惜平凡幸福的人，既要有崇高的精神境界，又要有睿智的理性思考。如此说来，平常心的内涵博大精深，看似平常的“平常心”，其实并不平常。

厚德载物，语出《周易·坤》：“君子以厚德载物。”晋·潘岳《西征赋》：“乾坤以有亲可久，君子以厚德载物。”道德高尚的人能承担重大任务，意思是指君子的品德应如大地般厚实可以承载万物。厚德载物，作为中华民族的精神和优良传统是十分重要的。一个有道德的人，应当像大地那样宽广厚实，像大地那样承载万物和生长万物。民国时期，梁启超在清华大学任教时，曾给当时的清华学子作了题为“论君子”的演讲，他在演讲中希望清华学子们都能继承中华传统美德，并引用了《周易》的两句话：一句是乾卦的“天行健，君子以自强不息”；一句是坤卦的“地势坤，君子以厚德载物”。以“自强不息”和“厚德载物”来激励清华学子。这两句话的意思是说：天（即自然）的运动刚强劲健，相应于此，君子处世，应像天一样，自我力求进步，刚毅坚卓，发愤图强，永不停息；大地的气势厚实和顺，君子应增厚美德，容载万物。此后，清华人便把“自强不息，厚德载物”8 个字写进了清华校规，后来又逐渐演变成为清华校训。

联系到大学教育，“厚德载物”不仅是人生哲理，也是教育哲理：以深厚的德泽育人利物，以崇高的道德、博大精深的学识培育学子成才。

这些墨宝，不仅是弥足珍贵的书法神品，更是一位国学大师对传统文化的传递和对后辈的厚爱和勉励。饶公学富五车，驰名当世，北辰星拱，万流景仰。他的人格魅力，如光风霁月，明德唯馨。他期望我们有高远的志向，有高尚的道德，有善良平淡的心灵，有天然朴实的品质。这些谆谆教诲，不仅长留我心，更成为我的传家宝和家训，教育一代又一代人。

1995 年 6 月，饶公受聘为深圳大学名誉教授时，以手书“贞石记万载，轻舆历八荒”对联赠予学校。此联出自《石门颂集联》。贞石，意为坚石，碑石的美称。语出南朝・齐・王屮（音：彻，草木刚长出来的意思）《头陀寺碑文》：“胜幡西振，贞石南刊。”宋・王禹偁《刻石为丘行恭赞序》：“贞观中，思念功臣，追琢贞石，具人马之状，立陵阙之前，以劝后人，垂之不朽。”鲁迅《且介亭杂文・河南卢氏曹先生教泽碑文》有“敢契贞石，以励后昆”之句。轻舆，轻车；八荒，也叫八方，指东、西、南、北、东南、东北、西南、西北等八面方向，原指离中原极远的地方，后泛指周围、各地。四面八方遥远的地方，犹称“天下”。这一联语，意思是用坚美的碑石，记载着中华文化流传万代；教育与学术研究，要像驾驶着轻车，驰骋在四面八方，领略天下风光。饶公是以此寄托对深圳大学重视中华民族传统文化的传承殷切希望。

2017 年 7 月，饶公致函祝贺深圳大学饶宗颐文化研究院成立，函中写道：“‘铜台鸣皋鹤，泮水遵渚鸿’；风雅归故里，中西铸黉宫，乃今朝之所见。‘闻多素心人，乐与数晨夕’；‘奇文共欣赏，疑义相与析’，是他日之所闻。”

铜台，即铜雀台。三国时期，曹操击败袁绍后营建邺都，修建了铜雀、金凤、冰井三台，即史书中之“邺三台”，是建安文学的发祥地。鸣皋鹤，语出《诗・小雅・鹤鸣》：“鹤鸣于九皋，声闻于野。”晋・潘岳《为贾谧作赠陆机》：“鹤鸣九皋，犹载厥声。况乃海隅，播名上京。”九是一个虚数，形容深远；皋，沼泽。鹤鸣于沼泽的深处，很远就能听到它的声音。比喻贤士身虽隐而名犹著。泮水，古代学宫前的水池，形状如半月，尤以曲阜孔庙最为有名。遵渚鸿：鸿鹄，大雁；渚，小洲。《诗・豳风・九罭》：“鸿飞遵渚”，原谓鸿雁循着水中小洲飞翔，后用以形容鸿飞。黉宫：又称文庙，即是纪念和祭祀孔子等先贤的祠庙，又是兴学立教之地，所以人们又常称孔庙、学宫，引申为学府、学校。

这是饶公希望深圳大学能够像铜雀台肇始建安文学、曲阜泮水弘扬孔孟儒学一样，在黉宫学府中有更多的“素心人”乐于晨夕研讨、传承，使中华文化的风雅，融汇世界各民族的文化，得以发扬光大。

饶公虽然驾鹤西去，但他遗爱荔园，光华永在！我想，深圳大学一定能够不负饶公期望，以传承和弘扬中华文化为己任，奋力疾行，在构筑人类命运共同体的实践中作出应有的贡献！

饶公墨宝

饶宗颐的意义

中山大学　吴承学

饶宗颐先生（1917—2018）已成中国学术史的一部分。按学界的说法，饶先生的学术研究包括：史溯、甲骨、简帛学、经术、礼乐、宗教学、史学、中外关系史、敦煌学、潮学、目录学、文章学、诗词学、艺术等多个领域。唐人诗云："倾国宜通体，谁来独赏眉？"倾国倾城之貌，在于整体之美，而非局部。对饶先生这样的学术通人，应该"通体"把握，才有可能准确地评价其学术成就与地位。但是，要真正把握其学术"通体"，绝非易事。真正有能力全面、深入研究和评价饶宗颐的学者，也应该是学术"通人"。多数按分科培养的现代学者，只能在某个学术领域里讨论饶先生。虽然这样难以遍识饶先生学术"通体"之美，但"独赏眉"也不失为快意之事。故笔者不揣浅陋，管窥锥指，恭待高明指教。

一、以文字学和文学做根柢

饶先生治学领域非常广阔，但他明确说明其研究基础是语言文字学与文学："中国的学问全是以文字学和文学做根柢，没有这两个东西其他都是空的。"[①]"我研治许多问题喜欢从语言上追上去，清代朴学的重要特征就在于非常重视文字音韵训诂校勘考证这一类的工夫，认为这是一切学问的基石。"[②]他特别强调研究中国文学要尊重中国语言文字的独特性，不能套用西方理论：

① 饶宗颐述，胡晓明、李瑞明整理：《饶宗颐学述》，杭州：浙江人民出版社，2000年，第64页。下引此书简称《饶宗颐学述》。

② 《饶宗颐学述》，第90—91页。

> 中国靠文字来统一，尽管方言繁多，而文字却是共同而一致的。这显示中国文化是以文字为领导。中国是以文字→文学为文化主力，和西方以语言＝文字→文学情形很不一样。这说明纯用语言学方法来处理分析中国文学，恐有扞格之处；尤其是诗学，困难更多。至若轻易借用西方理论来衡量汉诗，有时不免有削足就履的毛病了。[①]

饶先生长期研治甲骨文、金文、战国秦汉文字，由文字而及文学，拓展了早期中国文学研究。

掌握包括国外古典语言在内的多种语言，是饶先生治学的重要利器。他的名作《〈文心雕龙·声律篇〉书后》一文，从梵文的语音结构入手，来研究四声、音纽、反切之来源，认为“悉昙”是印度学童学习字母拼音的法门，随梵书东传进入中国，晋时道安已传其书，汉语四声之说，是受到悉昙影响而产生的，提出与陈寅恪先生《四声三问》不同的观点，在学术界产生了较大的影响，并引发相关的讨论。《梵语 Ṛ、Ṝ、Ḷ、Ḹ 四流音及其对汉文学之影响》一文，从梵语对汉语语言学的影响进而论及对文学的影响。饶先生从鸠摩罗什《通韵》的研究追溯到 Ṛ、Ṝ、Ḷ、Ḹ 四个梵文字母译文为“鲁流卢楼”，而唐代《悉昙章》以“鲁流卢楼”为和音，遂对中国宗教以及词曲文学的和声形式产生深刻影响。他以之解释张炎《词源·讴曲旨要》“哩字引浊啰字清，住乃哩啰顿唛喻”，其中的和声，就是出自《悉昙章》。而唐代宴席的“合生”，唐以来唱偈、道情、民间戏曲，乃至汉文化圈一些国家的艺术文学作品中，都有类似情况。“以‘哩啰’为和声的技巧，已由鸠摩罗什传到了现代。悉昙无意中影响中国文学达八个世纪左右，甚至道教等宗教信徒笔下，都有其遗声可寻。”[②] 这些研究考察外来语言对中国文学之影响，眼光独特，给人启发良多。

饶先生善于从语言学角度拓展传统学术领域的研究路径，他的《“言路”与“戏路”》一文讨论语言与古代戏曲发展、传播之间的关系，从戏文与方言的互相印证中，考证古代戏剧不为人知的传播路径。如 1975 年潮州出土明宣德六年《刘希必金钗记》写本，他用语言学的眼光加以审视，敏

---

① 《饶宗颐二十世纪学术文集》卷十一，台北：新文丰出版有限公司，2003年，第852页。下引此书简称《学术文集》，只注卷数与页码。

② 《学术文集》卷五，第743页。又参见《学术文集》卷五，第751页，《南戏戏神咒“啰哩嗹”之谜》。

锐指出："南戏的'戏路'传播途径，是从温州经福建至潮州，然后到南洋群岛和越南各地。"[①] 南戏的"戏路"正是随着以闽南方言为核心的"言路"广为流播。

饶先生的研究体系宏大，但他始终把文学视为所有学术研究的重要基础。他在上世纪 80 年代就明确说过："一切之学必以文学植基，否则难以致弘深而通要眇。"[②] 晚年时他又说："一切学术，均需以文学作底子。文学好，就不怕其他不好。"[③] 这种说法，决非应景而发，而是饶先生独到的治学体认。按照桐城派理论，文章之义法，不外"言有物"与"言有序"，而这两者的确是一切学术的基础。然而，饶先生不但以文学作为其他学科的根基，而且认为必须以文学为根基，学术研究才能"致弘深而通要眇"，这是对文学作用的高度认同。他说的文学，当然不仅指学术研究，也包括文学创作在内。古往今来，绝少人如此强调文学之重要性。饶先生没有进一步阐释为什么"一切之学必以文学植基，否则难以致弘深而通要眇"，以意推之，是因为真正文学之妙，在于能敏锐地感受世间万事万物最微妙之处，能写出人类最为复杂细腻的思想感情。文学构思必须具有"观古今于须臾，抚四海于一瞬"这种超越时空的想象力与创造力，也包括语言文字的运用，与思维逻辑是相通的。正因为文学必须具有感受力、想象力、创造力、语言表达能力以及思维逻辑，所以饶先生把文学看成是一切学问的基础，有了这个基础，就可以做好其他学问，并达到"致弘深而通要眇"的境界。

饶先生在中国文学研究方面，几乎涉及上古至近代中国文学各个时代与各种文体，涉及文学史与文学批评，主要可以归为几大领域：楚辞学、赋学、文选学、敦煌文学、文章学、诗词学等。《饶宗颐二十世纪学术文集》共十四卷二十册。另外，《饶宗颐新出土文献论证》收录《饶宗颐二十世纪学术文集》未收的许多论文，其中有不少皆是从新出土文献研究早期文学的。[④] 2000 年以前饶先生研究中国文学相关问题的学术论著，基本收录在《饶宗颐二十世纪学术文集》第十一卷"文学"、十二卷"诗词学"与第十四卷"文录、诗词"。但是，在此书各卷各册中，都有与文学研究

① 《学术文集》卷十一，第 920 页。

② 饶宗颐：《固庵文录》后序，《固庵文录》，沈阳：辽宁教育出版社，2000 年，第 279 页。

③ 引自胡晓明：《风雪夜行人》，《古典今义札记》，深圳：海天出版社，2013 年，第 111 页。

④ 沈建华编：《饶宗颐新出土文献论证》，上海：上海古籍出版社，2005 年。

相关的内容。比如，卷一“史溯”有早期神话传说的相关论文，卷二“甲骨”、卷三“简帛学”有许多由古文字引发的先秦文学论题，卷五“宗教学”涉及古代宗教文学。又如涉及敦煌文学就在第八卷“敦煌学”，涉及词集考，则在第十卷“目录学”。有些论文兼有不同学科性质，故被同时收入不同卷中。如《从云梦腾文书谈秦代文学》既收入第三卷“简帛学”，又收入第十一卷“文学”。此书之分卷颇有不足，固然有编者的问题，也因为饶先生涉及学科非常广泛，又互有交叉，的确难以明确按现代的学科来划分。

二、“治史之法”与文本之学

饶先生既说“一切之学必以文学植基”，同时又相当重视史学方法，喜欢用研究历史的眼光和方法来研究文学。《文辙小引》说：“念平生为学，喜以文化史方法，钩沉探赜，原始要终，上下求索，而力图其贯通；即文学方面，鉴赏评骘之余，亦以治史之法处理之。”[①] 他在晚年访谈录中进一步解释道：

> “以治史之法处理之”，必须从纵横两个方向加以理解。一个是时间，一个是空间。时间与空间不能分割。一般来讲，政治文化史，只是注重时间的演变，忽略空间，这是个缺陷。[②]

可见“治史之法”就是把所有学术问题放到具体的时间与空间及其有机联系中去考察。他研究作品往往从考据史实入手，考证时、地背景，还原历史，探讨作者处于何等现状与心态、写作因缘以及相关的人与事，研究作者写作受到前人何种影响，对后人又产生什么影响。“以治史之法处理之”的好处，就是言必有据，论而可信。饶先生许多文学研究论文，如《楚辞地理考·高唐考附伯庸考》《芜城赋发微》《虬髯客传考》《论顾亭林诗》《司马相如小论——非常之人与非常之文》《论庾信哀江南赋》等，致力于揭示作品所涉时、地、人、事，可视为一种特殊历史研究。他的专著

---

① 饶宗颐：《文辙小引》，《文辙——文学史论集》卷首，台北：台湾学生书局，1991年。

② 施议对编纂：《文学与神明——饶宗颐访谈录》，北京：生活·读书·新知三联书店，2011年，第30页。

中，如《楚辞地理考》《清词年表》等也兼具历史学性质。

饶先生认为，任何文本都是历史性的，文本研究也应该“以治史之法处理之”：“主要是一个 text。一个本，也可以说是一个源。就小的范围看，是本文，或者文本，就大的范围看，是本源。一定要追溯到那个源。这是我做学问的目标。”[①] 每一文本，必寻其出处，考察源流，辨其真假。这方面，目录学有极大的帮助。饶先生说：“我的很多学问的开展，第一把钥匙正是目录学。”[②] 但他的目录学又有自己的特色：“我的目录学是开发式的目录学。由此及彼，进入问题；由一个文献系统到另一个文献系统的展开，一路一步地爬梳过去。”[③] 在文学研究上，饶先生著有《楚辞书录》《词集考》《远东学院藏唐宋墓志目》等目录学专门著作。他考察文学及观念发展，往往也是从目录学角度来展开的。如《中国文学在目录学上之地位》一文中认为，“目录学本身的任务，是讨论典籍分类之专门学问，我们可以从历代典籍类别，看出某一种学问演进的过程。”[④] 从目录书分类系统，可以看出中国文学变迁的大势与文学观念的演进，这在中国文学史研究上，应该是一项重要的课题。

饶先生的研究是建立在文本细读基础上的。他为了写作《楚辞地理考》，看了一千多种志书。为了编《全明词》，遍读台湾所存明人文集及日本内阁文库、哈佛图书馆善本书库中明人的相关文献。[⑤] 他曾拟高似孙《选诗句图》而作《宋词采骚摘句图》，[⑥] 此摘句图选取宋人采用《离骚》意趣之词句，共摘选苏轼、晏几道等近百位宋代词人的“采骚”词句。这种摘句图的研制，是建立在文本细读的工夫之上的。编制《宋词采骚摘句图》除了需要熟悉《离骚》，还要遍读全宋词文本，并对其词意进行体会研判，才能从中摘出“采骚”词句来。“摘句图”是中国古代一种特殊的谱图式文学批评方式。《宋词采骚摘句图》从一个角度反映出《离骚》对宋代词人的影响。比如，从此图可以看出，辛弃疾是用《离骚》句意最多的宋代词人，可以看出辛词与《楚辞》之特殊关系。有此文本功夫，饶先生才敢下此独

---

① 施议对编纂：《文学与神明——饶宗颐访谈录》，第 21 页。
② 《饶宗颐学述》，第 48 页。
③ 同上书，第 78 页。
④ 《学术文集》卷十一，第 829 页。
⑤ 《饶宗颐学述》，第 77 页。
⑥ 《学术文集》卷十一，第 412 页。

断之语:“南宋词家，最喜欢用《楚辞》的字句，和摹仿《楚辞》文体的，要算辛弃疾。”[①]

细读文本，从文本中发现内证，是饶先生之所长。关于陆机《文赋》创作年代，逯钦立先生曾有周密考证，已得出陆机晚年所作的论断。但饶先生别出手眼，从《文赋》与陆机其他作品的文本关系出发，从文本内证角度去证明此论断。在《论〈文赋〉与音乐》一文中，饶先生提出:“《文赋》首段内暗嵌陆士衡所作诸赋之名。”《文赋》首段:“遵四时以叹逝，瞻万物而思纷。悲落叶于劲秋，喜柔条于芳春。心懔懔以怀霜，志渺渺而临云。咏世德之骏烈，诵先人之清芬。”饶先生认为，其中至少嵌有陆机平生所作《感时》《叹逝》《述思赋》《行思赋》《思归赋》《愍思赋》《浮云赋》《白云赋》《祖德》《述先》等赋之名与相关辞句，由此得出结论:“《文赋》自是其晚岁所作，故开首总述平生各赋，檃括为言。由此一端，足证《文赋》决非年二十所作。”[②]

精彩的文本分析，既基于博览之力，又须有雅鉴之功。清代词人项鸿祚（莲生）曾谓:“不为无益之事，何以遣有涯之生？”此语经过谭献《箧中词》品题，成为家弦户诵的名句。在《词与画——论艺术的换位问题》一文中，饶先生指出，这句话原出自张彦远《历代名画记》卷二:“妻子僮仆切切嗤笑，或曰：终日为无益之事，竟何补哉？既而叹曰：若复不为无益之事，则安能悦有涯之生？”[③]在项鸿祚之前，浙西词人厉鹗已套用过张彦远语:“张彦远云:‘非为无益之事，又安能悦有涯之生？’海内不乏雅流，得此亦悦生之一助云。”[④]然后饶先生分析项莲生对古语的改引:

> 项氏画龙点睛地把“悦”字改为“遣”字，“何以遣有涯之生”比“安能悦有涯之生”来得多么令人动容，句子活起来了，从此遂成名句。[⑤]

---

① 《学术文集》卷十一，第376页。

② 同上书，第495—496页。

③ 张彦远撰:《历代名画记》，北京：中华书局，1985年，第88页。

④ 《赏延素心录题辞》，厉鹗著、董兆熊注:《樊榭山房集·文集》卷八，上海：上海古籍出版社，1991年，第831页。

⑤ 《学术文集》卷十三，第347—348页。

这就不但指出此语的出处与传播源流，又指出其所以传诵的艺术原因。这种文本细读，兼用治史之法与鉴赏之法。

饶先生对文本的考据，往往采用多学科的知识和方法。余嘉锡《四库提要辨证》指出，岳飞孙子岳珂所编《鄂王家集》，没有收入岳飞《满江红》一词，认为此词是“伪作”“赝本”[①]。此后，夏承焘先生《论词绝句》：“黄龙月隔贺兰云，西北当年靖战氛。《玉海》舆图曾照眼，笑他耳食万词人。”其题解说：“岳飞北伐，目的在直捣吉林的黄龙府。而今传岳飞的《满江红》词，却有‘踏破贺兰山缺’句。贺兰山在河套西边，时属西夏，当时西夏和南宋并无战象。王应麟著的《玉海》载有西夏贺兰山图。王氏南宋末年人，还见此图，岳飞决不致于无此舆地常识，分不清贺兰山和黄龙府的。”又说：“明朝弘治年间，大将王越曾破鞑靼入侵军于贺兰山，明人刊岳飞《满江红》词于西湖岳坟，碑阴记年是弘治年间。作者疑《满江红》词或是王越幕府文士所作，托名岳飞以鼓舞士气。”[②]当时，争议者甚多。其中饶先生《贺兰山与〈满江红〉》一文对伪作说的反驳较有力量。[③]他首先从版本目录学和文献学角度，用宋人所引用岳飞诗之文献，有力地证明“飞之作品，不入于《鄂王集》者多矣”，故不能以《鄂王集》未收而否定岳飞《满江红》的著作权。又从文学创作特点指出：“词中用贺兰山字眼，乃借用回纥地名，不得谓其昧于地理也。”更重要的是用大量文献与石刻来说明：“王越平贺兰山，实在弘治十年冬。此词在景泰以前，早已流行。”[④]其中有一段文字：

> 夏氏因断此词为弘治间人拟托之作，实不可从。今汤阴岳王庙内肃瞻亭院壁上有天顺二年春二月庠生王熙书《满江红》，末句作“朝金阙”。余于一九八七年九月，从安阳至汤阴，曾摩挲此石刻，流连久之。[⑤]

这是颇带诗意的文本实地考察。饶先生对《满江红》的文本考据，得

① 余嘉锡：《四库提要辨证》卷二十三，北京：中华书局，1980 年，第 1452 页。

② 夏承焘著、吴无闻注：《瞿髯论词绝句》，北京：中华书局，1983 年，第 30—32 页。

③ 《学术文集》卷十二，第 253 页。

④ 同上书，第 268 页。

⑤ 同上书，第 264 页。

心应手地采用目录学、版本学、文学批评和田野考察多种方式，在此词真伪的学术讨论中，显得比较独特而有力。虽然此考据仍不能完全肯定《满江红》为岳飞所作，但至少有力质疑了余嘉锡、夏承焘先生所提出《满江红》为明人“伪作”的几条依据，从而维护《满江红》为岳飞所作之旧说。

三、文学考古与“学艺兼修”

杰出学者都有自己独到之处。饶先生非常重视和擅长利用新出土或新发现的文献来研究文学，互相印证，富有开拓性。饶先生说：“我很强调‘三重证据法’（指田野考古、文献纪录和甲骨文三方面的资料），一定要把考古遗存同传世文献结合起来进行考察和研究。”[①] 他有意识地把文学与考古学结合起来，这或可以称为“文学考古”。尤其是《楚辞》考古方面，他在上世纪 70 年代初期已导夫先路。根据学者统计，饶先生《长沙楚墓时占神物图卷考释》《荆楚文化》《长沙楚墓帛画山鬼图跋》三文，在 20 世纪《楚辞》考古方面论著中，发表时间位居前三。[②] 1972 年山东临沂银雀山汉墓出土竹简中，发现《唐勒赋》。饶先生《唐勒及其佚文——《楚辞》新资料》一文，不但研究《唐勒赋》，并且与宋玉《大言赋》《小言赋》的真伪问题联系起来，引发学界对此问题注意和讨论。[③] 90 年代，不少学者发表论文，把《唐勒赋》与宋玉赋联系起来研究，基本认定《大小言赋》《大小言赋》的真实性。[④] 1993 年 10 月，郭店楚简出土，轰动了学术界。多数学者利用郭店楚简研究中国哲学史和思想史，饶先生还利用它来研究中国早期文学，他撰写《郭店楚简与〈天问〉》《诗言志再辨——以郭店楚简资料为中心》《〈神乌傅（赋）〉与东海文风》《楚简〈诗说〉的理论及其历史背景》等多篇论文，大大拓展对早期文学的认识。其中，《郭店楚简与〈天问〉》一文，在郭店楚简中，找到可以阐释《天问》中“地何故以东南倾”一语的相关文献，为理解《天问》知识背景提供借鉴。[⑤]

---

① 《饶宗颐学述》，第 86 页。

② 参见陈桐生：《二十世纪考古文献与楚辞研究》，《文献》，1998 年第 1 期。

③ 原载日本九州大学《中国文学论集》第九号，收入《学术文集》卷十一，第57—63页。

④ 谭家健：《〈唐勒〉赋残篇考释及其他》，《文学遗产》，1990年第2期。汤漳平：《宋玉作品真伪辩》，《文学评论》，1991 年第 5 期。

⑤ 《学术文集》卷三，第 21—24 页。

由于秦祚短暂，秦代文学文献向来很匮缺。1975 年在湖北云梦睡虎地发现大批竹简，1976 年饶先生在巴黎看到相关材料，即敏锐地注意到其研究价值。该年 10 月 19 日他在香港大学做了专题演讲“从地下材料谈秦代文学”，谈到这些新材料中，有一种是秦始皇二十年一位叫腾的南郡太守的文书，可以补充秦代文学研究史料。[①] 他据此撰写的《从云梦〈腾文书〉谈秦代散文》说:“《腾文书》是一篇很好的散文，笔调很像韩非子的句法，行文很精采，念起来有铿锵的节奏，是水准非常高的一篇散文。这居然出于一个南郡太守的手笔。”“这篇文告完全站在法家立场说话，和韩非子的文章十分接近……文章写得非常好，这是很重要的发现。”[②] 饶先生对腾文书艺术价值的高度评价，不一定准确，但其眼光的确极为独到：他在出土文献中首次发现其他文学史家没有注意的新材料，并且把这些材料和韩非子文章加以比对，从而论证秦代文章的一些风格特点。

《汉书·艺文志》取《七略》之说:“小说家者流，盖出于稗官。街谈巷语，道听途说之所造也。”此前，许多学者都把《汉志》作为研究“稗官”的最早文献，以“稗官”之称始于汉代。但饶先生从新出土文献发现新问题。《秦简中“稗官”及如淳称魏时谓“偶语为稗”说——论小说与稗官》一文，发现云梦秦简秦律中即见到“稗官”一词，从而考据其原始意义，绝不是始于汉代，而是有更久远的出处。“可见《汉志》远有所本，稗官，秦时已有之。”[③] 他进而研究先秦时期稗官与小说、偶语的关系，把先秦文学研究推进了一步。

孔子说:“诗三百,一言以蔽之，曰：思无邪。”历来都认为“一言以蔽之”指的是孔子对《诗经》总体风格的概括。饶先生对上博简《诗序》做出解读，从而得出完全不同的见解：

> 向来我们对“一言以蔽”的涵义，在于概括三百篇，现在读了竹书《诗序》，用一言来断诗的涵义，几乎每一篇都可以用一字来下断语，像《关雎》之改,《樛木》之时,《汉广》之知,《鹊巢》之归,《甘棠》之保,《绿衣》之思,《燕燕》之情，是最好的例证……这十分明显，用一言以蔽之，是孔子采取“易简而天下之理得”的最方便的

---

① 据郑炜明等编:《饶宗颐教授著作目录三编》，济南：齐鲁出版社，2014 年。

② 《学术文集》卷十一，第 923—931 页。

③ 《学术文集》卷三，第 60 页。

> 读诗法，施用于《诗经》全部，或每一篇都可以用之。[①]

这就是说，“一言以蔽之”意思是，《诗经》每一篇“都可以用一字来下断语”，这是孔子提出来“最方便的读诗法”。这是迥异于以往的新说，虽非定论，但的确很有启发性。

把学术研究与艺术创作结合起来，这是饶先生传承中国学术传统的独特处。他认为：“古人说‘不通一艺莫谈艺’，我觉得是很有道理的，写作诗词和评论诗词常常可以互为体用。”[②]从文学批评角度看，具有创作经验的批评家对文学艺术的体验往往更深切。饶先生赞成“道通为一”，认为诗、书、画以及理论评论之间都有相通之处，可以互相借鉴。“这几种艺术在中国都是互用的，我想西洋也有这种情况，这是人类共同的一个想法：换位。”[③]饶先生明确地说：“我的目标是学艺兼修。”[④]他是学者，也是诗人、词人、辞赋家、古文家、书法家、画家、音乐家，在学、艺两方面都达到罕有高度。饶先生有雅人深致，故其研究往往能打通文学与艺术边界，拓展和加深文学研究。

饶先生喜欢沉吟把玩古诗，追摹古人，唱和古人之作，曾和谢灵运诗36首（收入《白石集》）、和阮籍诗82首（收入《咏怀集》），遍和清真词127章（编为《晞周集》），对古人体会更加亲切，对其批评也更有独见。饶先生又和姜夔词，编入《固庵词》[⑤]，对白石词独有会心之论。王国维曾批评姜词“二十四桥仍在，波心荡，冷月无声”“数峰清苦，商略黄昏雨”“高树晚蝉，说西风消息”等词的缺点是“隔”。饶先生在《人间词话平议》文中则认为，“此其妙处，正在于隔”：

> 予谓“美人如花隔云端”，不特未损其美，反益彰其美，故“隔”不足为词之病……词者，意内而言外，以隐胜，不以显胜。寓意于景，

---

① 饶宗颐：《兴于诗——〈诗序〉心理学的分析》之一《“一言以蔽之”的读诗法》，《饶宗颐新出土文献论证》，第201页。

② 《饶宗颐学述》，第94页。

③ 同上书，第99页。

④ 施议对编纂：《文学与神明——饶宗颐访谈录》，第2页。

⑤ 如《法曲献仙音》（双桨萍分）、《角招》（晚烟瘦）、《凄凉犯》（冰弦漫谱衡阳雁）等，《学术文集》卷十四，第572、575、583页。

而非见意于景。[①]

历来多称白石词“清空”，而饶先生《姜白石词管窥》一文，特别从姜夔的书法、琴律艺术入手，认为“骨力”与“风神”，是姜夔词、书与琴一致的艺术追求：“白石的书法要下笔劲净，正在练骨上着力，于词亦有同然。他论书主风神，以疏为贵，又要时出新意；他作词亦循着这条路径。”“所以我欲拈出‘风骨’二字，来评白石的词，较之‘清空’似更接近。”[②] 若没有对词艺与书艺、琴艺的深刻体悟，是不可能提出这些独特见解的，故饶先生说：“我这些观点都是很细微的感受，如果没有唱和的经历是感知不到的。”[③]

饶先生善画，又擅长从绘画、图像角度来研究文学，写出《文选序“画像则赞兴”说——列传与画赞》《〈楚辞〉与古西南夷之故事画》《词与画——论艺术的换位问题》《从“睒变”论变文与图绘之关系》《楚缯书之摹本及图像——三首神、肥遗与印度古神话之比较》等大量论文。《诗画通义》一文揭示诗与画的微妙关系：“天下有大美而不言，能言之者，非画即诗。画人资之以作画，诗人得之以成诗；出于沉思翰藻谓之诗，出于气韵骨法谓之画。”[④] 并从“神思”“图诗”“气韵”“禅关”“度势”“伫兴”六个方面，对诗画的相互体用探秘发微，深化了“诗画本一律”这一古老命题。又如利用图像学来研究文学。马王堆汉墓出土的《社神图》[⑤] 当时已有不少研究者，而饶先生《马王堆新出〈大一出行图〉私见》一文则据此讨论古代“图诗”“图赞”文体，并与《楚辞·远游》合证，角度非常独特而新颖。[⑥] 饶先生还利用图像研究古代神话。历来以为盘古之说最早出自三国时徐整《三五历记》，而饶先生《盘古图考》从一则盘古图新材料的记载，得出结论：“以盘古作图，汉末蜀中已流行之，则盘古之神话，最迟必产生于东汉。”[⑦] 这是对盘古神话产生年代的新见解。

楚辞研究历来都是显学，但饶先生仍凭借其特殊的艺术修养，开创出

---

① 《学术文集》卷十二，第 316 页。

② 同上书，第 234—235 页。

③ 《饶宗颐学述》，第 95 页。

④ 《学术文集》卷十三，第 342 页。

⑤ 此图名称有争议，有《社神图》《神祗图》《避兵图》等，饶先生称为《大一出行图》。

⑥ 《学术文集》卷十三，第 215 页。

⑦ 饶宗颐：《盘右图考》，《中国社会科学院研究生院学报》，1986 年第 1 期。

新境界。1957年他在德国第十届汉学会议上，提交《〈楚辞〉与词曲音乐》一文。他与多数楚辞学者的区别，在于他把艺术体验与文学研究完美地结合起来。饶先生说："写作《楚辞与古琴曲》，分析《离骚》'以声写情'的艺术手法，无不得力于我对古琴的熟玩。"[①] 他善音乐，能演奏古曲，所以注意到楚辞与琴曲的关系。他为了撰写"《楚辞》与古琴曲"部分内容，"曾下了半载的工夫，弹过数十遍，对它颇有体会"。文中写演奏《离骚》琴曲的体会：

> "长叹掩涕"段，双弹再作，描写涕泣之声；而飞猱、引上、退复，则表示叹息。《回车延伫》段，先以散声之滚、拂，状车马驰骤；未叠用虚点、虚罨、及掐、撮，凡再作三作，把屈原那一种徘徊返顾，不忍远离的悲伤怨慕的情绪，活现出来……[②]

在论文中，插入自己弹奏《离骚》古琴曲体会，这的确很独特，也只有"学艺兼修"才具备的绝招。饶先生又说："因为我懂音乐，所以我能够提倡词乐研究。从来研究词学的人，往往不太留心词乐，一方面他们也不太懂得怎样谱曲。"[③] 他擅长演奏古曲，从而留意到"词乐"这个颇受忽视的独特的艺术领域。他认为，此前学者所注意的问题其实只是"文学史上词与音乐的关系研究，并不是真正的'词乐研究'"。[④] 1958年，他与赵尊岳等合作出版《词乐丛刊》，写了《白石旁谱新诠》《陈澧越九歌译谱》《乐府浑成集残谱小笺》《玉田讴歌八首字诂》诸论文，"为词学中'词乐研究'这个领域奠下了一个基础"。[⑤] 此后，他对敦煌曲的研究也非常得力于对音乐的熟悉，从而开拓了一个新的艺术领域。

---

① 《饶宗颐学述》，第96—97页。
② 《学术文集》卷十一，第399页。
③ 《饶宗颐学述》，第97页。
④ 同上。
⑤ 同上。

四、“堂庑特大”与“拖泥带水”

饶先生曾说：

> 中国文化本来就是文、史、哲打通的精神生命，一方面是要把握住天人合一的文化大义，一方面要经、史、文、哲互为表里，这样贯穿起来通观全部，学问的背后才能有全体、整幅的民族文化精神生命作支撑，这样“堂庑特大”，才能到达“通儒”的境界。[①]

他在治学上呈现出宏大的气象和格局，正可当“堂庑特大”四字。钱仲联先生曾将饶先生与王国维、陈寅恪先生做比较：“今选堂先生之学，固已奄有二家之长而更博。”[②] 以饶先生以优越之治学条件和百岁之寿命，比二家更“博”，是可以肯定的。[③] 饶先生学术的“堂庑特大”，除了其过人之天赋，还基于其特别的认识论，这就是“超于象外”：

> 我一向观世如史，保持着“超于象外”的心态，从高处向下看，不局促于一草一木，四维空间，还有上下。这是我个人的认识论。
>
> 贯通上下古今，贯通万界万物，才能大彻大悟。[④]

贯通时空，大彻大悟，这是何等的气魄！饶先生立论极高，他探讨的是人类精神史，所谓“究天人之际，通古今之变”，在天、地、人之间立论。从人类文化历史高度审视国内与域外的文化交流史料，以开阔视野来研究一切对象的内涵和起因，而不局限于一时一地。

饶先生治学“堂庑特大”，不但因为广博，还因为他有一种自觉的系统意识。他曾比较中、西方汉学的某些特点与缺陷：

---

① 《饶宗颐学述》，第 91 页。

② 《选堂诗存·钱序》，《学术文集》卷十四，第 339 页。

③ 多年前，饶先生就曾说：“清末两位大学者——龚自珍和王国维，与他们比较，自不敢当，所不同的是，我比他们长命。龚自珍只活到四十九岁，王国维五十岁。以他们五十岁的成绩，和我八九十岁的成绩比较，是不够公平的。”参见施议对编纂：《文学与神明——饶宗颐访谈录》，第 17 页。

④ 施议对编纂：《文学与神明——饶宗颐访谈录》，第 30 页。

外国汉学家……讨论汉学上的历史问题，每每方才认识几桩事实，即喜欢企图建立一套理论拿来作全面的解释，有时不免“屈事以就理”。而中国人对自己的历史认识，似太过于注意一些零碎的事实，不敢轻易去作概括性的系统理论，好像胆识有点不够。①

他认识到中国学者的缺陷，所以有意在这方面表现出特别的“胆识”。令人敬佩的是，他越到晚年，这种学科意识越发健旺，越发自信，而绝无衰飒气象与心态。比如，倡导建立楚辞学、华学、新经学。1978 年，饶先生提出建立“楚辞学”。② 虽然此前已有人用过“楚辞学”三字，③ 但饶先生的“楚辞学”和传统的“楚辞研究”不同之处，在于倡导采用新的治学方法、新材料和新观念，更为系统地研究文化史问题。如《楚辞》与考古学、地理学、神话学、音韵学、音乐、绘画、域外文化等关系问题。1997 年，饶先生创办学术刊物《华学》，主张用“华学”代替“国学”或“汉学”指代中国传统文化。在他看来，“国学”这个名词无法作为中国文化的独有称谓，因为每个国家都有自己的“国学”。如果用“汉学”指代中国传统文化，容易跟清儒的“汉学”“宋学”概念混淆。西方汉学家往往带着西方人观点来看中国文化，使用“汉学”更不准确。④ 2001 年 11 月，他在北京大学百年纪念论坛上作题为“新经学的提出——预期的文艺复兴工作”专题演讲，提出在 21 世纪中国重建经学的理论框架。⑤ 2013 年，他再次提出“21 世纪是重新整理古籍和有选择地重拾传统道德与文化的时代，当此之时，应当重新塑造我们的‘新经学’”⑥，仍念念不忘建立“新经学”。

饶先生“堂庑特大”的学术境界，还在其强烈的创新性。他在学术上就像一位志在开疆拓土的将军，不像一般学者，一辈子只钻研某个时代、某个领域，甚至某本书。他是极有创作意识和欲望的学者，每每看到新材料、新文献，即启动广博的积累，迅速进行比对、综合，从各个方面和角度进行分析，从而产生新看法。有人总结，饶先生在治学上有 50 项“第

① 《饶宗颐学述》，第 122 页。
② 《楚辞学及其相关问题》，《学术文集》卷十一，第 23 页。
③ 徐英《楚辞札记》卷一即用“楚辞与楚辞学”之名。南京：钟山书局，1935年版，第2页。
④ 郑炜明：《饶宗颐主张用“华学”取代“国学”》，载2014年7月8日人民网强国论坛。
⑤ 收入《学术文集》卷四，第 7 页。
⑥ 饶宗颐：《中国梦当有文化作为》，《人民日报》2013 年 7 月 5 日。

一”。[①] 对此类统计，得意忘言可也。饶先生在文学研究领域里也有许多开创性的工作。他所编著、辑录的《楚辞书录》《词集考》《全明词》《清词年表》等都具有首创性。在学术研究上，独特性有时比“第一”更重要。1956年，饶先生编著的《楚辞书录》[②] 是第一部《楚辞》目录学著作，其值得注意之处还在于体现出和传统目录学不同的眼光。比如“图像”部分辑录自宋代至民国以来《楚辞》作品之图像，并详加考证，可以说涉及文学图像学以及诗与画关系问题，很有新意，也很重要。[③] “译本”部分收录包括德文、英语、法文、意大利文、日文的《楚辞》文献，[④] 这种外文目录反映出中国文学经典之外译与传播情况，传统学者未必有此眼光，或未必有多种外语能力。

近代以来，西学东渐，学者多注意到西方文学对中国之影响。直到晚近，学界才比较留意中国文学在域外的传播和影响。随着中国的崛起，这个问题越显重要。饶先生在60年代已注意到这个问题。《清词与东南亚诸国》一文选题非常独特：“有清一代，倚声之业，如日中天。作者綦众，凌越前古……雅声所被，覃及四裔。”[⑤] 当时研究清词的学者很少，对清词在海外影响与传播的研究，则基本是空白。饶先生在1939年佐叶恭绰选辑《清词钞》，就开始留心清词，1969年出版《清词年表》，对清词与词人的情况比较熟悉。此文讨论清代词人在东南亚之作与东南亚本土词人的创作，涉及的国家有越南、缅甸、泰国、新加坡。文章虽然简短，但确实显示出一种新的学术眼光和视野。随着时间的推移，相关话题并没有过时，其重要性反而日益显示出来。

饶先生提出，治中国文化宜除二障：“一是西方框框之障，二是疑古过甚之障。”[⑥] 他有强烈的本土文化意识和自信心，反对用西方概念强行比附中国文学，比如《连珠与逻辑——文学史上中西接触误解之一例》，反对用“连珠”这种文体来比附“逻辑”。他批评说：“自从中西思想接触以来，

① 陈韩曦:《饶宗颐学艺记》，广州：花城出版社，2011年，第240页。附表：“饶宗颐教授在学术研究上的50项第一”。此前胡晓明在《最后的通人：饶宗颐》一文已有相关说法，载《社会科学报》2002年11月28日第7版。

② 《学术文集》卷十一，第211页。

③ 同上书，第275页。

④ 同上书，第289页。

⑤ 《学术文集》卷十二，第360页。

⑥ 施议对编纂:《文学与神明——饶宗颐访谈录》，第25页。

外来名词许多径从日本吸取，国人无条件接受而不加以仔细探讨。”[①] 但另一方面，饶先生具有开阔的国际视野，善于用新方法与新材料来丰富传统学术，使之获得新的发展。《“天问”文体的源流——“发问”文学之探讨》（1976年）是文学研究的经典之作。文章开宗明义：“从比较文学的观点来考察，这种‘发问形态’的文学作品，自有它的源远流长的历史。”[②] 饶先生认为：“《天问》在文学上的价值，于《楚辞》中向来被认为最低，但它却有最特出的一面，为他篇所不及。”[③] “如果我们放开视野，把世界古代文学上的具有发问句型的材料，列在一起作出比较，以及从同样文体推寻它的成长孳生的经过，作深入的探讨，这种研究的方向，亦可以说几乎接近弗莱（Northrop Frye）所说的‘文学人类学’的范围了。”[④] 饶先生认为，“发问文学”不但在中国文学史上形成历代拟作传统，而且世界上一些最古老的经典，如印度《梨俱吠陀》、古伊朗的 Avetsta、《圣经·旧约》都有类似的发问诗歌。他从比较文学的角度来讨论《天问》，不是为了罗列材料，而是为了“说明人类写作的共同心理”。从古今中外作品中，看到全世界早期文明普遍有一种独特的“发问”文体。在这个基础上，他提出一个重要问题就是“文学人类学”，探讨人类学与文学的关系。“文学作品是人类精神的产物，人类学领域中的奇葩异卉……屈原的《天问》，不特是卓绝的文学产品，亦是无可忽视的人类学上的素材。”[⑤] 到20世纪末，“文学人类学”才在中国内地学术界较为兴盛，但饶先生在70年代就采用这种说法，令人感佩。

饶先生“堂庑特大”的学术格局和他读书、治学的“贯通”方法相关。他说：

> 我以为，读书须贯通，做学问也须贯通。长期以来，我养成了一种习惯，就是拖泥带水。这一习惯，说得文雅一点，就是一种联系，将十万八千里以外，看似毫无牵连的问题集中一起，进行探究。所以，

① 《学术文集》卷十一，第947页。
② 同上书，第35页。
③ 同上书，第52页。
④ 同上书，第53页。
⑤ 同上书，第52页。

面铺得较宽。[①]

"贯通"是饶先生的特色，也是其自觉追求。贯通与专精往往是一对矛盾体。现代学者大多是在特定的学科分类背景下进行研究，专攻某个领域。饶先生的研究全凭兴趣，信马由缰，自由发挥，所以"面铺得较宽"。从特定专业的专家看来，其研究未必都很精深。但是，学科贯通者的眼光和方法，自有优势。饶先生的头脑似乎是一个由各种专业数据库合成的超大数据库，凡遇一问题，即能迅速、自然地从各个不同学科领域的角度去考虑，从古今中外的文献中搜索、比对。不同学科贯通融合、互相碰撞产生智慧之光，或者起某种"化学作用"，合成新的成果，这是专守一业者所无法做到的。饶先生说："我的学问很杂，从上古到明清，从西亚到东亚，都有涉猎。这当中有一个好处，就是视野开阔了，联想层面就多，作比较也就客观、亲切了。"[②] 联系的方法与联想的思维，正是他的特长。饶先生论文的标题制作便反映出这种"拖泥带水"的研究特点，他非常喜欢使用"某某与某某"为标题。如《中国文学史上宗教与文学的特殊关系》《屈原与经术》《楚辞与词曲音乐》《〈楚辞〉与戏曲》《〈楚辞〉与古琴曲》《论〈文赋〉与音乐》《汉字与诗学》《元典章与白话文》《"言路"与"戏路"》《词与禅》《词与画——论艺术的换位问题》《清词与东南亚诸国》。这些"与"字句式，具有很强的学术联想力与学术张力。有些论文虽然不是这种题目，但其内容仍是这种思路。如《中国古代文学之比较研究》一文论及五个问题：名号与文字、诅盟与文学、史诗与讲唱、诗词与禅悟、文评与释典。这些问题之间，按他自己的说法："相去九万八千里，拉扯得很远……我只希望在文学解悟上，和大家一同找出'向上'一路。"[③] 此篇文章涉及文学发展史、文学批评史的许多重要问题，显现出宏大的学术气魄与联想力，给人以向上一路的启示。

饶先生所说的"联系"或者"拖泥带水"，听起来似乎简单，其实极为艰难。"联系"首先需要具备敏锐的学术眼光与识力，能找到不同研究对象之间的内在联系，还需要具备广博的学科知识、艺术修养以及古今中外语言能力。比如《穆护歌》是隋唐时代乐府诗，饶先生《〈穆护歌〉考——

① 施议对编纂：《文学与神明——饶宗颐访谈录》，第 7 页。

② 《饶宗颐学述》，第 90 页。

③ 《学术文集》卷十一，第 828 页。

兼论火祆教、摩尼教入华之早期史料及其对文学、音乐、绘事之影响》一文引证近百种文献指出:“牧护、穆护原为祆教僧之称。由于祆教之普及,唐宋以降,穆护已成为一通名。故以其所唱之歌,通称为《穆护歌》。”①并由此研究火祆教入华的早期史料,涉及中外交通史、文学、宗教、艺术、语言等多学科领域的偏题与难题。这种选题是只专攻某学科的学者所无法想出来的,或者没有能力完成的。

五、饶宗颐的意义

阮元说:“学术盛衰,当于百年前后论升降焉。”(《十驾斋养新录〉序》)要准确、恰当地从学术史角度评价饶宗颐先生的学术成就、地位与影响,现在为时尚早,这需要较长时段的历史检验。不过,有一点可以肯定:自20世纪中国的人文社会科学经过广泛西方化、专业化的影响之后,饶宗颐继承王国维、陈寅恪先生等前贤,走出一条在现代学术与国际汉学背景下回归中国学术传统的独特之路。他努力在“博古通今、中西融贯”这个层面上回归中国学术传统。他在学术史上的得失轩轾,大致缘于此。

如果说,现代学术研究已经处于高度的学科专业化,饶先生的治学方式则更像中国传统学者,于学无所不窥,经史子集四部兼治。饶先生曾幽默地自称在学术上“无家可归”②,他以一人之力,涉及古今中外众多学科领域,可谓“博古通今、中西融贯”。当然,就其特定领域与具体问题的研究而言,论证未必都周全严密,结论未必皆精当不灭。但他的研究容或有粗疏,决无凡庸平浅;容或有零碎,决无框框套套。

饶先生在学术研究上,快意于开疆辟土,而不经意于屯垦戍边。他的治学特色是创造性优于严谨性。他敢为天下先,“先”并不等于典范。学术史上,有许多“前修未密,后出转精”之例。饶先生一些研究,尤其是对新发现的材料,往往有感即录,敏锐而简要地提出问题,点到为止,近乎读书札记,吉光片羽之中,包含闪光的思想。后来有些问题得到深化或修订,有些则由于兴趣转移或无暇顾及。另外,饶先生喜欢用大题

① 《学术文集》卷十二,第29页。

② 引自《专访港大饶宗颐学术馆研究中心主任郑炜明》,《时代潮人》,2012年第1期。

目，往往题大而文小，题目富有启示性，论证方面则未能尽意。这些都给后学者留下许多可供深入研究的空间。比如，“诗妖说”在中国古代是一个很重要的命题，饶先生《诗妖说》[①]一文在杜文澜《古谣谚》所载文献基础上，补充抄录相关几条材料，并没有更深的系统阐释，虽然只是寥寥数百字，但提出一个重要的学术问题，即神秘文化对古代文学批评的影响。“诗妖”是异常社会状态下所产生的异常诗歌。“诗妖”理论与传统的“诗言志”说的相通处是强调诗歌与政治的直接关系，不同之处在于“诗言志”说把诗看成现实的反映，而“诗妖”说不仅强调诗歌产生的现实基础，更把诗歌看成是现实的先兆。所以，“诗妖”说值得后学者继续深入系统研究。[②] 1972年，临沂银雀山汉墓所出土的《孙膑兵法》，其中有《客主人分》一篇。饶先生《释主客——论文学与兵家言》一文指出，“客主”是兵法上的一个术语，然后又指出：“兵家主要观念，后世施之文学，莫切于气与势二者。”[③]此文题目与意义都非常大，因为它揭示了中国文学批评史上“文学与兵法”关系这一重要话题。但是该文只有几百字，虽提出问题，而未加细论。后来者在此基础上可以继续深入研究。[④]

饶先生在学术研究上有些结论是确证，有些只是提出某种可能性或猜想。他很早就注意到佛教对刘勰的影响，1954年他就发表《文心雕龙与佛教》一文，此后，又撰写《〈文心雕龙〉与〈阿毗昙心〉》，认为两书有相通之处：“六朝初期，《阿毗昙心》之学盛行。”刘勰居定林寺，从僧祐学佛经，深于佛理，对此书“当甚熟悉。其撰《文心》此书，亦以‘心’作为书名。虽与《阿毗昙心》之名偶合，未必无‘窃比’之意。为最上法之要解，号之曰心；为文之要解，自亦可号之曰心。”[⑤]《〈文心雕龙〉与佛教》一文，从几方面研究《文心雕龙》与佛教之关系，并指出：“凡二种不同文化经过接触交流浸灌之后，便可收融会贯通之效。刘氏的《文心雕龙》，正是一绝好例子。”[⑥]他列举《文心雕龙》和“释氏思想有连带关系”的例

① 《学术文集》卷四，第214—215页。

② 参见拙作《论谣谶与诗谶》，《文学评论》，1996年第2期。

③ 《学术文集》卷十一，第859页。

④ 参见拙作《古代兵法与文学批评》，《文学遗产》，1998年第6期。

⑤ 《学术文集》卷十一，第1056页。

⑥ 同上书，第1070页。

证，如认为“刘氏征圣的态度和佛家思想似乎不无关系”，[①]刘勰是从佛教唯心论以立说，故该书命名《文心》，又认为全书体例严密，也受到佛教的影响。还有“带数法的运用”，如《知音篇》标揭“六观”：“这是归纳为若干事类后，用数来统理它，很像佛家术语的‘三观’‘三量’等等……中国古代学者，亦常用这种方法，但没有佛门那样用得区分明细。晋、宋以来，处理佛经界品，便是常用这种‘带数法’的。”[②]这提出一种富有新意的启发性推测，但又很难得到实证，故未能完全让人采信。又如饶先生认为文天祥《正气歌》题目之“正气”一词，源于《楚辞·远游》“求正气之所由”一语，这当然可备一说。[③]然孟子倡导“养气”，其“浩然之气”即指正气，正大刚直之气。《孟子·公孙丑上》：“我善养吾浩然之气……其为气也，至大至刚，以直养而无害，则塞于天地之间。”文天祥《正气歌》：“天地有正气，杂然赋流形，下则为河岳，上则为日星，于人曰浩然，沛乎塞苍冥。”从文本来看，《正气歌》对“正气”的描写，应该更接近孟子对“浩然之气”的描述，《远游》受其影响的可能性也许更大。“正气”一词，在古代使用得很多，饶先生提出《正气歌》“正气”一词出于《远游》，此说显得有些随意。

饶先生的中国文学研究，既给后人提供了仰望的典范，也留下许多启迪与空间。他曾说：“我历年来不断提出许多仍待解决的问题，后浪推前浪，有无穷的新领域，正等待后人去耕垦、拓殖。”[④]后学者纪念饶先生最好的方式，就是领略其学术精神与学术智慧，追随其步伐在广袤的学术领域中，继续“耕垦、拓殖”。

---

① 《学术文集》卷十一，第1062页。

② 同上书，第1064页。

③ “（戴密微教授）曩曾与余论及文天祥就义前之《正气歌》，嗣因读《远游》，方知‘正气’二字，实出该篇‘内惟省以端操兮，求正气之所由’句。”《骚言志说》，《学术文集》卷十一，第21页。

④ 郑炜明编：《论饶宗颐》，香港：三联书店（香港）有限公司，1995年，第519页。

悼哲人之长往　怀斯文之永存

香港珠海学院　张　惠

刚好我曾有幸参与过香港浸会大学饶宗颐国学院和深圳大学饶宗颐文化研究院的成立过程，在此期间有两件小事给我留下了非常深刻的印象。

2012年，时任香港浸会大学中文系系主任的陈致教授筹备成立香港浸会大学饶宗颐国学院期间，曾带领我们几位老师一起去香港大学饶宗颐艺术馆拜访。我记得当时饶宗颐教授精神矍铄，依次亲切地与我们握手，并合影留念。艺术馆的藏书很丰富，参观的时候我随手一翻，竟然发现了之前一直听说却没有见过的《红楼梦的两个世界》的英译本。我大喜过望，立刻请求说可不可以复印。现在想想，作为一个初次拜访的年轻小教师，这个要求实在是太冒昧了。但是饶宗颐艺术馆立即安排了复印并当即就把资料交给了我，不但没有收取费用，还勉励我善用资料好好研究。

这件事情使我感受到饶公奖掖后进不遗余力。同时饶宗颐艺术馆不仅有丰富的中文藏书，还有许多西文藏书和期刊，使我领略到饶公中西兼备的博大深沉。

2016年，深圳大学刘洪一书记、李凤亮副校长、田启波主任在筹备成立深圳大学饶宗颐文化研究院期间，曾组团来香港参加饶学联汇。他们先是参观了香港浸会大学饶宗颐国学院，并与陈致院长亲切交流。晚上在湾仔会展中心大家一起出席了盛大的饶学联汇。当时全国各地二十余家饶宗颐国学院、文化研究院、艺术馆等学术团体参加，联汇由当时的特区行政长官梁振英先生主持。晚上圆桌晚宴还由未来的特区行政长官林郑月娥女士坐在饶公旁边相陪（当时林郑月娥女士还未当选特区行政长官）。在台上合照之后，大家也非常希望能够和饶公单独合影，所以依次排在圆桌旁边等待。因为拍照的时间和角度，陪坐旁边的林郑月娥女士要频频避让。

但是林郑月娥女士始终面带微笑，不以为忤。这使我进一步领略到大家对饶公的景仰与爱护。

2017 年深圳大学饶宗颐文化研究院成立，我有幸成为客座教授并应邀做了红学讲座。2012 年在香港大学饶宗颐艺术馆查找红学资料，2017 年在深圳大学饶宗颐文化研究院做红学讲座，这是多么奇妙的缘分。饶公的学术清辉，柔光普照，小小分润，已是我前行路上之明烛。

2017 年圣诞节之际，饶宗颐教授还为深圳大学饶宗颐文化研究院院长刘洪一书记的新作《两界书》题词“两界智慧书”，这说明饶公直到生命的最后，都对学术念兹在兹，无时或忘。

借香港浸会大学饶宗颐国学院陈致院长悼词以表我辈怀念之情：

南天柱折，北辰星黯，颂饶公其千古，奠心香之一瓣。

惟望阐扬饶公之治学精神，弘益饶公之学术成就！悼哲人之长往，怀斯文之永存！

赵令扬、饶宗颐《正统论》之比较研究

深圳大学　赵善轩

前　言

上世纪七十年代，香港史学界于史学上的正统问题曾有一番讨论，如1971年罗炳绵发表《梁启超对中国史学研究的创新》一文，阐述梁启超对史学上正统论的观点，开启了史学界对正统论的讨论热。[①]1976年，曹仕邦发表了《论释门正统对纪传体裁的运用》，把正统问题从政治史学史伸延至宗教史研究，讨论佛教著作争夺正统的话语权。[②]同年6月，时任香港大学文学院中文系教授赵令扬先生出版了《关于历代正统问题之争论》一书（香港：学津书店出版，1976年，下称《关于》）。翌年，香港中文大学中文系教授兼系主任的饶宗颐先生出版《中国史学上之正统论：中国史学观念探讨之一》（香港：龙门书局，1977年，下称《正统论》）一书。两书出版的时间相当接近，而所探讨之问题，皆为中国史学家对于朝代正统之争议，主题也大抵相同。

《关于》一书，可分为"正文"（第1页至74页）及"数据辑录"（第

---

① 罗炳绵：《梁启超对中国史学研究的创新》，《新亚学报》，1971年第10卷第1期（上册），第6页。

② 曹仕邦：《论释门正统对纪传体裁的运用》，《新亚学报》，1974年第11卷（上册），第149—222页。

75 页至 166 页）两部分[①]：而《正统论》一书，同样有“通论”（第 1 页至 56 页）与“数据部分”（第 61 页至 384 页）。[②] 两书先后出版，本来应是一时瑜亮，惟饶先生在书中对赵令扬《关于》一书略有微言[③]。饶先生指出：“（吾）深喜致力之相同，尤忻其先我着鞭”；“惟赵书并非全面探讨”；“（《关于》）首倡于邹衍五德之说，似非其宝，因德运说主旨在解释朝代更替之原理，虽王夫之尝云正统之论，始于五德，此谓借德运说以论正统则可，谓邹衍倡为正统，则不可也……”（第 384 页）然而，迄今为止并没有专门论文对二书作出比较分析，凡提及《关于》者，如朱渊清《国史上正统论所涉及的问题》、朱维铮《研究历史观念史的一部力作》等文，也只是一笔带过[④]，而他们对《关于》一书皆未有深入分析，也可能是他们根本未有读过赵书的缘故，只不过是从饶书中而得知《关于》的大概，故本文认为此题目仍然实有深入讨论的空间。再者，若要反驳抄袭之说，也必须对二书有更深入的了解。

事实上，饶宗颐《正统论》一书问世后，旋即在两岸三地学术界引起极大回响，此书曾多次再版，并有多篇书介述评。反而，赵令扬《关于》一书受到学界长期的忽略，加上受到饶宗颐的批评，以致学人多扬饶而轻赵。最近，本文作者重读二书，发现两者各有长短，而《关于》一书的读者不广，学者对其内容知之甚少，加上从未有文章对两书作出详细的比较，故有需要重新作出审视。

一、饶宗颐对《关于》的批评

郑炜明先生的文章有一段提到赵、饶二书，并且对两书作出简单的比较，现引述如下：

---

① 此书为 16 细开，直排，每页约六百余字。

② 此为龙门书局版，32 大开，横排，每页约五百余字。

③ 赵令扬，1961 年毕业于香港大学中文系，1963 年获文学硕士，指导教授为罗香林，硕士论文《唐宋时广州市舶司研究》，后赴并于澳大利亚，并于 1968 年获悉尼大学颁授哲学博士学位，参见李焯然、梁绍杰编：《赵令扬教授上庠讲学五十周年纪念论文集》前言部分。饶宗颐于 1952 年至 1968 年间，任教于香港大学中文系，参见澳门饶宗颐学艺馆，学术年表见 http：//www3.icm.gov.mo。

④ 朱渊清：《国史上正统论所涉及的问题》，载香港浸会大学饶宗颐国学院：《饶宗颐学术研究论文集》，香港：中华书局，2015 年，第 53 页；朱维铮《研究历史观念史的一部力作》（代序），载饶宗颐：《中国史学上之正统论》，北京：中华书局，2015 年，第 1 页。

（1）（《正统论》）谓赵书并非全面探讨；

（2）（《正统论》）谓赵书考正统论之起源失实；

（3）（《正统论》）谓赵对正统论之理解有所缺失；

（4）（《正统论》）谓己书网罗辑录资料较赵书丰富详尽，且每于辑录之资料下着有按语，以微言隐义。

又云：

经检视二书，细加比勘后，笔者（郑炜明）认为饶先生的著作乃一部出版在《关于历代正统问题之争论》之后，但内容比《关于历代正统问题之争论》更为充实和准确的著述。事实上，饶先生的著作16开本共397页，而《关于历代正统问题之争论》则为32开本共176页。因此，饶先生的著作，是在学术上超越了《关于历代正统问题之争论》。学术界常言后出益精，饶先生此着不失为一个上佳的例证。”[①]

无可否认，《正统论》在学术上有极大的突破，此是《关于》一书所不能冀及，但两书的性质本来就不尽相同，也不能单以字数篇幅而论高下，而必须更详细地比较二书的内容、观点、方法、材料等方面。事实上，赵令扬先生谓其自1969年起于香港大学任教中国史学史课程，“积六年授课之经验，知正统问题不单在史学史上为一重要之课题，同时在思想史上也是十分之重要。于是开始搜集有关资料，……”[②] 由是观之，《关于》一书本来就是香港大学的史学史课程之副产品，书中内容集中介绍近人有关思想史的著作的介绍。细读此书，也不难发现，赵氏在写作方法上，乃近于编撰教材讲义而非学术专著，而书中每章均列明注释出处，又介绍许多中外学人之研究成果，又详细列出参考书目，其所用版本，一目了然，使读者对近人的史学史研究有大概的了解，颇有参考之价值，此实大异于《正统论》的成书立意。

饶先生在书中的《小引》中忆及本书之缘起，乃始于做客耶鲁大学著名中国史学家 Arthur F. Wright 的比较史学研讨会之时，后于台北故宫博物

---

① 郑炜明：《饶宗颐先生的生平、志节和学术考略》，香港浸会大学饶宗颐国学院饶学研讨会，2015年，第20页。

② 赵令扬：《关于历代正统问题之争论》，香港：学津出版社，1976年，前言，第1页。

院觅得外间罕见古籍，并在访问法国远东学院之时，列为研究成果之一，最后历五年而成。[①]《正统论》本为学术专著，初版有“中国史学观念探讨之一”的副题，其体例近于干嘉史学，每每在大段引文之后，再加上作者的案语或断语，此实大异于《关于》的现代学术论文写作方法。由此可见，两书的性质本来就不尽相同。

二、赵、饶对正统论起源的探究

饶先生在《正统论》的“后记”中对《关于》有颇严厉的批评，其主要认为赵令扬对正统论起源的理解有误。事实上，《关于》主要集中在宋金元明清的正统问题讨论，作者又另立一章为“宋以前之正统论”（第4页至12页），而对于隋唐时期的正统问题，竟然只字不提，显然不符“历代正统”之主题。至于宋以前的情况，仅属背景简介。本文认为，《关于》应改为《关于宋代以来正统问题之争论》更佳，此大概是因为赵氏长年专攻近世史（尤专于宋明清史）之故，非如饶先生般对于中西古今文史宗哲皆有所涉猎。反观《正统论》一书，第五章至第七章处理了中古史学正统争议的问题，涉及晋初至唐代数百年的演变，（第27页至40页）其名符其实地疏理了中国史学上数次重要的争议。

另一方面，《关于》第一章开宗明义地引用《史记·孟子荀卿列传》，并指出：“正论之论，首倡于邹洐五德终始之说……”（第4页）然而，数段之后，他马上补充：“从王夫之所言，知汉时有关朝代转移之观念，已从五德终始说变为正统之论。无论五德终始说或正统之论，对当时政治之发展有莫大之关系，故其对中国史学之发展，也有密切的联系。”（第5页）读毕《关于》，方知饶先生指“（赵令扬）谓邹洐倡为正统，则不可也。”其实是误读了《关于》的本意，赵氏并没有把两者列为同一关系或从属关系，而不过是指出其关系密切，即他认为两者乃属于逻辑上的关联关系，而非因果关系。饶先生极可能受到《关于》封面折页上的简介所影响，其写上“正统之论，肇自五德。援之入史，迁、固其首也。”然而，《关于》的介绍与内容其实不尽相同，实在有误导读者之嫌，也无怪饶先生会误解赵书之内容。

---

① 饶宗颐：《中国史学上之正统论》，香港：龙门书店，1977年，小引，第1页。

《关于》的行文也确有许多不明确的地方，容易引起误会。再者，赵氏对于正统问题的起源，也再没有深入探究，殊为可惜，但《关于》在第一章注释中，指出日本学者内藤湖南为现代史学正统论研究的开端，但“参考书目”所列的外文资料中，并没有内藤氏的著作，反而赵氏把《支那史学史》（东京，1920 年）一书列入中文专著之列，似是编排错乱之故。《关于》的“参考书目”中，另有日本学者著作三种，分别是仓石武四郎《小说家正统论》（支那学论丛，1928 年）、爱宕松男的论文《辽金宋三史编》（《文化》第十五卷四期，1951 年）等东洋学术界的作品。同时，赵氏又介绍西方近年新作，如 Van der Sprenkel［horonologie et historiographie Chinoyes”, *Melanges publies par I, institute des Hantes Etudes Chinoies II*（Paris 1960）］、陈学霖［The *Historiography of the Chin Dynasty: Three Studies*,（Wiesbaden 1970）］等多部新近的著作，对读者来说，此一学术回顾也有相当的参考价值。同时，赵氏的作品也启发了其学生李焯然撰写并发表《王通元经之正统论：南北朝正统问题的一个解释》[①]一文，丰富了正统论的研究。

相比之下，饶氏的《正统论》由第 3 页至 26 页，以书中该部分近三分一之篇幅寻根究底，发掘正统论之起源，其旁征博引，并注意到新出土文献，如引用马王堆三号汉轪侯利氏墓所出帛书《五星占》，以证“纪年”是正统论的主要根据（第 4 页）。饶先生认同欧阳修的意见，认为：“正统之说，始于《春秋》之作。”不过他马上作出修正，并指出：“正统之确定，为编年之先务，故正统之义，息息相关，其故即在此也。”（第 3 页）按照逻辑而言，欧阳修的说法是把正统论之起源与《春秋》之作视为同一关系，但《正统论》指出两者息息相关，则应属于关联关系。饶先生引用欧阳修之言，并予以认可，却又提出另一相左的说法。饶先生惜墨如金，往往在推理上有所跳跃，甚至是有结论而无推论，以致在行文上未臻周延。

赵、饶两书均意识到正统论的前提，就是“大一统”的思想，没有定于一尊的“大一统”观念，各政权也可以并存而不悖，就如欧洲大陆一般，各国平等尊重，并立共存，如此，正统之争论就显得没有意义。简言之，中国之正统论是在大一统下的话语权争夺，不同的政权各自表述谁是中华

① 李焯然：《王通元经之正统论：南北朝正统问题的一个解释》，《东方文化》，1981 年第 19 卷第 1 期，第 89—99 页。

文明、华夏民族的真正继承者。[①]《关于》引《公羊》“何言乎王正月，大一统也”“君子居大正也”等史料（第4页），对于大一统前提的讨论点到而即止，没有再深究下去，但在注释中介绍了柳诒征的《国史要义》（中华书局，1948），指此书有详细分析大一统的历史渊源；又引用了顾颉刚对五德终始说的研究（第10页）（参考书目却没有此书，应是转引自他书），实有利于读者延伸阅读。反观《正统论》[②]，其不单单穷尽传统史料，更能在非史学史的材料中旁征博引，其引用《汉书·律历志》以说明中国传统乐理也是崇尚“同心一统”。饶先生指出音乐中的正统必然是德乐，必须有教化作用，故琴者应当有琴德，弹奏者非德乐不演，即所谓儒家主张的礼乐一体，在音乐中找出大一统思想的依据。他又引用《尚书》《易》等以佐证中国哲学上早有大一统的思想，非史学之独有（第7至11页）。当论及五德终始说时，他更引用了《灵枢经》《九针十二原》《小针解》等医家书籍之篇章，藉以说明医理的五德思想与史学的正统论异同。由此观之，饶先生独特的研究方法，就是把不同学问加以融和贯穿，在讨论史学上正统问题时，不但治史学，更是兼治乐理、天文、哲学等领域，尽见其“无家可归”的治学精神，也是饶先生自言“串的功夫”的表现[③]，以考据学的方法，把问题梳理清楚，再以现代的史学眼光把问题说明白，故其往往能见人之未见，发人之未发，实难怪此书之成就、地位皆超然，此实在是《关于》一书所不及。故网上流言竟指饶先生抄袭赵书，明显是没有任何凭据。本文作者认为持此论者，根本是没有读过此二书。

另一方面，关于五德终始说，《关于》虽屡有提及，但其实未有详细分析，只是援引了王夫之的见解佐证，并无新意（第5页）。《正统论》却开辟天地，饶先生认为五德终始说“向来皆云出于邹衍：今以新旧资料合证之，实当起于子思”。饶先生除了参考大量的经史子集的著作，更以当时新出土马王堆出土《老子》《佚书》为据，详细分析《佚书》实乃《史记》的“三代文质相救说”，而《史记》注解明确指出这是出自子思之言，故他认为两者同出于子思，而子思早于邹衍，故认为邹氏五德终始乃源自子思，

① 余英时也注意到出土秦简中，秦人把自己定义为夏人，他认为这是战国时代诸破之国争华夏正统的表现。见陈致：《余英时访谈录》，北京：中华书局，2012年，第38页。

② 正文部分，本文引用为2015年中华书局版，此书内容与龙门版相同，印刷更易于阅读。

③ 施议对编纂：《文学与神明——饶宗颐访谈录》，北京：生活·读书·新知三联书店，2011年，第38页。

再力以变化而成。[①] 关于《正统论》的创新发明，谢贵安《饶宗颐对史学正统论研究的学术贡献——〈中国史学上之正统论〉发微》一文颇为详细，读者可作参考。[②]

三、赵、饶撰述的隐含前提

《关于》本是教材讲义，其行文内容尽量保持客观中立，刻意隐藏作者的个人观点。当《关于》提到班固批评王莽时，作者说："(班固)根本就肯定他(王莽)之失败，因他非授命于天，应居闰位。可见班固时，正闰之分，经已有之。"[③] 其不过是引述古籍，再稍作解释(第8页)。同时，他又说："习凿齿不正魏而正蜀，其说是否适当，仍将为史家深究课题……除了个人政治倾向所促成之外，当还有时代之意义。"(第9页)又指："魏书称宋武帝为岛夷刘裕，(魏收)称齐天子为岛夷萧道成。这当是史家各为其主之表现，也可见正统之事在这期间，主要目的在争取人心……"(第9至10页)从上可知，《关于》对于史家奉当朝为正统而极力排斥对方，将此等行为视作等闲，其认为这只不过是政治手段而已，没有谁比谁更高尚，故作者对于此类史家也予以"同情的理解"，可见赵氏本人对于正统之论本身没有强烈的立场。

相反，饶先生则继承了传统中国史学家的微言大义、春秋笔法的精神。细读之下，可知饶先生的个人的喜恶尽在字里行间。其云："本朝之人自以本朝为正统也。然此又有政治与学术因素之殊。"他认为史家对于正统论的

---

① 谢贵安:《饶宗颐对史学正统论研究的学术贡献——〈中国史学上之正统论〉发微》，见《史学理论研究》2005年第2期，第24—25页。

② 侯德仁:《近三十年来的中国史学正统论研究综述》:"饶宗颐先生的这部著作仍然是迄今为止对正统论研究最为全面的一部著作，当推为首位，颇具权威性。"载《兰州学刊》2009年第7期(总第190期)，第203页。谢贵安:《饶宗颐对史学正统论研究的学术贡献——《中国史学上之正统论》发微》见《史学理论研究》2005年第2期，第24页:"其实，赵令扬曾撰有《关于历代正统问题之争论》一书，陈学霖亦曾撰关于金代正统论研究的专著一部，陈学霖:《中国史上政权合法性之研究——金代德运论议分析》。不过，饶宗颐之作与以上论著相比，自有鲜明的特色及创见，故仍显得十分珍贵。"可惜谢文并没有深究赵、陈二书而得出饶更高的断语。

③ 从此处可见，《关于》的写作方式是将史书原文加以解说，又《关于》对于正统论的起源也联系到正闰史观，此点其实与《正统论》的分别不大，两书的分歧实不如饶宗颐所言般大，只不过《关于》轻轻带过，而《正统论》却有专章讨论(第35页)。

解释，应有别于政治人物，而学术应不受政治影响。他更具体指出："习氏（凿齿）如在晋初，则不敢作此论。其抑魏即所以尊晋，要取媚于本朝也。"饶先生行文中用了具有贬意的"取媚"一词，足见他极之看不起借学术而为政治服务的历史学者，认为这种人在当朝或能获取政治利益，却绝不会受后世史家所尊重。他进一步地说："李德林在隋时，哀其所作文翰……隋高祖读竟，语德林云：方知感应之理。德林因上《天命论》，可谓无耻。"又说："魏收《魏书》目东晋为僭魏，以司马睿与窦林雄扬并列而凉州张实则题曰私署，可谓抑扬任声……此皆取媚于当朝而贬抑前代，与德林之贬周为霸（统），诚无以异。"（第31页）由此足见，饶先生对史家媚主而贬低其他政权的行为深恶痛绝，认为史家不应为当权者摇旗呐喊，也不必屈服于当前的政治形势，而应当忠于史实，就事论事，反之，便属于无耻的行径，故《正统论》对于娓主的史家屡有严厉的批评。由此可见，饶先生对史家的史德有极高的要求，此实在与《关于》保持中立的现代史学写法大异其趣。

饶先生在书中多次提及郑思肖《心史》中有《古今正统大论》，其中的断语指出："（郑书）指出史家但偏于纪事，则无明得失，即今日之治史者，读此亦应知所警惕。"（第54页）此大概反映了饶先生对于史家只停留于述而不评的做法颇有不满，也可估计他对于近代以来主导了史学研究，似乎对于大力提倡"史料即史学"的史料学派颇有不满。他认为治史应"明得失"，而非单纯地叙述史事即可。他认为著者对问题当有所考证、评论、发微，即是说，他对于史学是赋予一种现实功能，而非为学术而学术，此也是与《关于》在写作方法上的一大分歧。

四、饶宗颐的正统史观

《关于》既旨在容观陈述，在学术发明上鲜有创新；《正统》一书则不然，书中处处得见饶先生的个人发挥。饶先生在论及郑思肖《心史》的《古今正统大论》时，指出："（郑思肖）辞理严正，深不以欧阳永叔《正统论》辨秦非闰位之说为然，盖有疾于分正与统为二事，以及以得地势之为正。"（第54页）饶先生藉此指出，继承正统者，不等于统一天下，正统者可以是偏安王朝，而统一天下者又不一定是正统，二者没有必然关系，而关键在于政权之建立是否合乎传统文化的道德尺度，故他认为秦代非以德得天下，故也非正统。其又对欧阳修“正者，正天下之正；统者，统天下之统”的说法不以为然。很明显，欧阳修是一位现实主义者，认为既然得天下，则必为正统者，这也是欧阳氏对于当朝（宋代）被指得位不正的辩护。因此，饶先生批评欧阳修“并无新书”（第 60 页）。他更以“殊为无识”来讥讽主张“不幸而得正者无统，得统者不正，如是全名则丧实，全实则丧名，不若并去正统之名”（第 65 页）的世俗观点。饶先生认为单凭统一天下以及国家是否强大来决定正统论的人，是先全漠视了中国文化崇尚德性的珍贵传统。简单而言，饶先生认为道德应先于现实的理想主义者，足见饶先生是一位有使命、有承担、不折不扣的知识分子，此又可见于在饶先生对于章潢编学说的评价，他对于章氏提倡政权是否值得尊重的关键是“在正不在统”之说，予以极高的肯定（第 66 页）。

综合上述种种，可知饶先生的正统史观主要可归纳为以下数点：

1. 不以地理上的位置区别正统。饶先生认为，隋、金、元等虽位处中原，反而偏安一隅的政权也属正统；

2. 不以成败论正统。饶先生认为，秦、隋、宋虽一统天下，但其得位不正，不符合道德的方法继承，故也非正统；

3. 不以政权强弱为标准。饶先生认为，三国时的蜀国虽弱小，而魏、晋虽大，但蜀国继承汉室，非如魏、晋般以下犯上，故仍为正统；

4. 严守华夷之辨，视恪守中华文化者为正统，视轻视中华文化者为夷狄。饶先生认为，清代屡兴文字狱，严重破坏中国文化之甚深，故也非正统。

总言之，饶先生强调道德批评来看待正统问题，唯他提出“历史之秤是谓之正”，此被人质疑定义含糊不清。[①] 本文认为，《正统论》一书虽没有详加明言何谓历史之秤，但观其微言，可知饶先生是有很强烈的民族主义倾向。谢贵安直言：“饶氏在对待正统观的态度上亦有其弱点，过于强调华夷之辨。”（第 33 页）然而，饶先生并非一般的民族主义者，本文认为他更接近以文化为本的民族主义，即是以文化认同作为民族主义的要素，而非以血统而论。故谢贵安认为他“过于强调华夷之辨”，此实是饶先生对传统中华文化坚持的结果，也是饶先生一生所信仰史家史德，此也是以中立为本的赵书所无之元素。

---

① 朱维铮：《研究历史观念史的一部力作》（代序），第 6 页。

总　结

简言之，经本文考证，赵、饶二书的性质不同，行文不同，所引之材料也不同，根本不存在抄袭之可能，网上谣言中伤饶先生，实在是居心叵测。然而，本文重新发现了赵先生的作品确实有一定的可读性，也是一部研究中国史学史重要的参考书。相对而言，饶先生的著作有宏大的视野，饶先生意图对正论统之起源、发展和影响提出一家之言，更藉此书抒发个人的史学观念，其气魄自然非常人可比。

两界学的问题、范式和界域

——从《两界书》论起

夏威夷大学　成中英

《两界书》[①] 蕴含着丰富的古典文化宝藏，展现了一个丰富的哲学世界与文化生命价值，涉及对古犹太、古希腊和中国先秦时代经典的认知。作者以生动的文学笔法和超凡脱俗的想象力，对人类文明初开的心灵和自然生命的欲念进行了半寓言与半历史的陈述，非常明确地透露出人类对世界万物的求知精神与生命价值的追求激情，因而也让人的身心陷入种种存在的界限的概念网络之中，借界限以凸显价值的理想、生命的境遇，同时也借界限显示了生命的有限性、生活的曲折性与历史的诡异性。

在此基础上，我们不能不说此一陈述必然导向我说的界定与界限之学，包含着存在的界定与界限，生命发展的界定与界限，导向了知识的、历史的和文明发展的界定与界限，形成了文明领域与文化发展沟通及融通的基本认知之学。由于所有的界定或界限都必须从两个基本界限的确立与发展开始，故存在、认知与价值选择的界定与界限之学也可名之为“两界之学”。

一、界之含义

首先，我们应对“界”有所认识，“界”（中文常指区域、范围或者边界），从《说文解字》象形来看，“界，境也。从田，介声。”[②] 田字显然表

① 士尔:《两界书》，北京：商务印书馆，2017 年。

② 许慎:《说文解字》，北京：中华书局，2013 年，第 292 页。

现了一个区域与范围，也表达一种限定与界定。在《易经》中，《豫》卦六二爻辞曰："介于石，不终日，贞吉。"其《象》曰："不终日贞吉，以中正也。"六二居中且正，故为吉象，也因此说明介之为界的正当性。

"界""介"通用，彰显了界的媒体与沟通作用，带来了两方或多方对沟通的喜愉，也发挥了界定与范围的功能。因此，从易之《豫》卦的分析，我们得出界的三层主要意思，即限定、边界和媒介。这显明现象和真实世界特殊性质。现象虽缘于我们把事物看作现象，却是由相应的本体所引起的。在本体之中，现象需要本体引起，又不脱离本体。现象是本体的显露。

现象和本体显然是不同的两个范围，有不同的限定。两者也有关系，一方面分为本体的现象，从本体观察现象，世界要从本体中观察，看它们之间分界、关系、整体存在的实况。所以，从这里我们可以看出，"界"用在本体上有特殊的意义。

世界有时间性与空间性，也有其动态性与结构性，显示扩大的世界，称为宇宙，可以包含古今往来、上下四方、历史的世界和未来的世界。就生物言，有动物界与植物界。从动物世界讲，就有人类世界与动物世界，动物和人类有其性质的差异与心智的高下。

在人的活动中，基于男女相交，子孙繁衍，遂有族群的形成，继有族群的分合，形成不同地域的族群。族群活动范围日广，活动的内容日增，继而形成了整体的社会，以至乃有不同层次、不同范围、不同主题与目标及功能的活动世界，如经济世界、政治世界、学术世界和教育世界等的差别。

这些领域是需要人们从经验、从概念、从历史、从理论来加以界定的。一经限定，每样事物各有其定位，却又与其他事物形成一个概念网络相通或重复的理论体系。动物不能说是人，而人也不能说是动物，但人仍是一个灵长动物之最为灵长者。从时间来讲，有过去、现在和将来。如果我们区分现世时间与现世时间的超越，我们则可以用语言或非语言指涉一个超越现世的存在体，名为上帝或某一神祇。

从超越的观点看，人的生命有无超越的生命源头与价值和目标显然是一个信仰问题，当然我们也能想象此一个先验的而超越的存在体，但我们的想象却必须以现实存在作为基础。一个生命世界可以有不同层次，甚至可以通向一个救赎生命的源头。在人类的文化发展的历史中，此一超越存在体往往为宗教的信仰。但仅仅信仰就能成为超越存在的载体吗？当然，就生命本身的内涵需要来看，超越自然也是一种自然的需要，因为现实的不完美需要一个超越力量来解救或改进。

另一方面，人们可以反思自我，激发创造之力，因为进行了一个自我创造和自我修持，用人的力量来改善现实，似乎更为直接，因而也不必仰赖超越的力量。物质世界没有生物学上的生命意义，我们却可以理解生命发生的物质条件。现在的生命科学里如果不承认生化的基本因子，则不能构成真正生命存在的界定。生化的基因何来？想象其为内在于物质存在的底层如宇宙之潜能层次（已非物质或静态的物质）也是可行的。如此，自发的生命活动成为可能。

从这里我们得出一个结论，不同世界之间有结构的不同，但在时间上可以有阶段性发展的不同。微观的生化基因可以形成一个宏观的万物世界，然后进化为具有生命性的生物世界。假如进化是可以接受的概念，从初级植物进化到高级植物，从初级动物进化到高级动物，显然是一个自然的现象。每一个界有它自身的、一定的稳定性，但它存在的边界却不一定是决然划分的，亦即从初级生命到高级生命的发展可以是一个连续体，但也不妨碍其有断层。

在对界的复杂认识中，我们可以进一步理解对界的划定。从本体形而上学的眼光看，人的存在或任何东西的存在，都可说在存在之域里面。既然存在是一个域或场所，存在的界域如何与非存在的界域对比，非存在如何界定以及能否有界定，乃是一个哲学问题。

当然我们可以把所谓无或非存在（非存在世界，nonbeing）当作太虚，把存在当作实体，我们可以逐渐形成一个可说的非存在概念，但如此太虚也不一定要被视为终极的非存在的概念，乃是有和无之间的界定而已。终极的无与终极的有，有界和无界，乃是不可言的。有界有不同的有，无界也有不同的无。

界具有本体性。这可以同时从客观性与主观性的经验来认定，亦可理解为由人的认知力来决定，因为，我们可以凭借直觉和概念来界定它。界既然来自界定，我们怎么界定一个事物，显然必须经历一个从经验到概念的过程，或一个从概念到经验的过程。

从本体上说，我们要从一个本源的立场上讲，然后形成一个有内外之分的整体存在的体系，也必须有这样一个客观形成的过程。这也是一个心灵认知的过程。从逻辑上讲，我们叫界说为定义，从意义角度来说明一个概念。这个概念可以根据客观事实，产生真实的定义，由于我们可以用我们的辨别能力来了解外面的事物，我们能够获得外在世界的资讯，作出有关存在的判断。

佛教里有所谓十界，即狱法界、饿鬼法界、畜界、阿修罗法界、人法界、天法界、声闻法界、缘觉法界、菩萨法界和佛界。前六项称为六凡，后四项称为四圣，合称为六凡四圣。这是一种界定。基于对所谓存在的世界、人的生命世界产生的辨识与对世界层次的认知。

世亲《百法明门论》所说的百法应是更细致的分界。至于天台宗智颉大师说的“一念三千”所涉及的法界，则非一般心智能够辨认。《心经》中五蕴、五尘，产生五识，也是一种界定。要超越五识并非难事，但要超越生老病死，打破轮回，却并非易事，但也并非不可能。

这就涉及如何修行与成就问题，这也正是世界上的传统宗教所关注或所预设的超越性问题。什么使人得以超越时间、世间，什么使人得以打破自然与人为的界限，这应是一个本体哲学所必须面对的问题。佛教对其所谓法来说，是相对哲学思考中作有意识的辨别而言的，以意识之力投射到客观世界建立界或打破界。

康有为《大同书》提出世界上有九个界，即国界、级界、种界、形界、家界、业界、乱界、类界和苦界。他的目标是打破九个界，实现大同世界，尤其打破家界和种界，呈现的是乌托邦的世界。对于实际的社会，必须发明新界来取代旧界。但往往是旧界的积习太深，难以改变，新界缺少助力，难以为继，只能持续努力改进，持久用功，方能抵于成。

二、界之本体学

界从意识产生，可以被打破，也可以被融合，可以存在于难以打破的现实和现象之中，而为一可追求的价值，如真善美。界与界之间，有的可以并存，有的不可以并存，真和真的否定，善与善的否定，美和美的否定，逻辑上矛盾，不可以俱存。但是真的事物和假的事物（假造物），善之人与恶或伪善之人，美之人物与丑之人物，却可以并存，或相对立。虽然我们可以相信正面的价值最后必然 胜出，但一时之间，却不尽然。

这是历史的现实。历史是真理的教材，但人们是否记取或记得历史，却是对人的考验。因而半真半假，似真还假，在人的认知与选择中是一个严肃的问题，需要人的深刻反思与鉴定。真假之间，是非之间，善恶之间，美丑之间，往往只能选择其一，这是二元逻辑，需要人的知的自觉，有时也同时需要人的良知的自觉，才能正确做到。若就物、事客观而言，则有多元逻辑的存在。

多元存在于二元的极限之间，而为一发展的过程。多界也以两界为基础，呈现一个发展的空间，以包含多种的可能性。二元以一个内在的一为其根源，内在于时间而不受时间限制，是为内在超越，永为世界发展的动力。至于二元经多元的发展，是否有一超越一切的外在之终极目的因或存在体，西方的宗教是肯定的，但东方的佛教或儒学，则以为外境实为自性所投射，成就终极理想仍在自我之内力。在中国文化哲学传统中，阴和阳是两个界，根植在一阴一阳之道中，因为阴阳的终极意义来自气学，气有阴阳，源于太极而为太极的两个功能，一创建一滋养。《易传》所谓“大哉乾元，万物资始”“大哉坤元，万物资生”，《道德经》所谓“道生之，德蓄之”，都在表达此一阴阳创造万物的生生不已的功能。阴阳合为一体，创生新事物，也就创生了世界，因而所有事物都从阴阳变化而来。

但就人或人类的具体发展而言，最重要的是要有基本的二元意识，涉及界的二元或二界分别，亦即真假或者是非善恶的分别。此一分别的合法性往往要求真诚，要求理性，甚至要求智慧作为其条件，因为它实不同于上下左右的分辨，只根植在人的知觉或感觉之中。

如何提升个人的心智，磨练人的性情，培育人的良知，进而透过教育与教化，提升一个族群与社群，促进文化的活动，催化文明的结晶，走上一个社会发展的正轨？一个社会，犹如一个人，有一个终极的根源与根据，基于一体二元的动力经多元空间的发展，趋向一个终极的美善真境，也就是人类历史应有的未来。

从这个角度去理解，我们不但能反思人类的生命根源，能观知人类的实际活动以及其活动是否合乎正轨、其追求是否合乎常道与理性，也能以历史的智慧与生命的内力前知未来，并从未来中择取营养与启示，以矫正方向，以增进信心，以坚持理想，庶几以成，当是自然的，也将是必然的。

二界多元之间不但能够沟通，也可以超越之、融合之，让好事物发展起来，不好的事物将会消解下去。人类的历史如此显示，当前的人类处境也不外两界与多界之困境，当然急需化解、转化与提升。也许人类的问题在有无智者、仁者与勇者。

从上面所谓界的意义分析中，我们可以看到中国的经典包含《易经》

《道德经》等对有关界的多种含义说明。界是非常丰富的概念和多元的内涵，其中每一项所说的范畴限定、界入、中界、界定，都可以不断延伸，都有具体用意，代表了客观形势存在的差别，或者一种认知或思想的界定，值得我们更深入探讨。

所谓界，在本体上英文可以表达为 reality（真实）、realm（境地）、phenomenon（现象）或 dimension（方面）等。作为认知的活动则可表达为 definition（定义）、making distinction（区别）、making demarcation（划分）、discrimination（辨别），也可以表现为 boundary（边界）、limit（限度）、interfacing（界接）、intervention（介入）、interlinking（连接）……从认知的观点讲，它代表存在事物关系、事物质量、方向、出发点、目标、架构、方法等差别的认识，说明这个世界不管从存在结构、发展结构或者概念分析结构，还是建构结构和评价结构，都无法离开界的概念，代表一种界限：空间、时间、人的位置、人物的差异、分类和对价值目标的内涵的认识或理解、建构与解构。

从这个角度来说，我们可以讨论界的可能性和实现性，代表一个现实或理想的世界，从一发展到多的过程。最主要是从一到二的过程。一代表整体，包含一切。从世界发展的意义或者价值的实现来看，从一到多的发展是必要的，增加知识价值方法的丰富性和多样性，从一到多必须有从一到二的过程。

一是多的起点，每一个二也是多的起点，因为二源于一。《道德经》说："一生二，二生三，三生万物。"二可以生出另外一个二以及他者。第一个二表达分化和差异，这里有很深的含义。分化和差异可以产生新的事物，差异合二为一可以有新的事物出现。第二个二则生三，既代表分化，也代表新的综合。根据这样的认识和了解，我们看到界涉及一源两元整体论和一元两体或者两性或者两区、两值等认识。

如果我们把界作为基本的哲学命题和哲学分析必须考虑的对象，说明世界之由来和形成的过程，当然我们必须考虑二的重要性。前者提到《易传》言"一阴一阳之谓道"，阴阳可以说是对两者性质存在状态活动力量的认识，实际上阴阳代表整体的气的状态的相互基本关系性，基本关系性形成了阶段产生的状态，而持续状态既是差别又是关系，又互动而相互转化、创生和发展，代表存在的发展的状态，所以说一阴一阳建立两个界域力量和性质，成为创造的力量。

因此，我们对界的认识，乃在存在、知识、认知和评价方面的作用。更具体地说，我们必须考虑到根本的界的认识，即界之本体，包括两个界的对立、相互影响的事物之间的关系。对此，从两界范式去分析，我们可以推出界之本体之学为两界之学的基础。凡是深入两界发生与两界关系的认识，其研究不管在中国或者西方，都与基本形而上学有关，都是本体存在发展的根本模式。

三、两界之学与界的宇宙观

两界之学包括界的分析、延伸或者发展，任何事物都可以纳入两界学的讨论之中。两界在具体事物存在或人的生命活动与社会秩序中呈现或体现不同的模式与状态，两界研究应该诠释主客观事物的定位与其之间的关系，说明主客两界所包含的各种差别或层次和面向。

从界的概念的分析到两界之学的界定与两界之学的建立是非常自然的，因为两者都是任何一个学科必须涉及的基本区分与差异化的原则。所以界学或两界学，是基本的哲学学问，存在于本体学、认识论、伦理学和美学等理论体系之中。其中的问题从中国哲学看，一定要面对一与二、一与多的关系，重视存在与非存在、有和无的关系，重视真相本体与现象表象的关系，重视一包括二、二合为一的辩证关系。

张载说："一物两体，气也；一故神，两故化，此天之所以参也。"[①]"一故神，两故化"，在"一"之中产生创造的活动，实现创造之基的活动。两故化，则阴阳和合，一阴一阳之道化生万物。张载"一故神"中原始的一比如元气，能够产生阴阳之道创生万物，这就是神，由一变成二。更进者，二变成一，二在变化中找到一的整体，是新的化境、界限、事物、结构，包括新的界域，也具有创发于有无之间的意义，此即神的含义，神是变化之基，化是实际的变化。没有一的创发性或原动力，就没有二的扩展性与差异性，也就不能产生新的一，这是所谓两界学必须考虑的问题。

界或两界是哲学或逻辑发展的起点，在西方早期帕尔米尼底斯（Parmenides）、毕达哥拉斯（Pythagoras）、赫拉克利特（Heraclitus）等特别关注此一方面。之后的柏拉图、亚里士多德，直到近代的笛卡尔（René

---

① 张载:《张载集》，北京：中华书局，1978年，第10页。

Descartes）、康德（Immanuel Kant）、黑格尔（Georg Wilhelm Friedrich Hegel）、胡塞尔（Edmund Husserl），海德格尔（Martin Heidegger）莫不如此。他们都强调一的存在的重要性，一如何变为二，因此变为多，是永久的哲学命题，而且是概念与理论命题出现吊诡（paradox）之源。西方任何一个哲学家都必须考虑此一现象，尤其是古代的柏拉图和近代的黑格尔。

中国哲学尤其重视这个一与二或一与多的统一问题。最开始是易学，强调变化，定义变化为“一阴一阳之谓道”，强调变化之道或易之道的概念问题，自然包含了界、两界、多界的含义问题，因界产生的体、用、行的基本分别与统合概念，并成功地形成了一个具有重大与深厚的存在变化的符号体系，体现了“2”的乘方的无上限的扩展性，同时作为人们诠释时空中事物发展的空间，纳入易之变化哲学之中，开拓出新的哲学境界，构成对人的合理认知、正确判断与有效行动的考验。

四、界的人性论与文明观

显然，界对人的文明历史、文化社会的认识与评价有重大的意义。作为人的存在有别于其他动物的存在，由于环境的影响，人的文明开始后，产生多元的、不同的文化，甚至取向于基本前提相对立的文化，表现一阴一阳的内部结构。当然，不是任何文化发展都有内在的形而上的结构，需要文化自身体现以及自觉才能更清楚地掌握其中的意义及价值。

举例来说，人之性与心的差别和关系在中国哲学中是清楚的，但到西方哲学中却不很清楚，人性之为 human nature 需要深度说明，而英文中的 mind 或 heart，是两个不同的界，但在中国心性哲学中却体现了一种内在的统合性。我最早把中文的心译为“heart-mind”，以彰显一体两能的中国哲学之体验与概念化。

总而言之，界学、两界之学的应用非常重要，尤其对今天文明的成就和文化的发展。它可以揭露和说明文化发展之后，显示充满丰富复杂多彩多姿的文化状态和形式。这涉及人们在文化发展和文明进步中的不同活动，包括对宗教、生活和伦理规则的界定，价值理念的规范，生活方式的选取。

同时它也可以针对各种发展的事态、生活习惯以及文化中或文化间的冲突、矛盾、纠纷和争斗寻求解救之道。更有进者，国家之间的战争与和平以及人类长远的存续与繁荣，都需要一个领导者在不同领域中的进退取舍，都必须作出正确的决定，都涉及对界域的认识。

从哲学角度看，基本的界限或者能够界定的事物或理念，决定了历史发展的方向以及各种事件的可能。因此，一个界定之学或者两界之学可以成为文化哲学与文明哲学的文化关怀、关切的对象。在文化冲突或者文化发展差异中，我们可以自觉了解为什么有冲突，人类为什么有认知差异以及价值选择的差异。界域有助于人类作出新的选择，对解决人类文化问题有新的发展和创造。

文化界限生成的概念涉及价值以及范围的认定，显示出界限所涉及的领域分野可以有不同的关系。显然有些界限或界域形成之后，就很难取消，而人们陷于其中，受其影响或制约。情感、理性和欲望，是人的心灵和身体所经验的不同的界域，只能顺着内在的规定来完成。人类当然应能认识界域之分可以是创造的机制，可以建立有无之间、阴阳之间的互动。事物之间互补关系，有助于对两界域的沟通和融合。

有的界域具有本体的决定性或绝对性，因而难以打破，如男女性别，在一般情形下必须维持。但有的就可以打破，尤其是人面对制度，有些不合理的社会或自我限制，在政治或者经济上，都是可以改变的。如男女不平等的待遇与态度，是急需改变，也能够改变的。

界域之难以取消，只能顺其自然地获得超越，不能完全取消。人的终极生活目的在于追求自由，不受界域限制，超越界域创造合适的界域。但是实际上，人类历史显示人可以不断超越，却不可能完全脱离自然的客观的界域，因为人们必须遵守时空的界限。总而言之，从人的生命发展或人类文明与文化的发展看，人之个体或群体所面临的界域有的需要打破，有的需要超越，有的需要维护，有的需要沟通，有的需要融通。

现代人类重视沟通、媒介和融合。人类的文明冲突，在不同传统基于不同界域产生的差别，首先我们要进行沟通。文明有冲突，当然也有和谐，需要在人的发展中形成互动互补关系，产生沟通。沟通固然在于理解对方，对话则可以增进相互理解。

首先要接受对方，形成共同存在相互补充的愿望和学习态度，这往往说明只有把事物看成部分与整体的存在，部分分野有其个别的功能，只有相互补充才能完整，在界域中实现融合，在融合中实现完美。因此，沟通和理解是最基本的要求，可以化解存在的具体的冲突和矛盾，理解之后双方掌握全体，产生新的规范和合作方式，完成新的生活的规划或文化发展的规划。

所以，界学是文化发展中的分合之学，合而能分，分而能合。从历史考察中，我们看到自然发展之分与合。在人类危机和全球化发展中，人自觉主动遵循整体的和谐，实现各自独特的、差别的存在。

以上所说，是我所看到《两界书》中的两界论引发的哲学思考。因为这本书本身有哲学的认知、体验和对历史丰富的认识。从对两界的深度认识看，可以说作者是文化学家，也可以说作者是哲学家。作者对文化省思的幅度与深度在近代学者中是少见的，在近代出版物中也是少见的。

从《两界书》到两界学，基于界的认识来转化人的认知、展现历史的发展和人的未来，需要丰富多元的历史眼光，需要世界历史的框架，更需要中西哲学的深度智慧，以及重大文化传统中文化智慧与价值的统合。如此方能更进一步探索人类生命的根源、文明的出路以及人类的未来的根本问题。

五、两界六观的界域融合学

我读了《两界书》之后，最大的感想：这是超越时代的一本兼文学历史与哲学的、融汇中西历史与哲学问题的顶尖著述。此书的叙事形式基本上是文学的，但具有历史的深刻含义和哲学的启示性。对今天不同宗教传统也有重大意义，尤其对中国走向关怀、改善世界，使得这个世界更美好，走向真正的全球文化与文明，具有积极推动作用，这体现在书的最后部分。

《两界书》的第一部分显示人类从何而来的问题，重点在利用希伯来－犹太的神话文明说明。这个认识也间接说明中国文化对天的认知的重要性，可说是用希伯来－犹太文明彰显中国文明。

第二部分就希伯来－犹太的圣书显示人类生命、人类族群与人类文明中的各种问题，从种族形成与分化到新的组合，最后产生因土地分割、人的欲望、历史的遭遇、自然的境遇的种种矛盾与困境，这些都是人类历史发展的基本事实。

这也是历史发展所经过的历程，显示人类内部的缺陷，也启示了人类价值理想的需要。显然，人的选择、自我控制和追求德行很重要，创造好的文明，在于塑造好的人的品质，也在于锲而不舍追求真善美和良好的社会道德。

最后说到人的未来，该书的第三部分具有深厚的世界眼光，提出文化哲学的问题。《两界书》提炼出六种基本价值概念以对应人类危机的形成。我们首先看到以道为先的基点或起点。道的价值显示全面发展的可能。之后是信约的价值，是为“约先”的观点，从约定、信仰、信念、信心的观点看人需要做的事，等同把希伯来－犹太的宗教立国精神作为文化发展参考的一个对象或因素。

宗教有信有约，彰显了信与约的重要，但所信所约可以是更为普遍性的道德价值与精神，需要自我觉知，而非关于神祇的承诺。这就反映在有关“仁先”的观点中。孔子讲仁，回到人的本体，显示人的行为规则，指向人的生命理想的天人合一之道。

信是约，代表了希伯来－犹太文明，基于对上帝的约定，反映出契约精神的动力，是基于对上帝的信念发展文明，亦即基于人的需要，追求人的目的，用上帝来保证理想的追求。这个基本信念要求不能变更，是西方文明重要的基石。与西方神学信仰相应与对照，是儒家仁道精神，仁是内在于人之性中对所有人的基本关怀，并可扩大成为与天地为一体的生命感情，也是可以参赞天地的创生之心与行，和基督教中人因上帝之爱人而爱人如己有根本差别。儒学君子以人与天地万物为一体，透过恻隐之心、仁爱之心解决文明发展的困境，其作用或当为人类全球化指明方向。

继基督教之信与儒家之仁之后有法的观点、空的观点和异的观点。三者具有在一定时空与环境中先天的需要性与后天的必要性，乃为任何文化重建所不可忽视。法是立法制度。空是放开消解，不要执着，为求悟境之所在。异则为科学理性对客观世界不断发现的认知。

法显示具体的规定限制，有的界需要打破，有的需要界定。法在东西方都有体现，如西方孟德斯鸠所著《论法的精神》所示，法律具有保护人的自然权利的力量，故而需要使其成为公共的政府功能，取得立法、司法与行政的制衡。中国有礼制，到荀子提出以礼为基础的法制，以化成天下，但仍然强调人之修己立德最为重要。秦始皇把法变成私法，为个人专权统治命令之法，不能体现领导者对社群、对族群的关怀或向往，这是问题。中国对法的认知显然需要更好发挥，如《两界书》所提示。

空是佛家的说法，以为世界最后都走入轮回，只有修持佛性，无有执着，方能进入空无或寂灭，获得解脱。佛教强调要解决人的四根问题，必须不执、无住、无念、无欲，方可制约痛苦和灾难，方能超脱生死，消解烦恼。此一修持也可以解说为寻求清静洁净的人生，透过空的智慧超升为佛，或为救世济人的菩萨。如此空变成了生命的价值，与生命的有不相矛盾，而为对有的转化与净化，化痛苦的有为极乐的净土，这是中国佛学的重要意义，并非以达到一己之寂灭为终极目的。

至于异，则代表了变异、变化，是对本原的变异，对定规的悖逆，既是对本体的背反，也成为本体的一种本质属性。异是一个重要的、独造性的哲学范畴、认知方式，揭示了事物本体的变异性和不确定性，对于人们认识世界的复杂性、变异性、不确定性，有着十分重要的意义。

我曾把《易经》之变易解说为变异（参考我的著作《易学本体论》[①]），异就是差别，在差别中实现统一性和恒久性，实现恒久之道。一成不变反而不能化生长久之道，“变则通，通则久”，不变无通，一成不变不能体现内在的不变性。《易经》有雷风《恒》之卦，雷和风二者同时发挥，推动宇宙动态的发展和变化，从这里我们看出异的重要含义。

结　论

总结上述六个哲学观点及其相互会通，我们看到此六个观点构成并丰富了一个文化智慧的圆融系统，说明人的发展基本方向和需要同时考量的基本问题。更重要的是，这些观点正是人类历史文化传统的精华。就世界文化而言，我们也可说“道先”代表道家宇宙论说法，道也代表易，代表从一到二而多丰富的创造发展过程。道产生德，是道的内化于每个人与宇宙事事物物的性能，在各自的环境中，做到“道并行而不悖”并进入“大德敦化，小德川流”的境地。

这六大观点或要求假如没有本体的解释，会产生多种难以化解的冲突。从中国哲学和易学所包含的儒道佛，加上我们对希伯来－犹太思想和西方哲学与科学的正确认识，我们实际上看到一个生命、多项主题存在于一个有机体之中，有如人之经络脏腑，相互支持，相互维护。而整体的生命则是“道可道，非常道”，是对真实本体的深刻感知。但我们仍可以从不同方向加以理解、整合与诠释，是本体诠释学的要义。

在整个意义上，两界之学导向了本体诠释学，也导向了易学，而同时，

① 成中英:《易学本体论》，北京：北京大学出版社，2006 年。

易学与本体诠释学又揭橥了两界之学，并凸显了“六观”或“六先”的十分重要性，更透视了《两界书》哲思中的一个圆融的人类文化体系，成为两界之学的基础。《两界书》这本书启发了这些论述，因其蕴含的文化生命智慧，实为人类生命的共同体提供了绝好的借镜。为了世界的和平、繁荣与发展，此书值得中西学界、尤其值得文史哲界学人，进行人类文化价值与历史智慧走向的省思、研究与挖掘，并由此出发，更进一步探索人类原始、人类创发的生命过程与人类的未来。这也是中国文化与中国智慧及哲思照亮世界的契机。

中华传统节日的文化价值

东南大学　陶思炎

中华传统节日作为中华民族的优秀文化，在千百年来的传承与传播中已成为知识传习、民族融和、文化认同和幸福表达的岁时性民俗成果和交织着历史记忆和现代功能的特殊文化资源。它因功能而传承，因交流而传播，始终处于动态的发展之中。中华传统节日以天文历法、地理物产、民族风俗、哲学思考、宗教情感、艺术活动、民间创造等，展现其历史悠久、博大精深、乐观开朗、包容多样的基本特征。中华传统节日的文化价值，就在于它作为传承因素、传播媒介、生活需要、哲学观念，以及作为人类命运共同体的文化支撑，而在当今继续发挥功能作用，并显示出永久的文化活力。

一、作为文化传承的中华传统节日

中华传统节日大多建筑在农耕文化的基础之上，伴随着岁时文化体系的形成，往往具有时序更迭、农事转易、时令信仰、生活调节的岁时节点性质。

岁时观念经历了物象观察、气象感知、天象认识的演进过程，最终在天体的空间运动中找到了循环往复的时间计数规律。中华传统节日以对太阳和月亮观测的阴阳合历为基础，以农耕生产为转移，以节气和季节为标杆，形成了分布于四时之中的节日体系。

阳历节气中的立春、清明、冬至等，因与生产生活紧密联系以及信仰、仪式等社会功能的拓广而发展为民俗节日，而其他传统节日主要归属于阴历的系统。我国的春夏秋冬的“四时”说，按照每三个月为一季节来划分：

1—3 月为春，4—6 月为夏，7—9 月为秋，10—12 月为冬，其中各有重要的传统节日。例如，春时的过年、元宵节、上巳节，夏时的端午节，秋时的七夕节、中秋节、重阳节，冬时的腊八节、除夕等，都是传承久远，主题鲜明，时令凸显，而又功能多样的民俗节日。

作为文化传承，传统节日往往时越千载，代代相传，不断融摄进新的文化信息，成为民族文化的展示窗口和文化传播交流的重要资源。节日文化中的宇宙观、人生观、价值观借助哲学思考、伦理道德、风俗习惯、生产劳作等而自然传习，留下追寻民族文化传统及其风俗历史的可靠踪迹。

传统节日以传承为存续的前提，以功能为流变的动因，以固定的期日唤起文化的记忆，以民族的文化符号为传承与识别的标记。中华传统节日是文化传承的结晶，其文化象征符号的存续与维护至关重要，构成了传统节日当代传承的最不可忽略的方面。

二、作为传播媒介的节日文化结构

中华传统节日持久传承和广泛传播的基础是其特有的完整的文化结构和不断演进的多重功能。

就文化结构说，传统节日一般包括节物、节事、节语、节信、节食、节艺等六个主要部分，[①] 它们各有相应的民俗事象和特定的文化象征。例如，中国春节的节物有灯笼、爆竹，节事有守岁、拜年、闹春，节语有“恭喜发财”“连年有余”之类，节信有祭祖祀先、供天地神灵，节食有饺子、元宵、欢喜团，节艺有年画、纸马、傩舞、灯彩等。它们在传承中都已形成节日的文化象征，并成为检测传播中接受与变迁的符号。其他传统节日，如端午节、中秋节等，也同样具有类似的文化结构，其结构的完备表明了节日形态的成熟。

文化结构不仅是节日文化功能展开的结果，也是节日传播的媒介，正是以节物、节事、节信、节艺等象征符号为媒介，节日文化才得以在不同民族和国家间传播，并成为共享的资源宝库。中华传统节日文化早在中古之前已传入日本、韩国、越南等国度，并伴随汉字文化圈的形成，成为东

---

① 见陶思炎:《节气与节日的文化结构》,《民族艺术》，2018 年第 2 期；另见 Tao Siyan, “Cultural Structure of Solar Terms and Traditional Festivals”, *Contemporary Social Sciences*, 2018（5）。

亚地区的共同节日。各国虽有接受与改造的互动，但传播带来了节日文化的融合。例如，韩国的端午节、日本的七夕节等，尽管在节日的一些具体事象上有所变异，然而都因传播而潜留着中华文化的基因，其文化结构呈现出趋同，在节日事象上表现出同一节日的和而不同的多样性特征。

三、作为哲学观念的岁时节物主题

岁时的形成本出于对天体运行的观测，所谓“观象授时”即把时间与空间联系起来，而时空一统的思维方式就是哲学思考。中国传统节日作为时间系列中的特殊节点，一部分从地日运动观测的阳历节气中产生，如立春、清明、冬至等；另一部分则选取月亮盈亏变化的阴历日期，大多在初一、十五和月日同数日。例如，正月初一新年、正月十五元宵节、八月十五中秋节、三月三日上巳节、五月五日端午节、七月七日七夕节、九月九日重阳节，等等。

除了岁时节日的划定体现了哲学观念，其主题内涵和文化色调的体系性也体现出哲学观念的影响。我们可从几个主要的传统节日的基本色调，不难看出它们的哲学因素：中国春节以喜庆欢乐为主题，以灯笼、春联、爆竹等为节物，以红色为主要色调；清明节以再生思亲为主题，以杨柳、青团、青螺为节物，以绿色为节日色调；端午以除灾保健、追祭贤能为主题，以粽子、龙舟、五毒图、五色缕等为节物，以五色交并为文化色调；中秋以团圆赏玩为主题，以月饼、月光纸马、兔儿爷等为节物，以月光模拟的白色为主要色调；重阳以登高长寿为主题，以菊花、重阳糕、重阳旗等为节物，以黄色为其文化色调。

从上述主要节日的文化色调分析，我们可看到一张五彩斑斓的节日文化色谱。它们各有个性，又相互映衬，有表有里，有分有合，以可见的空间色调概括无形的时令特征，从而产生整体的文化判断。这也出于哲学观的驱动。

寄寓哲学观念的岁时节物，不仅能作为节日的象征符号，而且往往隐含并深化着节日的文化主题。拿物态的节日传统食品说，除夜的饺子、元宵节的圆子和端午节的粽子等，这些看似寻常的民俗食品都寄寓着哲学的思考。

饺子的前身是馄饨，馄饨意取“混沌”。混沌为天地未开前的景象，混沌神长着无面无目的一个肉头，饺子中的肉馅即它的模拟。混沌是弥漫一片的宇宙尘埃，有形的世界就是从它的迷茫中产生的。饺子作为除夜的守岁食品，用空间的变化来比喻时间的交接，表示新年在旧岁消亡中产生，同宇宙空间的生成变化一样，时间纪元也是从无到有地生成的。这种时空对应的表达就是出于文化哲学观念。

元宵节是祭星的节日，圆子作为元宵节的民俗食品，本有星辰的模拟取义。宋人周必大的“星灿乌云里，珠浮浊水中”诗句，“珠”指圆子，它与“星”在诗句中的对应反映了古人以圆子象征星辰的文化观念。圆子同灯笼作为元宵节的节物，都是以肖星的方式表达人星同在、天人合一的哲学主题。

粽子是端午节的物化象征，它以菰叶裹米而煮成，呈现出“阴阳相包裹”之象。[①] 菰叶做成中空的容器，为“阴”的象征，而粽米煮熟后成尖角之型，为“阳”的象征，粽子以阴阳抱合而诱发降雨。端午节的阴阳相就而祈雨的主题，同样隐含着奇妙的文化哲学观念。

四、作为促推因素的人类命运共同体文化支撑

中华传统节日作为民族文化的重要组成部分而持续地传承和传播，并随着当今世界人流、物流、信息流的运动加快，其影响愈来愈大。例如，中国的春节如今已走出亚洲，遍传欧美澳等地，已成为全球人类共享的文化节庆。

传统节日归属民族文化，构成了人类文明多元发展的基石之一。任何民族的节日文化成果也都属于人类世界，其中热爱生活的积极主题、喜庆欢腾的愉悦气氛和多元多样的存在形态，作为人类自然而积极的伟大创造，反映着世界的多元一体和人类同命共运的实际。

体现民族传统的节日文化往往使用象征符号来表达功能意义，能跳出直观而浅白的事理逻辑，使寻常的衣食住行等生活内容升华为伦理规范和文化哲学，并以此扩大族群的联系，形成文化共识和价值理念。

春节文化中的祭拜天地、敬祖祀先、祈丰求稔、团圞家族、亲善四邻、美化居室、和谐欢乐、太平丰足等基本内涵是人类共有的价值判断和生活

① 徐坚等:《初学记》卷四，北京：中华书局，1962 年，第 73 页。

追求，因此它能成为全球人类共同接受的文化节日。

人类命运共同体需要有民族文化的多样性作为构建的基础，需要探寻不同文明中“和谐共处”的价值理念，需要秉持“和平、发展、公平、正义、民主、自由”的价值原则，而民族的节日文化能作为促推因素构成人类命运共同体的文化支撑。中国的民俗传统节日可因东方的民族风格和人伦情感打动世界，促进人类相互了解，推动世界的和平与发展。中华传统节日的这一文化价值，在矛盾纷扰的当代尤其值得我们去共同关注和彰显。

《两界书》的哲学意蕴

深圳大学　田启波

深圳大学士尔教授十年磨一剑，出版了人文著作《两界书》（商务印书馆 2017 年 5 月版），并在此基础上陆续出版了《两界智慧书》《两界慧语》（皆为商务印书馆 2018 年 9 月版）系列著作。正如《两界书》内容摘要所介绍，该系列著作以文明演进为主线，超越历史、神话、宗教、哲学、文学等传统学科与范式习规，融汇儒、释、道、希伯来、希腊等文化哲学精髓，贯通人性、天性、神性、佛性、理性、魔性与自然，创哲学文学新例，开跨界叙事先风。士尔教授着眼于当代人类的生存困境，对世界本体与人类本质，人与自然、人与社会、人与他人、人与自身的关系，对现代性的双重性，以及人类命运共同体的愿景等问题，进行了深入的理性辨析与哲学思考。本文从以下三个方面初步解读。

一、世界本体与人类本质的深入探究

世界从何而来？世界的源头在哪里？这是人类生存与演化的前提，也是人类第一个终极性的未解之问。对于这个问题，“宇宙大爆炸理论”认为，宇宙最初是在 137 亿年前由一个致密炽热的“原始原子”爆炸后膨胀而成；大爆炸使物质密度和整体温度发生极大的变化，宇宙从密到稀、从热到冷，不断膨胀，形成了我们现在的宇宙。但迄今为止这只是一个科学假说。各族神话宗教则大多借助“自然永在”之神来探讨宇宙的起源与世界的本体。士尔教授则依托儒、道典籍提出“天帝”的创世说——以神话思维和文学手法，将世界的创造归为超自然之存在即“天帝挥意杖”所为——对世界的本源、本体作出了自己的思考。

士尔在《两界书》中提出:“太初太始,世界虚空,混沌一片。天帝生意念,云气弥漫,氤氲升腾。天帝挥意杖,从混沌中划过。天雷骤起,天光闪电,混沌立开。”天帝,即天地。“人生天地之间,举头三尺有神明,离地半寸无根立。天意在上难违,地气在下不绝。心无敬畏,胆大妄为。人自为主,终将自毁。人享天地之眷,凭天地立身,得天道指引。故天道自然为人主,高天大地为父母。”天地万物,时间空间,皆为天帝所造。《两界书》阐发了开天辟地、时序流转、万物孕生、世维无限的创世历程,介绍万物从类、造治理者、天定生死的造人传说,梳理人分七族、雅分七支、各具其所的分族历史,阐述立宗教、生战争、承续统、订盟约、筑工事、强教化的过程。天帝(天地)是万物的主宰,是自然界、社会发展的最终决定力量。

在这里,“天帝”并非上帝,亦非各族神话、各宗教所立之“神”,而是古代华夏文明话语中的至高天神,俗称“老天爷”,亦即“昊天”,并不依托于某一特定宗教而存在,而是属于神话信仰的范畴。《两界书》称:“敬天帝即敬天地”,明确将“天帝”与“天地”同义,在强化“天帝”信仰属性的同时,特别泛化了“天帝”的特指性,赋予其自然普遍意义,体现了《两界书》对世界本源、本体的新的思考与论断。实际上,士尔并不认同各种神话解说、宗教解说以及西方现代学者的解说,他塑造了一个人格化“天帝”(天地),讲述有关世界创造的文化哲学故事,实质上是认为世界及其演化需要在自身存在的逻辑中寻求终极本元,探求变迁规律,具有自然普遍意义,而“天帝”(天地)便是如此,它具有显著的共同性和共同价值意义。

在“天帝”(天地)创世思想基础上,《两界书》进一步对人类的本质,对人性,对人类社会的产生、演变、发展,以及民族、宗教、民俗、道德、法律、文化等均作出了详细论述,提出了系统全面、颇具特色的人类社会历史观。

(一)人类如何起源,人类从何而来?

《两界书》提出,为了治理世界,天帝决定创造人类,即世界治理者。人类的创造具体分为“初人”“中人”“终人”三个阶段。“初人”有两头、两心、四腿、四手,不分男女,因初人在心性方面与兽畜无异,故需再造。对初人一分为二,一半为男、一半为女,即将人再造为“中人”。“终人”则是人类下一个演进阶段,具有未定性。

天帝造人之后，还为人类“定命数”“设命格”“设能限”“定生途”：“定命数”即为定生死——“使人有生而不得永生”，并限寿长——“凡常之人命数之限一百六十岁，而因劳苦争斗，实以三十岁至八十岁为多”；“设命格”即设定人的性情、性格——“一人一性情，一人一命格”；“设能限”即为人的能力设定限度——“其目、耳、心等均有所限，均‘有能而无致’，既有能也有所不能”；“定生途”即定路径。人如何才能更好地适应和顺应个人的命数、命格、能限呢？这里明确给出了路径（即生途）：以灵道为指引、肉躯为负载，灵道与肉躯相通相合，就会延伸命数、顺应命格，可享生的快乐。

（二）人类为什么会有不同的族群，不同的习俗、语言、宗教信仰？

士尔提出皆为天帝所为。天帝认为：“多人簇拥一处不好，可各自分族，分处生息，繁衍壮大”。于是，天帝使天云渐起，吹刮大天风，“雅、函、希、布、耶、微、撒七族之宗，随风而起，扶摇直上九霄高空。众人悬于天地半空，旋转浮游十日，终远漂万里之外，散落四面八方”。于是，不同族群得以形成并各居其所，各自发展。各族还逐步形成了自己的语言文字、婚俗嫁制和宗教信仰。如，雅人的智师是族中超慧之人，可上观天象、下识地理。该智师创造了字符，即最初的文字——“智师初以刻痕为记，或以石板刻之，或以竹木刻之，或以牛骨龟甲刻之……众人仿效，逐族相传，遂约定俗成。”雅人还制定了严谨的婚姻制度，如“不可与外族人通婚”“不可与父母通婚”“兄弟姐妹不可通婚”“男人不可与男人通婚”“人不可同牲畜禽兽通婚”“人不可与自己通婚”等。函人则规定：“男人可娶多个女人，女人不可嫁多个男人”“函族男子可娶外族女子，函族女子不可嫁外族男子”“若函族女子同异族男子私奔，须将女子从函人中剪除”等。希人、布人、撒人等均有婚俗嫁制，与雅、函等有同有异。各族婚俗嫁制多经沿袭流变，延续千年。

宗教信仰也是如此。士尔提出，各派宗教信仰的产生均与天帝有关。雅人生活优越，族兴民旺，但逐渐自大贪婪，骄惰奢靡日甚，迷失灵道。管辖雅人全族之万能雅帝——赫雅，便击打惩罚雅人——“顷刻间天崩地裂，乱石飞迸”“众人惊醒，无不惶恐”。为将族人领回正道，万能雅帝“要致族人皮肉开裂，好使恶血邪气流出，好使恶念邪意清除”。雅人族领雅西得族帝天谕，向全族宣谕八项戒规，如，“雅人尊崇赫雅为万能之帝”“雅人后代不可与异族通婚结合”“雅人后代须孝敬父母”“雅人后代不可乱交”等。这即“雅教”。函人族领函那则受天帝之启，向函人颁布七戒：“皆须尊崇世上惟一天帝。惟一天帝为函帝，即函人之帝，不可另有异神”“函人子孙须孝敬父母”“函人须多多生子”“函人不可杀人”等。希族久旱不雨，大地干裂，族人死伤无数，幸得雨神眷顾，幸免于亡。希族族领希里得启悟受神命，传雨神戒规于希人：“雨神为希人族神”“希人须勤苦劳作”“希人须孝敬父母”“希人不可与外族之人交合通婚”等。各族多有立教，教立万宗，教中有教，分中有合。士尔还提出，宗教从信仰者的族群范围的角度可分为两类：一是民族宗教，信教者皆为同一民族，外族人不可入教，此类宗教将信仰与族群相叠合；二是普世宗教，入教者以信仰为标准，不分种族。普罗教为普世教，其余则多为民族教。

（三）人性问题

关于人性问题，《两界书》亦作出了深入思考。《两界书》卷十二《问道》，通过道先、约先、仁先、法先、空先、异先等六先之口论述了人性的复杂性与多样性。仁先认为，“仁者为人……人知伦理，能辨善恶，可识美丑。故人有自省，可克己制欲”。仁先主张人性善，人有仁爱之心。法先则提出，人与动物的区别在于“循法知理”，遵守国法族规。空先提出，人与动物“食相近，性相通，生死轮转”，均是生命的体现，没有本质区别。异先认为：“人之为人，在其性变”，人性多异变正是人的本质。道先则认为，人之为人是一个过程，人性之中善恶并存、欲制交合，由恶化善、抑欲从制的过程就是人。道先将人分为两个阶段：第一个阶段是善恶并存，无善即无恶，无恶即无善，是为“本人”的阶段；第二个阶段是知耻向美、抑恶扬善，天道所引、教化所驱，使人成为“义人”。道先认为，人有两个阶层（“本人”“义人”），每个阶层各有两界（善、恶），两阶、两界的“融动”（融合变化）构成了完整的人。也就是说，道先认为人之初是无善无恶的，善恶、道德观念都是后天形成的，是在人的社会生活实践中不断形成的。

士尔是认同道先观点的，并进而提出“人之初，性本合”的命题。《两界书》卷十《教化》中借帝山崖石刻字提出：“人之初，性本合。恶有善，善有恶。善恶共，生亦克。心向善，灵之道。身向恶，躯使然。身心合，顺天道。”在这里，“人之初，性本合”包括两层含义：一是“善恶结合”，即人性中的善和恶是纠合在一起的，不存在绝对的“性本善”和“性本恶”，无善即无恶，无恶亦无善；二是人性中的善和恶相互依存、相互转化，人类是在善与恶的相互转化中，力图实现扬善抑恶。因此，“教化”是人类文明进化的本质内涵和核心要求。了解人性的这一本质特征，对于认识人类自身、认识他人、认识社会，都具有重要意义。

二、现代性的全面反思

近代以来，伴随着启蒙运动的展开，人类主体意识快速觉醒，理性力量急剧膨胀，科学技术迅猛发展，人类社会的发展高歌猛进，一日千里。但是，历史进步的同时也伴随着困境、危机和灾难。物质富有和精神空虚、经济繁荣和道德堕落、技术进步与生态恶化共存并生。如何反思、批判和扬弃现代性，顺利推进和完成当代社会转型，一直是当代思想界探讨、研究的重要议题。对此，士尔在《两界书》中亦作出了深刻的剖析与全面反思。

《两界书》的卷十一，辟出五章篇幅（第七章《天象变乱》、第八章《地象变易》、第九章《物象化异》、第十章《人象迷乱》、第十一章《时空不维》），通过描述两种不同的第二现实——乌托邦和反面乌托邦，来反思现代社会特别是西方现代社会面临的困境、人与世界分裂与冲突的问题。概括起来，具体包括三个方面：

（一）反思人与自然分裂与冲突的问题

第七章《天象变乱》作出如下描述：“日头变异”（“天有铁幕蔽遮，白昼不见日头，只有乌云飘浮。蓝天变色灰天，空中弥散硝烟。怪味四处发出，地窍日夜生烟”）；“昼夜失序”（“白昼瞬变黑夜，伸手难见五指。白昼点灯，夜晚光亮，昼夜颠倒，交替失序”）；“冬夏失衡”（太阳不止一个，东西南北并出。日头高悬之际，大雨倾盆而降。雨水鲜红似血，又似黄砂泥浆。流火之月，有冰雹倾砸，雹大如鸡卵。冬日不见片雪，大雪飘在春夏）；“怪象迭出”（“有冲天水龙海底窜出，高飞万丈。有漫天风龙平地而出，呼啸扶摇，携卷人畜，屋宇搬家”）。第八章《地象变易》则描绘出：“果粮不常”（“梨树八月开花，桃树结出青枣。李子长成角豆，味同青榄苦瓜。夏枣长成吊瓜，石榴变成葫芦。玉米长出红豆，绿豆开出棉花。麦子味如淤土，稻谷味如石蜡。一树结出八果，酸甜苦辣皆有。树根往上，露在土外。树梢倒长，埋入土中。谷果变异，翻倍暴涨。人食变异，奔向终人”）；“地象怪异”（地火从山顶冒出，白烟从山腰下流。发红泥浆四处奔涌，漫延之处草木立焦。硫烟弥散大地，人畜闻到不萎即腐。海水不蓝不绿，非红即黄。河水不清不澈，非黄即黑，酸咸腥臭，鱼虫不生。水往倒流，百川纳海。海虫飞到陆地，山鸟飞入深海。陆人海底筑舍，又欲云中做家”）。第九章《物象化异》则讲述："怪物层出"（"母牛生出绵羊，绵羊生出花狗。硕鼠大过黑猫，公鼠哺乳幼猫。马脸似牛，牛脸似猪"）；"本能颠倒"（"公鸡生蛋，母鸡啼鸣。鸡不分公母，鸭不会游泳。山羊不能登山，猎犬不再奔跑。高马跑不过母牛，公牛拉不动木车。羊不再吃草，牛不再出奶……"）。第十一章《时空不维》讲述："四季颠倒，春后为冬，冬后即夏。春日万物凋零，冬日老树发芽。腊月不穿衣，酷暑放大袄。三更出日头，日升匆急落。日子短暂，忽如落石。一年短似一日，百年逝如一月。时灯急燃，光油急耗。时光将耗尽，万物即静止。不见时序延展，归于死寂默息。"

在这里，通过上述所描述的景象对现代性展开评判：一面是人对自然的征服与破坏，另一面是自然对人表现出越来越强烈的报复，甚至呈现出乱象；一面是自然丧失其物性日益被人造自然取代，另一面则是人失去自然家园而变得无家可归。

（二）反思人与人之间的冲突问题

《两界书》的卷十一第十章借"人象迷乱"的诸多景象与部分现象，反思人类社会特别是西方现代社会的异化问题——"男女性变"（"那日将来之际，女人多生怪胎。有三头六臂，有缺头少臂。有男婴貌似牛娃，有女婴身如鲵鳗。有眼睛长在头后，有嘴巴竖在额前。男人不喜女人，多喜男人。女人不喜男人，多喜女人。男人与男人一起，如同男人与女人一起。女人与女人一起，如同女人与男人一起。女人生子不用男人，男人生子不用女人。生出幼子身如蛆虫，生出幼女貌似果蝇。人与牲畜家禽媾合，生出非人非畜之物。人与自己婚配，自己作夫作妻。男婴女婴不生，以此为好。有人宁与尸骨交欢，不与活人交合。有人宁与死皮交欢，不与活人交合。女人长胡须，男人大乳房。女人声如洪钟音如闷雷，男人声如黄莺细如雏鸟。"；"人自生变"（"长人极长，短人极短。胖人极胖，瘦人极度。瘦者长大头，大如木鼓泥缸。胖者长细腿，细如蜘虫鸵鸟。满街之人，肚大似盘轮，绵软如蛆虫。……两岁女婴体如生母，三岁男童性胜生父。生母变女婴，生父似男童。男婴生下直立行走，女婴生下开口说话。婴儿啼鸣似唱歌，成人吟歌如哭嚎。"）；"食无原食"（"众人不食粮谷，专食古怪罕物。甚以人肉为佳肴，更以粪便为大补。毒液变为调汁，砒霜变为拌料。食无原食，居无静所。七十岁男人吮二十岁女人奶汁，二十岁女人争做七十岁男人后妈。”）；“生息悖序”（“多人终日嗜睡，从天亮到日落，从日落到日出。多人终日无眠，从日落到日出，从日出到日落。生息悖序，昼夜颠倒。日出歇息，缩卷不出。日落劳作，黑夜不眠。白昼遮阳蔽日，夜晚点灯造光。”）；“人为器奴”（“聪智乖巧至极，人无片刻宁静。下可入地万丈，上可登天造屋。众人无力固广厦，一人弹指毁万屋。人造万能工器，工器造出活人。男女不随天定，工器随意造人。人为工器造主，又为工器之奴。死物摆布活人，活人无觉无策。”）。

在上述问题中，人与人之间的关系也异化了，社会的内部冲突造成“每个人都妨碍别人利益的实现”，异化的蔓延将使整个人类社会逐渐陷入深刻的自我分裂状态。

（三）反思人自身的身心之间的矛盾与冲突问题

《两界书》卷十一第十章《人象迷乱》，对人自身的身心之间的矛盾与冲突困境也作出了描述：“人无定性”（“男人不再知耻，女人不再识羞，满街男女赤裸奔跑。男人似牲畜，随地高举阳器。女人妖作祟，羞处张开示人。兄弟不亲，父母不认。爷孙辈分不分，血缘伦常乱淆。夫妻同枕异梦，邻里掘井设坑。众人日夜倾轧，只盼他人死光。人无定性，心无坦诚。一忽变人，一忽变鬼。口出甜言，胜似鲜蜜。心藏诡计，险毒似蝎。无话不假，流言盛行。真人说假话，假人说真话。真假不辨，善恶不分。习非成是，谬以为常。谎言可赚千金，诚仁不值一文。窃贼满地，男女不分。贼人足不出屋，行窃千里之外。”）；“心无神明”（“心无神明，止有霉菌。以金为拜，胜过爹娘。利己之欲，毫发可察，鼠洞可进。利人之事，遮目不见，举手不劳。公义失踪，黑白颠倒。尊黑为白，尊白为黑。口是心非，表里不一。崇邪尚黑，结党营私。心饥无食粮，魂游无居所。邪说叠起，恶魔主心。拜死石朽木为神，崇歪腔邪调痴迷。心慌慌空身似皮囊，乱寻主自欺欺世人。失心失灵不止，失气失血不停。如犬狂嗥失言语，如猫叫春失节制。”）。

凡此种种。人的身心之间无法实现和谐，各种异化与物化使人处于自我放逐状态，人的自身发展也走向片面与异化。

导致上述发展危机的根源是什么？原因很多，其中很重要的原因在于人类理性的分裂与冲突，理性由全面的普遍理性演变成了残缺不全的、片面的实证或工具理性。对此，《两界书》卷九《工事》部分、《两界智慧书》第二部分《了悟往来》，以寓言的形式和变异的手法，描述了古代科学技术的另类发展与运用："函含造飞车""冬甲造地龙""赛禺造时镜""百工竞场""天冰地封"等。

——函含造飞车（《两界书》卷九《工事》2章5—8节）：飞车向月，不见归返。讲述能工巧匠函含受族王之命，以通灵神木制造飞车的故事。经千辛万苦，得天帝启悟，函含以生命为代价，终于为族王制成飞车。族王飞车向月，却再也没有返还人间。

——冬甲造地龙（《两界书》卷九《工事》3章1—2节）：挖损神络，山神震怒。讲述冬甲族人制造了一种穿山掘土的神器——穿山地龙，它锋利无比，可以自如地游刃于山岳坚石之中，在冬甲族人居住的祺山发岭一带，山中地下的洞道星罗棋布。但冬甲地龙掘地过度，挖损了祺山神络，山神震怒，喷吐火烫岩浆，冬甲人死伤过半。

——赛禺造时镜（《两界书》卷九《工事》5章1—3节）：前知未来，后溯往昔。讲述赛禺制造了一个神奇的时间镜子，时镜有双面：一面为前时镜，可以预知未来，显示将要到来的事情；一面为后时镜，可以溯知往昔，看到过住的本源史实。

——百工竞场（《两界书》卷九《工事》6章1—3节）：匠工汇聚，无所不能。讲述有一个匠工汇聚的地方，人称百工竞场。这里能工巧匠无所不有，天下工事无所不见，各类器物无所不见。制造的一种叫作"异能"的神器无所不能，竟然食掉族王，坐于王座，像族王一样发号施令。更为匪夷所思的是，"异能"卧于王榻，与王后同寝，而王后毫无觉察！

——天冰地封（《两界书》卷九《工事》7章1—2节）：工事恶胀，灵道不畅。讲述在百工场内，各类工事过度发展，已经超过了天地所能承担的限度，人类沦为工器的奴隶，人性不张，灵道不畅。天帝明察了这些，升海水、降大雪，将百工竞场封于冰雪之下。

通过这些描述，士尔揭示出，人类本来是科学技术以及生产工具的主宰力量和控制者，但最后反过来却成为其奴隶，被其控制，产生了异化。从思维范式来讲，此类现象均为人类理性的滥用、理性主义恶性膨胀的结果。

相比上述古代科技运用，当代高科技的迅猛发展以及所导致的或者潜在的社会风险有过之而无不及。吉登斯也曾提出，核战争的可能性、生态灾难、不可遏制的人口爆炸、全球经济交流的崩溃以及其他潜在的全球性灾难，对我们每一个人都勾画出了一幅令人不安的危险前景；这种全球性的风险不管富人和穷人之间的区别，也不管世界各个地区之间的区别；某些风险的全球性强度超越了所有社会和经济差别。科学技术作为一把双刃剑，不断发展的核能技术、生物基因技术、信息技术、太空技术乃至人工智能等，既推动了人类社会巨大进步，也带来了极大风险和隐患。一是核安全风险。切尔诺贝利核电站和日本福岛核电站泄漏所导致的灾难性危害直到目前还未得到消除。30 多年过去了，切尔诺贝利依然是一座死城，所发生的爆炸至今仍危害着土地和生命。二是网络安全风险。互联网在全球发展，普及很快，互联网的安全问题也已显露出来。此外，作为公共信息平台，一些人为各种目的在网上造谣、传谣，对社会的安定造成了不良影响，色情内容等网络文化垃圾也呈蔓延趋势。三是生命科技发展的风险。一些专家指出，一些转基因技术领先的国家，很可能将本国不能接受的转基因食品，通过贸易出口到经济不发达或对转基因食品研究不完善的国家。虽然转基因农产品对人类的影响尚无定论，但目前世界各国为维护消费者利益，已普遍采用知情权原则，对市场销售的以转基因作物为原料的产品加以注明。对于人体基因和人工智能，其发展前景的不确定性则更让人担忧。《两界智慧书》（第二部分《了悟往来》）引述了剑桥遗传学教授奥布里・德格雷等观点：他们已经破解了衰老基因，2100 年后出生的人可活 1000 至 5000 岁；以色列希伯来大学尤瓦尔・诺亚・哈拉利教授（Yuval Noah Harari）则认为，300 年后，统治地球的已不是人类！有人预言，再过数十年，人工智能就将超过人类，终结者将至，“留给人类的时间不多了”！士尔深刻地指出：“伴随着人类生存和进步的工事器物，是继续像老黄牛一样陪伴人类生息劳作，还是像脱缰的野马、疯狂的饿兽冲进人类的家园？何去何从，的确到了应该引起人类深刻反思和重视的时间节点了。”

近代以来，人们的生存方式发生了很大变化。人文精神的兴起和自然科学的迅速发展，使人的主体力量不断发展壮大，人类认识到自身的巨大力量，不断扩展认识、改造自然和社会的深度与广度。在这一时期，哥白尼的日心说、布鲁诺的宇宙无限论、伽利略对星空的发现，都对经院哲学以致命打击，从而使自然科学从神学的羁绊中解放出来。人文主义在推动历史进步方面发挥了巨大作用，也提升了人在社会发展中的主体地位。笛卡尔的“我思故我在”的命题是思想史上人们理性自觉、主体凸显的重要标志，但这也是“主客二分”形而上学思维范式的滥觞与缘起。在“我思故我在”这一命题中，“思”作为主体的本质规定被凸显出来，由于“思”的能动性使理性的人高高地凌驾于客体之上，从而形成了“主客二元对立”的价值观念，“主客二元对立”即主体与客体是不同等级的存在，即“主奴关系”，主体就是要征服客体。人相对于自然就是主体，人类发展科学技术，就是为了征服自然；“我”相对于别人就是主体，使别人“臣服于我”。亦即说，由于人类对自身理性的盲目崇拜、对主体性的过度挖掘，导致在人的主体性不断得到张扬的同时，人类的思想与行为也走向了极端——人们错误地认为，自己是世界上至高无上的征服者、压迫者，人类可以摆脱自然与社会的任何限制。如培根认为，科学的目的就是“拷打出自然的奥妙”，对待自然必须“在她漫步时紧追不舍”，使她成为“奴隶”，“强制令她提供服务”。这是理性滥用、主体性极度膨胀的后果，但实质上是将主体力量加以抽象化、绝对化，结果使人作为社会发展主体在现实中失去真实性。

在早期现代化理论那里，是“物”占据了发展的中心位置，“以物为本”，将财富、财富的增长甚至财富的增长速度视为发展的基本尺度，以致物奴现象严重、拜物主义猖獗。殊不知，“人有肉体的人和精神的人，人的整体由肉身与灵魂两部分组成”；“肉体的人要维持肉体生命离不开健康的食物，精神的人要维持精神生命也离不开健康的精神食粮”；“文明演进的根本目标不仅要解决肉躯的温饱，更要让每个生命个体都能精神有食粮，灵魂有居所”。(《两界书》前言)

三、人类命运共同体哲学基础的深刻阐发

当代世界正处于社会大转型与调整时期，世界多极化、经济全球化、社会信息化、文化多样化深入发展，全球治理体系和国际秩序变革加速推进，各国相互联系和依存日益加深。但同时世界又充满了不稳定性、不确定性，和平赤字、发展赤字、治理赤字是摆在全人类面前的严峻挑战。“构建人类命运共同体”的“中国方案”为当今世界的和平与发展提供了深具中国智慧的路径选择。

人类命运共同体何以可能、如何可能？为此，士尔在《两界书》中作

出了深入思考与探析。如果说《两界书》前四卷《创世》《造人》《生死》《分族》，主要探讨世界与人类“从哪里来”的“本来”问题，《立教》《争战》《承续》《盟约》《工事》《教化》六卷是讨论“来干什么”的“往来”问题，最后两卷《命数》和《问道》则是思考“往哪里去”的“未来”问题。在追问了整个世界的本体问题，剖析和反思了人类现代社会的成与败（得与失）之后，士尔对世界和人类的未来进行了深沉的思考并发问：“人类何去何从？是浑浑噩噩地放任随流，还是自警自省而有所作为？是修睦向善，还是一如既往地搏争恶斗直到世毁人亡？”

士尔在《问道》一卷中塑造了六位先贤（先知），分别表征人类文明史上有代表性的思想学说；构筑了一个“六先论道”的纵观平台，针对人生的意义、生命的价值、善与恶等本原问题，力图融合各家之说，贯通各派之言，涵括儒家的仁爱与修齐、道家的阴阳与自然、佛家的色空与顿悟、希伯来的悖逆与信约、古希腊的理性与法意、世界的恒在与无常等思想，融合升华，整体性地回应人类向何处去、如何去的困惑，冀解人类的终极之问。士尔认为，站在这样一个重要的历史节点，人类唯有从过往的历史进程中汲取全人类的智慧，以世界眼光、人类情怀、历史担当，以命运共同体的姿态携手前行，才能应对未来的挑战，拥抱未来的机遇。根植华夏、和合万邦，文明互鉴、道通天下——亘古弥新的中国智慧和人类文明，应能为困顿中的人类和世界的前行发展作出历史性的贡献。

具体而言，《两界书》对人类命运共同体哲学基础的思考包括如下几个方面：

（一）基于大同思想，阐发人类命运共同体“天下为公”的价值共识

“大同社会”出自《礼记·礼运》大同章：“大道之行也，天下为公，选贤与能，讲信修睦，故人不独亲其亲，不独子其子，使老有所终，壮有所用，幼有所长，鳏寡孤独废疾者皆有所养；男有分，女有归，货恶其弃于地也不必藏于己，力恶其不出于身也不必为己。是故谋闭而不兴，盗窃乱贼而不作，故外户而不闭，是谓大同。”这即是说，大同社会追求的是天下为公的社会，实现的是天下人共同的利益。“穷则独善其身，达则兼济天下”（《孟子·尽心章句上》）也是这个道理。

在继承前人思想基础上，士尔立足当代社会，在《两界书》卷十二《问道》中提出了“敬天帝”“孝父母”“善他人”“守自己”“淡得失”“行道义”等彰显中华文化精髓的六大要义，并特别强调“六说六言，至要者为行道义。行道义即行天道尽人义，顺天行道，为人正义。善恶必明辨，从善如流，嫉恶如仇。生死当不迷，生之坦然，死之如归。悟行须合一，修在当下，皆为道场”（《问道》7章）。《盟约》中的德教笃行守信、与道为约、重情好义（《盟约》6章），《问道》中的耶维以身践行、广播天道大义（《问道》5章），以及“顺天行道，为人举义”的倬尼、倬尔父子（《问道》5章）等，都是“行道义”的典范楷模。

士尔以此揭示出，无论是古代抑或现代，无论个人还是民族国家，均不能仅仅关注自身利益，实现自身利益，而且要关注、实现公共利益、共同利益。人类命运共同体的价值观念与大同社会关于公平正义的理想追求是一致的。人类命运共同体理念具有超越民族国家，而从人类思考问题的胸怀，蕴含着在空间上将秩序和价值推展到国际间的恢弘气度。据《史记》记载，作为中华民族始祖的黄帝就已提出了“万国和”的倡议，主张打破万国之间的冲突，建立国际秩序。大禹实现了“九州攸同”“四奥既居”“四海会同”“万国为治”“声教讫于四海”的大一统格局。当代全球化进程面临着生态危机、金融危机、难民危机、局部战争、恐怖主义等一系列问题和挑战。这一系列问题和挑战严重威胁着整个人类的共同利益和整体利益，破坏着人类的可持续生存和发展。没有哪个民族国家能够独自应对人类所面临的各种挑战，为此必须调动起所有国家和民族的积极性、能动性，同舟共济，共同应对，打造、构建人类命运共同体，从整体上谋划长远利益、现实利益以及各种利益的平衡和共赢，秉持“和平、发展、公平、正义、民主、自由”的人类共同价值，推动国际经济治理体系朝着更加公正正义、合理有序的方向发展，更好地造福于世界人民。当前，中华民族迎来了从“站起来”“富起来”到“强起来”的伟大飞跃，迎来了实现中华民族伟大复兴的光明前景，中国人民完全有信心为人类对更好社会制度的探索提供中国方案，作出更大的贡献。

（二）基于和合文化，阐发人类命运共同体的和谐精神和开放观念

“和合文化”是中国文化的重要特征和基本价值取向，讲求的是“和而不同”、“以和为贵”、求同存异、与人为善。在5000多年的文明发展中，中华民族一直追求和传承着和平、和睦、和谐的坚定理念。中国人自古就推崇“协和万邦”“亲仁善邻，国之宝也”“四海之内皆兄弟也”“远亲不如近邻”“亲望亲好，邻望邻好”“国虽大，好战必亡”等和平思想。这些理念在中国代代相传，深深植根于中国人的精神中，深深体现在中国人的行为上。

与此相一致，“构建人类命运共同体”这一“中国方案”，也将“和谐相处、合作共赢、和平发展”作为核心原则。士尔在《两界书》中也揭示和阐发了这一原则。《两界书》卷六《争战》部分以十一章的篇幅分别讲述了部族之间、部族内部或因“物”（包括领地、物产、水资源、美女、部族地位等），或因“意”（包括崇拜对象、部族道统等）而引发的矛盾、冲突和战争。面对人类不断的争斗，该怎么办呢？卷六第十一章《天使巡望》，借天帝之口提出化解之道：“灵道既赋人，冀人以身载道，以灵制欲。人自修为，族自承续，何去何从，可持续观望。天帝既造人，自可制人。天帝何制人，自依人修为。”这即说，寄希望于人类“以身载道，以灵制欲”，寄托在人类的修为之上。

对此，士尔在卷十二《问道》的“六大要义”思想中再进一步给予了阐发。六大要义，其中四大要义“孝父母”“善他人”“守自己”“淡得失”均与此有关。孝父母：“孝”是最具中国传统文化特点的一种核心理念。《两界书·立教》以族规族戒的方式，倡导孝道在族统延续中的重要作用。“百善孝为先”，通过强调孝敬、孝顺之心而确立人类生活中应有的伦理规范。善他人：中国文化格外重视“人与他人”的关系，并以“仁善”思想为核心。《论语·里仁》曰：“德不孤，必有邻。”《孟子·离娄下》：“仁者爱人。”《两界书·教化》讲述了一个“双面人”的故事：人有双面，是因身有双心，一心向善，一心向恶，故人要扬善弃恶;《两界书·命数》讲述了“种瓜得瓜”的故事;《两界书·问道》详尽讨论了“何为人”的问题，倡导“仁为人所在”，目的在于从人与他人的关系层面来厘定人际之间应有的社会准则。守自己：旨在从个人人格修守的层面来确立人之为人而应具有的自我规范。《两界书·教化》通篇讨论人的“教化”，“尤当善行未得善报，人心愈须守正”（《问道》3章），“守约践约，终得至高善报”（《问道》4章），“人言无信，类同犬吠”（《教化》6章）等，均主张要重视个人的修身守正，强调克己自省。淡得失：旨在从功利的层面确立人在现世生活中应有的生活观、价值观。《两界书·立教》陈述各族戒规在信仰层面不尽相同，但在个人行为规范上颇多相通之处，提出或“该你所得可得，非你所得勿得”（《立教》6章），或“不可抢占他人财物，须自己种粮养活自己”（《立教》9章），强调先人后己、看淡得失的人生观和世界观。

士尔认为，无论是古代还是当代，无论是一国之内抑或国家之间，都应“以和为贵”，包容互鉴，求同存异；“和而不同”已经成为一种基本趋势、一个社会交往的基本规则，同时也是一种国际原则。这种原则要求各国要充分尊重各国文明多样性、发展道路多元化，相互借鉴，取长补短，如此方能推动人类文明进步。否则，把自我利益至上化、狭隘化，实行所谓丛林法则，以力量、实力横决天下，损害他国核心利益和全人类共同利益，必然导致世界秩序紊乱，给人类造成动荡、战争和灾难。构建人类命运共同体，充分体现了中国文化有容乃大之和合性、包容性，也彰显了中国优秀传统文化的世界价值和现代意义。《礼记·中庸》有谓“万物并育而不相害，道并行而不悖”，正是这些“并行不悖之道”才能搭建起不同文化之间的心灵桥梁，才能为人类命运共同体搭建起精神纽带。

（三）基于“道法自然”“天人合一”的宇宙观，阐发人类命运共同体的生态哲学思维

中华文明积淀了丰富的生态智慧。孔子说：“子钓而不纲，弋不射宿。”《吕氏春秋》中说：“竭泽而渔，岂不获得？而明年无鱼。焚薮而田，岂不获得？而明年无兽。”此外，“道法自然”“天人合一”的哲理思想，“劝君莫打三春鸟，儿在巢中望母归”的经典诗句等都蕴含着质朴睿智的自然观。“道法自然”源自《道德经》：“人法地，地法天，天法道，道法自然”。“道法自然”揭示了整个宇宙的特性，概况了自然、社会以及人类思维运行的规律，宇宙天地间万事万物均效法或遵循“道”的“自然而然”规律，道以自己为法则。

“天人合一”是指人与自然环境的和谐融合。《乾》卦九五《文言》曰：“夫大人者，与天地合其德，与日月合其明，与四时合其序，与鬼神合其吉凶。先天而天弗违，后天而奉天时。天且弗违，而况于人乎？况于鬼神乎？”圣人能根据天地、自然界的变化情况来调整自己的行为以符合自然规律；根据日月运行的情况使自己的日常起居符合日月运行之规律；依据四季变化的周期使自己的劳作符合季节交替的规律；依据隐秘莫测玄妙的东西来预判将来行动的吉凶。先于天时行动，与天时不会违背。后于天时行动，与天时不会违背。何况人呢？何况隐秘莫测的事情呢？人是天地所生，就要顺应自然法则，与大自然和谐共处，否则就会受到大自然的惩罚。

在《两界书》卷十一《命数》中，士尔通过“天象变乱”“地象变易”“物象化异”“人象迷乱”等所带来的“怪象迭出”“果粮不常”“本能颠倒”“人自生变”警示人类违背自然所导致的自然灾难，以及自然界对人类的惩罚。在卷十二《问道》中则提出应对与化解之道，这即“六义之本”——“敬天帝”（敬天地）：“六说六言，至本者为敬天帝。敬天帝即敬天地。人生天地之间，举头三尺有神明，离地半寸无根立。天意在上难违，地气在下不绝。心无敬畏，胆大妄为。人自为主，终将自毁。人享天地之眷，凭天地立身，得天道指引。故天道自然为人主，高天大地为父母。”

敬天帝，即敬天地。“天帝”是古代华夏文明话语中的至高天神，俗称“老天爷”，亦即“昊天”，并不依托于某一特定宗教而存在，而是属于神话信仰的范畴。《两界书》中“敬天帝即敬天地”，明确将“天帝”与“天地”同义，在强化“天帝”信仰属性的同时，特别泛化了“天帝”的特指性，赋予其自然普遍意义。士尔提出，“六说六言”中最根本的就是“敬天帝”（敬天地），即对大自然（老天爷）要有敬畏之心，坚守道法自然、天人合一。

在这里，士尔认为，人类命运共同体的构建也体现了中国传统文化中的上述生态智慧。打造人类命运共同体，是一个多元要素构成的系统工程，必然包括“构筑尊崇自然、绿色发展的生态体系”“共建地球美好家园”这一重要内涵，建设一个共同繁荣的世界。从全球视野看，经济全球化加剧了全球生态危机，同时也推动了全球生态治理；工业文明对生态环境造成的破坏是全球性的、系统性的，这是全球面临的共同问题，需要世界各国共同应对。提出构建人类命运共同体，不仅彰显了全球绿色发展意识的觉醒，而且承载了人类对生态灾难的历史思考。全球生态环境问题的解决必须依靠国际合作，只有合作，兼顾各国的现实利益和世界长远利益，才能克服国家间存在的利益差别及其导致的矛盾，把共同利益放在首位，取得共识，展开协调行动，从而实现全球生态治理，建设一个持久和平、普遍安全、共同繁荣、开放包容、绿色低碳的世界。

浅谈宗教学心理学的整合研究

深圳大学　苏　磊

一、心理学视角对于理解宗教现象有重要作用

正如宗教心理学名著《宗教心理学导论》的作者阿盖尔所指出的，科学与宗教之间有着“古典”冲突，以科学之方法研究宗教现象是否合宜?而作者也明确给出了意见，此意见在本人看来是言之成理的：首先，宗教学也注意到了对上帝的体验、仪式的实质、宗教的历史以及宗教的影响，包括祈祷可能的效验，而物理学不再是“有关机械的宇宙和台球的科学”，而是要抽象和神秘得多，比如宇宙学探究时间的开端和终结以及宇宙的界限这样的问题，这使其离神学非常近；进一步来说，也是更为重要的，宗教处理的是人的内心世界，而心理学也研究人的内心世界，尽管二者还是不大相同，比如心理学与社会相关领域的连接更为紧密，但毕竟可以帮助我们去理解宗教是如何起作用的。

再宏观地看宗教学，人类无论哪种文化都与宗教有着千丝万缕的联系，虽然其源自西方的学术历史不过一百多年，但从学科特点来看，是跨人文、社会的综合性研究，需要研究者有复合的知识背景和学术能力，才能够面对宗教的理论与现实这两个有张力的层面，并尝试作出多维度的阐释与说明。既往的诸多主流研究，如北大张志刚教授所归纳的：有着重于宗教事象的发生或起源，探讨其具有的文化意义的宗教人类学研究；有着重于例如“上帝存在之证明及批判”的宗教哲学研究；有着重于宗教与文化史观、宗教与文化符号、宗教与文明形态的宗教文化学研究；还有影响最大的，试图以社会学的方法与理论，从观察者的角度去描述宗教的性质或功能的宗教社会学研究。以上这些维度呈现出来的研究成果，就有了“万物有灵

论”“神圣的社会”“文化体系”“心灵建构”乃至“宗教即异化”等判断命题。

我们不否认这些论断都有其经典意义，但是，当回到以人作为宗教活动的主体位置去观察，把人或特定具体的宗教群体的知、情、意作为研究对象的话，就会产生许多新的、同情的理解。正如荣格把信仰宗教者分为外向型和内向型两种心理取向类型，外向型的宗教徒参与宗教活动更多的是为了实现某些社会性目的，而内向型宗教徒更倾向于探索内心世界。基于此划分，可有一些简单的分析，比如：

基督宗教作为西方文化的一部分，已深深地渗透入西方民众的生活，因此，若部分民众信仰上帝只是基于文化习惯，那么这类人就属于外向型宗教徒，对他们的宗教社会学分析是适合的；而西方的内向型宗教徒的典型代表，是被称为圣徒的特殊人群，以威廉·詹姆斯在《宗教经验之种种》中的描述最为鲜明。

东方宗教，从佛教、印度教、道教的主流传统看是内在取向的，包括儒家的修养工夫也是如此，因此真正意义上的东方宗教的实践者，并不一定特别遵循某些特定的宗教形式（其宗教实践形式的变化与内心变化的关系可参照福勒的信仰发展阶段来分析），甚至在某种意义上并不容易界定他们是否为宗教徒，那么对于这类人的内在生命体验的分析，精神分析的方法、心理测量的方法都是有益的。基于此，近年来国内佛教的发展有所抬头，有很大一部分是迎合了人们的社会性需要，但这与“心内求法”的理念仍是有距离的。我们并非简单地否定宗教参与社会活动的意义，但若是放弃精神方面的财富不去继承，只是靠外向的活动去增加影响力，恐怕很难达到以儒家、佛教为载体，发声倡导中华优秀传统文化的精神。

另外，除了学理层面，本人以为，如果能从心理关怀的视角去理解信众的需要，对于有关部门做好文化宣传、建设精神文明都是有积极意义的。譬如，皈依是最基本的宗教行为，对于民众皈依宗教，首先要了解他们为什么要信。根据弗洛伊德、巴特森、霍尔等人的研究，皈依者在信仰宗教之前往往经历过深沉的个人危机，也有些人在家庭关系上有父亲缺位的问题存在，而青少年在宗教选择上有着皈依或反皈依两种倾向，但都是伴随着自我同一人格形成的过程而发生；在外在因素中，伴随着强烈情感的聚会能对人产生很大的影响，所以教会的组织者会运用这些方法去吸收信众；而皈依了宗教的信众会认为“感觉好多了”，主要是有了一种观察事物和解释事物的新方式，也有了更强烈的生活意义和目标感。从这些研究结果中能够很明显地看出，内心缺乏安全感、目标感的人容易走进宗教，而直面人心、直面生活的宗教也能够在某种程度上解决一些问题。既然如此，如果我们在文化、教育方面多一些温情，对有需要的人群给以长期的、切实的心理辅导和关爱，就会让更多的人相信幸福生活是可以在现实中实现的，而不是失望之后去寄望天国彼岸。

二、超个人心理学对宗教与心理学的整合

本部分想介绍某些宗教理论与心理学观点在其能够互动的部分有着互相支持、参照之作用。

在宗教心理学已有的经典论断里面，许多著名学者对于宗教的态度是不尽相同的，比如弗洛伊德认为上帝是父权的人格化投射，而荣格则认为上帝是重要的“原型”之一。有些学者尽管对于宗教现象进行了心理学分析，但是在价值和情感上是亲宗教的，也有些学者坚持人本主义立场。宗教心理学家对于宗教的态度或许可以以威廉·詹姆斯作为代表。他在热情洋溢地描述了宗教体验的奇妙、圣徒性对于社会的正面作用之后，并没有把基督教意义的上帝作为这一切的源头，反而是使用了“意识阈限之外的潜意识”这一概念作为解说宗教经验的来源。也就是说，宗教心理学家们大都是心理实在论者，而非宗教实在论者。不过尽管如此，将奥秘留给意识背后，或者针对意识本身去做研究，这是一个能够与宗教相契的接口。

而对于心理学来说，它的发展也遇到很多的局限，尤其是涉及意识是如何发生、意识所处的位置等艰深的哲学问题。这些讨论灵魂的或者讨论人的本性的问题在宗教、哲学中往往都有一套解释，但是在心理学中并不易回答，只能更多地停留在对现象的描述上，并基于所观察到的现象去做推论。然而，“psychology”一词的本意是研究灵魂的学问，那回避掉人的存在论基础，其理论是否能够成立就值得反思。就像一个笑话：“精分”既是精神分析，也是精神分裂。这句玩笑有两层含义：一是何为病态、何为常态要以什么标准来判定；二是心理师本人也承担着重负。于是连带的问题就很存在主义——为什么要做人心的疏导？以什么方式来做？

而基于对意识的研究与关注，并尝试从宗教、传统哲学中吸取和寻找更为根本的理论支撑，以达到综合地理解人类的精神追求与心理分析，并

尝试将其打通互为之用的新学派当属超个人心理学。超个人心理学的理论起源在美国，是人本心理学充分发展的结果。人本心理学的领袖人物马斯洛，晚年在其自我需求的理论中，加入了超越自我的层面，故而“超个人”的基本含义，即突破只关注个体的自我及其实现，而是去意识到，应该将自我与个人以外的世界和意义联系起来，并认为这个领域是属于超越的或精神的。

超个人心理学关注的核心是意识，而且是把意识与潜意识综合起来，形成一个有体系、有层次的意识图谱。在意识层面，超个人心理学使用的是西方心理学、对人的心理动力与结构的剖析。在潜意识层面，其侧重吸收的是东方的精神传统，比如以佛教大乘唯识学、印度教“三身五鞘”等理论作为内容与构建。其代表人物肯威尔伯还继承了阿尔道斯·赫胥黎的“长青哲学”理念，认为世界上所有的宗教和哲学都指向一个精神传统，即“大心境界”，只是在不同的文化中名字不同，在西方叫上帝，在东方叫道；而中国传统哲学中的天人合一、印度传统宗教中的梵我不二，都是指人通过返归其最深的内在本质，而达到与整个存在合一的精神上的最高境界。

诚然，超个人心理学所提出的理念、对于意识的阐释在学理上的辨析是见仁见智的。即便是在现实领域，可能也不会太受欢迎。因为以一个统一的伟大精神作为世界与生命的本质，虽然在凸显人自身的意义方面极有价值，却会抹掉宗教的外衣，拉近天国与人间的距离。这对于喜欢复杂与区别的人类来说，对于喜欢强调自身独特意义的团体来说，却不见得是好消息。

不过，本人以为，超个人心理学最闪光的部分，除了让佛陀与弗洛伊德把臂同行之外，它所使用的改善心理质量、提升意识认同水平的方法是接纳与整合。整合的工夫对应到东方传统即是“不二”，是“一阴一阳之谓道”，但是由于东方传统太过于强调个人精神的超升，往往是以抛下存有链的某些部分的方式去追求所谓的更高部分，这显然是有问题的。而西方心理学则在实践中找到了不二的法门，比如精神分析与人本学派都指出，人在成长过程中由于外境的刺激与错误的认知，会形成表意识的“人格面具”与潜意识的“阴影”，阴影很难被发现，但一直在意识深层发挥着作用，影响人格的形成与人生的走向。与之相对的，人格面具仅是一个碎片化的自我，那么处理阴影与面具的方法，并非是取一舍一，而是通过表面的行为去了解内心深层的阴影，接纳它，并使之与目前的人格相融合，最后达成一个更为完整的、健康的人格。不得不说，虽然西方文化中有强化二元对立的成分存在，但是基督宗教中所讲人需要臣服于上主，需要面对自己的罪性却使得自我与超越之间真正连通了，使不二的工夫有了可操作性。因此，按照肯威尔伯等人的理念，人的意识提升之路就是不断地整合小我，再到整合身心，最后到整合个体与存在，达到与灵性大我相融合的“大心境界”。

本文无意赘述超个人心理学的思想和架构，只是“整合”这一方法论确实值得大力发扬。举一个简单的例子作结，比如如何理解臣服。在一个内心阴影未被整合的人那里，信仰宗教会满足被控制的病态心理需求，信徒会一面假装臣服于神佛的更高力量，一面又在心里滋生着由压抑而来的反抗。这样的信仰，如果加诸软弱者，可能会枯萎其生命；如果加诸强硬者，可能会毁掉其精神追求。反之，若一个人没有这类控制与被控制的阴影，或者相关的问题得到了处理与疗愈，就会了解到臣服与接纳是遵循宇宙力量与规律的指引，成为自觉的人；也经由内在问题得以处理的经验，会了解到接纳自己、接纳万有是达成更高层幸福的必由之路；而此时的臣服，绝不是内在的软弱无能，反而是由了解到自身具足完整，达到自爱与谦卑的合一。

哲学，响应还是理性？

深圳大学　陈雅文

一、哲学作为“响应”

在《哲学，这是什么？》[①] 一文中，海德格向哲学及其思考方式发问。他的目的很明确，找到这样一种方式：“进入哲学中，逗留于哲学中，以哲学的方式来活动，进行哲学思考（philosophieren）……而不是围着哲学转。”他的思路有两重。一方面，他试图解构传统理性主义对哲学的理解，即，那种认为理性是哲学之王（或者，把哲学理解为非理性外衣下的理性哲学）的看法。他的解构方式不是从理性主义的内部寻找论证的疏漏之处，而是从哲学的起源处查看哲学是如何走上了理性主义的道路。因为这条道路并非唯一的道路，所以，勘察其他道路的可能性，成为另一种温和的批判。在海德格看来，这种方式肇始于人们不再追问存在，而是追问存在者。为了抵御智者的知性的攻击，原本热爱“智慧”的希腊人，不再以逻各斯的方式说话或倾听“智慧”发出的声音，而是追求“智慧”，在其他人那里唤起对“智慧”的思慕或欲求。在这一种对存在的领悟中，希腊人开始追问存在者是什么，也即以这样的方式发问——“这是什么？”然而，我们若是以这种方式追问“哲学是什么”，那我们就不禁堕入解释的循环。我们已然是在某种对哲学的理解中，也即是说，选择了这种而非那种哲学的发问方式来追问哲学。要怎样突破这种循环呢？我们需要回到哲学的源起处，看看是否有别的道路。

进而，海德格要建构他所理解的哲学及其方式。究竟怎样才能进入哲学呢？海德格说，触动，探讨那与我们的存在相关的东西。触动不同于情

---

① 德文为“Was ist das—die Philosophie?”。

绪，后者是理性的反面。触动，是惊讶之情。“惊讶，这尤其是哲学家的一种情绪。除此之外，哲学没有别的开端。”“古今的人们都是通过惊讶而开始哲学活动的。”[①]那么，什么是惊讶呢？惊讶是 pathos，是共情，而非简单地指情绪和情绪的迸发，而是读者、听者、观者与作者产生共鸣的情绪。也正是在这个意义上，海德格把“惊讶”译作“合辙和音调意义上的定音”，“惊讶是一种调音，在其中，希腊哲学家获得了与存在者之存在的响应”[②]。就什么而惊讶呢？惊讶于存在者之存在，“存在者被聚集在存在中，存在者出现在存在的显现中”。竟然有这样一种东西，它完全不同于眼前的鸟兽山石，却使鸟兽山石等诸多存在者得以可能。又是怎样一种惊讶呢？此乃惊讶状态，也即是说，惊讶并非仅仅作为一种初始的推动力，开启哲学之思，随后便销声匿迹。惊讶承荷着哲学，是贯穿于哲学的每一个步骤中的。因此，进入哲学，就要一直保有这种被存在所触动的初心。

海德格认为，对“什么是哲学”这个问题的回答，不是依照一种命题的方式，“并非全在于一个陈述，后者通过对我们在‘哲学’这个概念那里所设想的东西而对问题作出答复”[③]；而是一种响应式的回答，应合于存在者的存在。回到源初，回到行为的开放状态，是后期海德格的特征之一。在《真理的本质》中，海德格也指出，传统真理的标准——正确性——也是因为这种开放状态才得以可能。“只有通过这种开放状态，陈述的正确性才是可能的。”[④]也即是说，存在这样一种前反思状态，或者一种前理解状态，那里尚未决定对象，尚未决定打量对象的眼光，从而也无所谓二者之间的符合。海德格主张的是一种“协调状态，也即一种入于存在者整体的绽出的展开状态，之所以是能够被‘体验’和‘感受’的，只是因为‘体验的人’一向已经被嵌入一种揭示着存在者整体的协调状态中了，而并没有去猜测调谐之本质为何”。[⑤]

值得注意的是，海德格反复强调“展开”“开启”“开放”，使用“音调”“劝说”这样意象化的表达，是希望回避我们习以为常的用语，令读者在语词的新鲜感中领会回到源初的意味。因为我们所习惯的那些用语，已经满载现代人对存在的理解。这种理解，就是海德格意图反驳的那种理性概念。

---

① 海德格尔:《什么是哲学》，孙周兴译，《海德格尔选集》，上海：上海三联书店，1996年，第 602—603 页。

② 同上书，第 603 页。

③ 同上书，第 600 页。

④ 同上书，第 220 页。

⑤ 同上书，第 227 页。

二、理性的批判

现代人对存在的理解，包含在自柏拉图以降的西方形而上学历史中。从与“智慧”的原始协调，到对“智慧”的欲求，我们的眼光从关注存在转而关注存在者，形成了一种关于主客体关系的前理解。在笛卡尔那里，对存在者的追问发展到顶峰。他并不问就存在者存在而言，存在者是什么；而是要寻找那对主体而言绝对自明的东西，问，那个在确定之物意义上真实存在着的存在者是什么？一切都可怀疑，唯有怀疑本身是确定无疑的。从而，人的本质获得了前所未有的主体性。海德格将其称为现代哲学的调音，“怀疑的调音就是对确定性的肯定的承认”。海德格想要突破现代哲学以来主客二分的死结，在他看来，这种思路正是我们今天原子时代和技术时代的形而上学。而这种思路的后果，表现为技术的滥用，在日常生活里表现为极权主义、对自然的掠夺以及人的异化。

海德格要从理性主义的起源处一探究竟。在前苏格拉底时代，在赫拉克利特那里，人们尚且为存在所惊讶——存在把一切存在者聚集起来，使存在者成为存在者。然而，从苏格拉底和柏拉图开始，哲学成为被欲求的对象。[①] 到亚里士多德，问题成为：“自古至今（哲学）所常质疑又一再没有找到通道的问题是：存在者是什么？”他已经在一种特殊的对存在的领

---

① philo-sophia，由热爱智慧变为欲求智慧。前一种爱是以逻各斯的方式说话，响应于逻各斯；后一种欲求，已具有了主体的对象性，是由主体追求某种他所爱之对象。我们处处使用“爱”这个词：父母之爱、配偶之爱、子女之爱、宗教之爱、友谊之爱、同胞之爱、（对）祖国之爱……如果我把爱定义为“为了某个人愿意做出最大程度的牺牲”，那么，这个世界上真正爱你的人就太少了。通常情形下父母最能符合爱的标准，然后是子女的爱与配偶的爱，后面两种爱多需要自己的争取，成为受尊敬的父母和有魅力的配偶，才值得被爱，或者说，才能赢得子女的爱戴和配偶的爱情。教友之间愿意彼此献出生命吗？后面几种爱似乎更达不到这个标准了。那么，挂在嘴边的爱究竟是怎么一回事呢？再说爱国，爱这个国家，地域意义上的吗？还是历史或者文化意义上的？是指生于斯长于斯对这个共同体的依恋吗？还是说自己身上烙着属于这个国家的身份，出于本能维护这个身份？那爱的应该是在这个境况中自我所有的操持吧：我爱这个团体，因为我在其中倾注了精力，因为我的回忆在这里，因为我在这里成长，等等（虽然将我放在另一个团体中，我也会爱它）。那就是说，我必然会爱我的团体。那这种爱就跟父母之爱一样，是天生的，几乎无需选择。可是，在我知道的足够多以后，我具备了批判和反思力，我可能不爱上面任何一种吗？好像是可能的。这么说，爱是基于理由的吗？在这个思路下，是的，爱需要基于理由。这种理由表现为两个方面：其一是天性使然的（生理的理由），其二是后天推理的（经过自己的理性思考和判断）。然而，这个回答似乎不那么令人满意。海德格为我们提供了另一种思路：爱是热爱，是与之响应，与之协调，一物与另一物互相结合起来，因其相互依赖而原始地相互结合起来。

悟中追问存在者了。问题逐步形成一种下定义的方式，即这是什么？这种发问形式一直延续至今，在欧洲文明那里尤为明显。“西方和欧洲，而且只有在西方和欧洲，在其最内在的历史过程中原始地是‘哲学的’”。这句话的意味与马克斯·韦伯异曲同工。韦伯问：“为什么科学的、艺术的、政治的或经济的发展没有在欧洲之外也走向西方所特有的理性化道路？”①这无非是说，现代欧洲文明有其独特的自我意识，这种意识根植在理性主义的传统里，也即根植在“这是什么”的发问方式里。韦伯悲观地看待西方的理性化进程。他认为，现代性的理性在本质上是工具理性，它精准地计算和计划一切行为，其后果是，一方面工具理性消解了传统的迷信和偏见（去魅），另一方面，却无法提供一种新的世界观来填补宗教世界瓦解后的空缺。工具理性最终带领人走向理性的铁笼。海德格虽未明确提出工具理性，但显然对理性主义的传统保持警惕：“人人都认为哲学是理性的事情……什么是理性？理性是什么，在何处，通过谁来决定？理性本身已经是哲学之王了吗？如果说‘是’，那么是凭何种权力？如果说‘不是’，那么理性又是从何处获得其使命和角色？”②

当哈贝马斯在《形而上学批判对西方理性主义的瓦解》一文中，批评海德格“把理性与知性等同起来”的时候，他认为海德格犯了一个错误，直接将启蒙理性理解为工具理性，从而未加区分地批判整个现代的理性事业。这种批评有些武断。基于以上分析，海德格意欲批评的，其实是笛卡尔式的主体主义。笛卡尔式的理性和工具理性都把主体看作意义的绝对来源。在前者看来，如果没有主体赋予对象以形式，就不会有知识，感觉和经验是无序的杂多，只有通过主体的理性能力，才赋予杂多以意义；在后者看来，理性是达成主体之目标的手段，它集中反应了一个具有判断能力的主体的内在目的性。工具理性是笛卡尔理性的绝对主体性发展到极端的一种形式。

其实，海德格与哈贝马斯共享同一种忧虑，却表现出抛弃西方理性主义的两种立场。海德格的立场是希望在理性之外寻找出路。海德格的回答是，倾听存在的声音，与存在响应。哈贝马斯的立场则不愿意丢弃启蒙的事业，转而在理性内部寻找他者，诉诸交往理性。那么，基于同样焦虑的

---

① 转引自哈贝马斯著、曹卫东等译：《现代性的哲学话语》，南京：译林出版社，2008年，第1页。

② 《什么是哲学》，《海德格尔选集》，第589页。

两种方式究竟有怎样的分别?

三、响应与理性

海德格对应该如何“哲学化”或者说进行哲学思考的回答，最终走到了“响应”——“哲学就是那种特别被接受并且自行展开着的响应，对存在者之存在的劝说的响应。唯当经验到了哲学如何以及以何种方式成为哲学，我们才认识和知道哲学是什么。哲学以响应方式存在，响应乃是与存在者之存在的声音相协调。”[①] 那么，怎样与之响应呢？在《真理的本质》一文中，海德格揭示了一种存在论的自由。自由便是让存在者存在，让存在参与到存在那里，参与到敞开域及其敞开状态中。因为每一种存在者都已然置身某种对存在的领悟中，那么，存在论的自由就要求人们不断地超出之前的边界，或者说，“展开着”“绽出”。通过守护这种自由，我们才能不断地响应于存在。[②]

交往理性在一定程度上分享了海德格对“响应于存在”的理解。海德格重提存在的重要性，这一点已经被此后许多哲学家接受并发展，哈贝马斯也继承了这一点。他的生活世界的概念，就是旨在展现一个为主体间性的个体所共享的世界。哈贝马斯批判的出发点是我们生活世界的殖民化，即我们的生活世界与系统（诸如市场体系和官僚体制）的混淆，系统机制在生活世界中不断地制度化。这种混淆背后是工具理性的扩张，其后果是人与人之间无法达成相互理解。事实上，这一点与海德格所谓“遗忘了存在”是相辅相成的。哈贝马斯要做的，是发展出一种生活世界的理性，即交往理性，以区别于系统中所运用的理性概念。这样做的目的，是重新唤起我们对生活世界的关注，以保护启蒙的事业。生活世界在某种程度上也是前反思性的。哈贝马斯用生活世界意指在一定程度上为个人、家庭、共同体所共享的世界。这个世界并非实在的物理世界，而是我们所拥有的共

---

① 《什么是哲学》,《海德格尔选集》，第 605 页。

② 海德格的这种存在论的自由不同于我们惯常所理解的自由。我们通常在政治自由、言论自由、思想自由等语境中使用“自由”一词。区分得更细一些，我们讨论“古代人的自由”与“现代人的自由”。前者来自卢梭，主要指平等的政治自由和参与公共生活的价值；后者来自洛克，主要指思想自由、良心自由以及保护个人的权利和财产。但不论前者还是后者，自由都预设了一种社会化的协调过程与个体的紧张关系，自由的功能在于如何妥善地和解这种关系，而这种预设在海德格看来，已经陷入主体哲学的牢笼。

同价值和共有理解。[①]

然而，尽管他们二人都意图摧毁主体哲学，视角却十分不同。哈贝马斯对海德格评价说："'在世的澄明曾显示出：无世界的单纯主体，并不是给定的。同样，无他人的绝缘的自我归根到底也不首先存在'，海德格借助主体间的关系（自我与世界的相遇），深化了他的世界分析。"[②]然而，哈贝马斯接着说："从孤立的目的行为视角向社会互动视角的转变，实际上阐释的是一种沟通过程，而不是一种理解过程。在这个沟通过程中，世界作为主体间共有的生活世界背景始终处于在场状态。从用语交往的语言中，可以发现这样一种结构：它告诉我们，生活世界（本身并没有主体）是如何通过主体以及他们的沟通行为而得以再生产的。"[③]这意味着，在哈贝马斯看来，海德格的"理解"仍然是独白性的，仍然是一种主体主义。而他所提倡的是一种"沟通"，即先有了主体与主体之间的沟通行为，这种主体间性的视野成就了世界的概念。这里，我们可以看到他们二人的一个重大分野：海德格的主体间性的关系，预设而非构造了一个共享的世界，也即是说，世界先于主体间性的关系，是主体间的关系得以可能的前提；而哈贝马斯的世界是在主体间性的关系中开展的，是通过主体间的对话构造而展开的。

从以上对工具理性的批判到与交往理性的对照中，我们看到海德格的初衷以及他的思考路径。现在他已经唤起了我们对存在的思慕，可是，怎样实现这种思慕，我们有哪些路径可循？又成了新的大可追问的问题。如果想要确切地回答这些问题，理性之路似乎在所难免。交往理性提出了一种程序式的解决方案，然而，它又会面临这样的难题：理想的交往情景真的是可以实现的吗？

---

① 这种理解近似于社群主义的主张，即我们是镶嵌在我们的社会、历史和共同体之中的。然而，社群主义主要是以反驳自由主义的方式出现的。具体而言，社群主义意图反对自由主义对自我的"空洞"理解，主张人的自我认同及价值观需要在先的共同体的支持，即是说，共同体对自我构成和自我理解是必不可少的。

② 哈贝马斯：《现代性的哲学话语》，第154—155页。

③ 同上。

论祁寯藻与晚清理学

——以同治朝修国史《循吏传》为中心

清华大学　阎昱昊

程朱理学是清廷树立之正学，在晚清咸同时期表现十分活跃，呈现"复兴"之势，影响深远。晚清理学复兴受到学界关注，现有研究较多关注理学人士的倡导之功。比如同治时期，倭仁（1804—1871）、李棠阶（1798—1865）、吴廷栋（1793—1873）等在朝官员，位列卿相；曾国藩（1811—1872）等湘军将帅，建立功勋。他们均被视作晚清理学复兴的代表人物，其思想与事功构成了一般晚清理学史论述的主要内容。①

然而，理学在晚清的发展过程存在时势、人事和制度等多种因素的交互，其复兴非仅知名理学人士之功，其他朝臣及相关为政措施亦起到积极作用。例如，清廷在辛酉政变之后起用老臣翁心存（1791—1862）与祁寯藻（1793—1866），二人与倭仁一同成为同治帝的师傅。翁、祁二人为"三朝耆硕，辅导冲主，一时清望所归"②，在士林中有较高地位，对晚清理学产生不同的影响。翁氏暂不论述，祁寯藻在朝有提倡理学的举措，特别

① 关于清代理学的研究，参见龚书铎主编《清代理学史》，广州：广东教育出版社，2007年。对于理学在晚清的发展，梁启超指出太平天国前后，"宋学复兴"是当时思想界的一条新路（参见氏著《中国近三百年学术史》，北京：商务印书馆，2011年，第31页）；钱穆亦认为"咸同以来，理学之风日盛"（参见《清儒学案序目》，《中国学术思想史论丛（八）》，北京：九州出版社，2011年，第566页）。相关研究亦可参见李细珠：《晚清保守思想的原型——倭仁研究》，北京：社会科学文献出版社，2000年；史革新：《晚清理学研究》，北京：商务印书馆，2007年；张昭军：《清儒之道：清代学者关于儒家之道的探寻、论辩与践行》，北京：社会科学文献出版社，2017年，等等。

② 趙尔巽等撰：《清史稿》卷三百八十五，北京：中华书局，1977年，第11684页。

是他在同治二年奏请纂修国史《循吏传》一事，具有参考意义。然而这一面向尚未受到研究者关注，本文拟对此进行探讨。

一

祁寯藻，山西寿阳人，嘉庆十九年（1814年）进士。道光元年（1821年），在南书房行走，历任湖南、江苏学政。后成为军机大臣，授体仁阁大学士。咸丰二年（1852年），以大学士管理户部事务。四年，因病致仕。十一年十月，辛酉政变后，祁寯藻重受起用，以大学士衔授礼部尚书。同治元年（1862年）二月，与大学士翁心存、尚书倭仁、编修李鸿藻（1820—1897）在弘德殿授读，成为同治帝的师傅。[①]

祁寯藻历仕嘉庆、道光、咸丰、同治四朝，多具事功。祁氏道咸时期主管户部财政以及对晚清诗学的影响等相关事迹，已得到不少探讨；但学界对其同治时的在朝情况则关注不足。[②]同治初年祁氏地位崇高，在政治上亦有所作为。其中，他于同治二年奏请纂修国史《循吏传》，值得重视。公私传记对此均有记载，如清廷国史大臣传中的《祁寯藻传》详细征引其同治时所上《为条陈末见事奏折》《为条陈保举循吏事奏折》等奏章[③]；私人碑传中，秦缃业（1813—1883）记祁氏“同治初，又屡上疏论荐，尤重循良之吏”[④]，均指奏请纂修国史《循吏传》一事。

自太平天国起事以来，经历十余年战事，地方秩序遭到破坏，清廷统治面临危机。平息战事、恢复地方秩序成为咸同之际清廷上下亟须解决的问题。祁寯藻关心局势，多有建言献策。同治二年（1863年）

① 周骏富辑:《清史列传・祁寯藻》,《清代传记丛刊》第101册，台北：明文书局，1985年，第523—545页。

② 如丁永青的研究（《晚清道咸政局与祁寯藻“相业”》，山西大学硕士研究生学位论文，2005）。关注祁寯藻在鸦片战争及咸丰朝的政治表现；又如刘增合、廖文辉的研究（刘增合:《太平天国运动初期清廷的军费筹济》,《历史研究》2014年第2期，第55—72页；廖文辉:《咸丰时期户部银库实银收支问题再研究》,《近代史研究》2017年第1期，第139—156页）。关注咸丰时期清廷同太平天国作战的经费收支问题，涉及当时管理户部事务的祁寯藻的一些事迹。另外，祁寯藻是晚清宗宋诗风中的代表人物，受到文学史研究不少关注，如孙之梅《程恩泽、祁寯藻澄怀园三次比邻与晚清黄诗“预热”》(《文学遗产》2013年第1期，第105—117页)，等等。目前尚未见关于祁寯藻同治时期在朝政治表现的专门研究。

③ 笔者按，这些奏文内容占祁寯藻国史传记篇幅的一半以上。参见《清史列传・祁寯藻》。

④ 秦缃业:《祁文端公神道碑铭并序》,《虹桥老屋遗稿》文三，清光绪刻本，第二十六页。

十一月，祁寯藻上《为条陈保举循吏事奏折》，针对时势陈述观点与建议，认为地方吏治亟须澄清，并提出了振兴吏治的具体方案，建议清廷纂修国史《循吏传》，表彰为政出色的地方官员。该奏折主要内容如下：

……仰见圣朝振兴吏治，表彰激励之至意。臣闻国史馆《循吏传》，自嘉庆年间编辑后，久未续纂。近年封疆大吏以此奏请者，亦甚罕见。且自军兴以来，征兵筹饷，几视吏治为缓图。不知地方果得一贤有司，平日弭盗安良，化民成俗，实足以消患于未萌，其曲突徙薪之功，不在敌忾捐躯者下。现在守城阵亡各员，均蒙随时赐恤，或奉特旨，宣付史馆。此等地方循吏，功在无形，誉传众口，若不及时表彰，致令沉没，何以昭激励而劝后来？应请旨饬各省大吏，加意访查政绩官声遗爱在民者奏明，并咨史馆，编入《循吏列传》，以资观感。臣更有请者，窃见各省州县，供军需、办团练，不得不藉资民力。其假公济私，咈众敛怨者无论已。即一二洁清自好者，亦不过黾勉办公，先其所急。设卡抽厘，方虑聚众滋事。练团筑堡，又虞负固抗粮。救过方且不遑，于民生疾苦，地方利弊，势更不暇兼顾。苟非至诚之心，兼济变之才，安能用民财力而民不怨畔。故至今日而言，循吏操术为至难，用心更极苦也。其已故者，固应特予表扬；其现任者，尤宜亟加褒勉。俾得殚竭心力，以卫民生。应请饬下中外大臣，保举循吏，确核品行，胪列事迹，奏备简用。其有伏处之士，潜修力行，堪应循吏之选者，如确有见闻，亦准一体保奏。现值大计之年，各省府厅州县卓异人员，请并饬各督抚，将其政绩核据，详细咨送吏部，于引见时开单进呈，以备量才擢用。近来贼势日渐溃散，而民生已极凋敝。地方官如何招抚流亡，如何稽查奸宄，如何因时度势，消患未萌。其军营保举人员，未必尽于守土相宜。而捐输分省各员，又不免流品错杂，尚待甄别。非慎选牧令，简拔循吏，何能与民相安，缓急可恃？愚臣窃谓今日之急务，正本清源，舍此别无长策也。至保举流弊，须防情托徇庇。屡奉谕旨，滥保之例，凛然具在。苟有天良，亦孰不洗心涤虑，各举所知也。臣为吏治民生起见，缮折沥陈，是否有当，伏乞皇上圣鉴。谨奏。[①]

祁寯藻用较多篇幅分析局势，判断“贼势日渐溃散”，地方秩序亟待恢复。只有地方秩序稳定才能保障民生，固结民心。祁氏道出恢复地方秩序的重要性与紧迫性，地方吏治则是背后关键。知府、州县长官为亲民之官，维系地方秩序与民心向背。而在当时，守令良莠不齐，不少人无法胜任地方治理。祁寯藻认为必须整饬地方吏治，“慎选牧令”，此为“正本清源”之法。

早在咸丰十一年（1861年）十一月所上《为条陈未见事奏折》中，祁寯藻就已谈到地方吏治，将平定战乱、稳固民心与吏治问题联系起来：

> 粤匪跳梁，已逾十载，东南省分蹂躏迨遍。推原其故，虽由奸民犯法，亦由吏治废弛，养痈贻患。……民心之得失，视乎州县之贤否；而州县之贤否，惟知府知之最悉。知府州县能使民心爱戴，而犹犯上作乱者，未之有也。各省督抚、司道大员，黜陟悉听圣裁，优劣无难立判。至知府州县职分较卑，若非大吏认真考察，吏治何由整饬？大抵循吏廉正自持，廉则不肯妄取，岂能应酬？正则不肯干求，岂能迎合？为大吏者，察其官声，核其详案，知其才而举之，举数人而通省风气为之一变。……吏治澄清，民心自然固结，盗贼自然潜消。……应请敕下各省督抚，随时认真考察。[②]

地方吏治是祁寯藻复起后始终关注思考的问题。在日记中，祁氏多次记录对地方吏治的看法。例如同治二年十二月初七日“复阎丹初中丞书敬铭，行五。论山东吏治”，十六日记“滇省为回匪所隔，官斯土者，多以逾限干议，似应令总督酌量变通办理。两粤、黔、蜀皆滇之邻，就近量移，予以升途，仿烟瘴边缺之例，或可鼓励。否则缺悬不补，吏治日弛，边疆之忧也”，三年正月初八日记“军兴十年余，南北遭创痍。戡乱在得人，即今尚可为”，四年八月三十日记“因时救弊，是在人也”；又如同治三年

---

① 祁寯藻：《奏请表扬激励循吏以振吏治事》（同治二年十一月二十四日），台北故宫博物院藏清军机处档，文献编号：092802。亦见陈弢辑：《同治中兴京外奏议约编》卷二，清光绪刻本，第十二至十三页；任国维主编：《祁寯藻集》第六册，太原：三晋出版社，2015年，第433—434页。

② 祁寯藻：《为条陈未见事奏折》，载任国维主编：《祁寯藻集》第六册，第416—417页。

正月二十五日记“蒋庆第来见，直隶玉田人，壬子进士，曾任山东知县，以知州用，告病回籍。寯藻闻其吏治、才识卓然，其言沉重，保举奉旨引见。阎丹初中丞亦保之”，四年九月初六日记“枣强县李……直隶候补县杨……今日晤叙，气宇开爽，能以爱民求治为本，志为循吏”[①]，则是关注地方官员的贤否。

对于地方吏治问题，祁寯藻有具体的解决思路。他提出纂修国史《循吏传》，表彰循吏，树立为官典型，激励各地官员效仿循吏的事迹。祁氏认为循吏能够安定地方，与战场捐躯的将士有同等功绩，只不过循吏是“功在无形”。阵亡人员能够得到朝廷的旌表，宣付史馆立传，昭显忠烈[②]；政绩突出的循良官吏也应该受到表彰，载入国史《循吏传》，起示范激励作用。与此同时，祁氏也希望各省大吏能够留心人才，向朝廷保举现任官员中的循良之官以及堪任循吏的士人。

祁氏提及的国史《循吏传》，是清代国史的一门类传。清代设立国史馆负责纂修本朝国史，于康熙二十九年（1690年）首次开馆，乾隆三十年（1765年）后成为常设机构。[③]清代国史依循历代正史体例，纂修纪、志、表、传；历代正史常设的《儒林》《文苑》《循吏》等类传，均为清代国史的重要组成部分。《循吏传》自《史记》创立，大体而言，“循吏”是为政一方的楷模，《循吏传》则集中记载表现突出的地方官吏事迹。[④]

---

① 祁寯藻：《静默斋日记》，任国维主编：《祁寯藻集》第一册，第314、316，320、338、326、340页。

② 咸丰三年（1853年）九月二十日上谕：“自粤匪窜扰以来，地方文武官员，或守城殉节，或临阵捐躯。及绅士人等，志切同仇，尽忠效死者，业经立沛恩施，交部分别议恤。并将被害较烈各员，命于各该处建立专祠，以昭忠节。该官绅等忠义之气，允堪振起懦顽。褒恤之典，仍宜特从优厚。着该部详细查明。已经给与恤典者，再行分别酌议，加增予谥，或入祀昭忠祠。其家属殉难者，应如何优恤之处，一并酌核具奏。至未经奏报各员，着各该省督抚，迅即饬查被害情节，奏请奖恤。勿稍疏漏，用示朕励节劝忠之至意。”（《清实录》第41册，北京：中华书局，1986年，第六二〇页。）在与太平天国、捻军等作战期间，清廷持续大规模对殉难人员进行旌表。

③ 有关清代国史馆的相关研究，参见乔治忠：《中国官方史学与私家史学》，北京：北京图书馆出版社，2008年，等等。

④ 余英时指出，“循吏”的内涵在《史记·循吏列传》与《汉书·循吏传》中存在明显的差异：《史记》记载的循吏，无汉以下者，其目的在于批评武帝朝政而阐发黄老无为的政治主张；《汉书》对于循吏，则侧重表现养民教化种种内容，具有儒家文化特征。后代地方治民之官亦奉《汉书》的循吏形象为最高准则。（余英时：《汉代循吏与文化传播》，《士与中国文化》，上海：上海人民出版社，2013年，第117—189页。）

清代国史《循吏传》的纂修始于嘉庆时期。嘉庆十二年（1807年），湖广道监察御史徐国楠奏请“自藩臬以下，守令以上，不在大臣传之列者，采其政绩卓著，裒辑成编”[①]，编纂国史《循吏传》。清廷允准此项计划，以已故布、按二司及道、府、州、县各级外官为选取范围，将其中政绩突出者纂入国史《循吏传》。至咸丰初，国史馆陆续完成并进呈二十余篇国史《循吏传》。而在祁寯藻上奏之后，清廷则开始了国史《循吏传》的续纂。同治二年十一月二十四日，清廷就祁氏的奏请颁布上谕：

> 军兴以来，征兵筹饷，不能不藉资民力。非得贤有司拊循化导，不足联络众志，消患无形。且兵燹之后，百姓颠沛流离，苏疾苦而起疮痍。舍循良守令，又将奚属耶？嗣后各省大吏，务宜加意访查。其有政绩官声遗泽在人者，着奏明宣付史馆，编入《循吏列传》。至现任各官内，实系清静不扰，悃愊无华者，并著胪列事迹，据实保奏，听候简用。其伏处之士，潜修力行，堪膺循吏之选者，亦准一体保荐。以期政平讼理，吏治蒸蒸日上，有厚望焉。[②]

清廷听取祁寯藻的建议，令各省大吏一方面保荐现任优秀官员，另一方面呈报堪入国史《循吏传》的已故循吏人选。这一时期的国史馆除例行功课《大臣传》以及为阵亡故员宣付立传外，各类传记中只有国史《循吏传》得到续纂进呈，一定程度上表明国史《循吏传》受到清廷重视。[③]

《循吏传》传主大多为知府、知县等地方亲民之官，传记中所展现的循吏品质与事迹可谓是广大地方官员为官的榜样表率。方宗诚（1818—1888）即言：

---

① 全国图书馆文献缩微复制中心编：《清国史馆奏稿》，全国图书馆文献缩微复制中心，2004年，第971—974页。

② 《清实录》第四六册，北京：中华书局，1987年影印版，第八〇八页。

③ 光绪七年（1881年），国史馆统计嘉庆以来各类传编纂数量，指出在嘉庆朝开始的《儒林》《文苑》《循吏》等传陆续纂成后，同治时“续行编入者，仅《循吏》龚其裕等十余人”。国史馆在这一时期为十五位循吏纂修了传记：刘体重、刘煦、桂超万、钟谦钧、龚其裕、龚嵘、龚一发、龚景瀚、李文耕、刘大绅、刘衡、毛隆辅、徐台英、云茂琦、黄辅辰（《奏为纂办儒林文苑循吏孝友列传请饬各省确查举报以资表彰恭折仰祈圣鉴事》，《国史馆移札》，国家图书馆藏，清刻本）。长期以来，清代国史《循吏传》的纂修过程与内容意涵等方面并未得到研究。

> 愚谓今之为大吏者，自己固当洁己爱民，为属员之表率，而尤当将历代《名臣传》《循吏传》《从政遗规》《居官法戒录》、吕新吾先生《实政录》、汪稼门尚书《荒政辑要》、徐啸陆太守《牧令书》颁刻以赐属吏，使其遵行。为主考学使校官者，则当颁刻《儒林传》以及古大儒书以教士子，使其讲而明之，体而行之。察吏取士，皆以合此者为上等，如此虽不能尽善，而读之久传之广，必有兴起者矣。①

在他看来，《循吏传》等史传十分值得地方官员学习并遵循效仿；祁寯藻奏请纂修国史《循吏传》，应亦有此用意。在《为条陈末见事奏折》中，祁氏也曾试图发挥国史资鉴之用，征引国史传记所载之奏议，规劝人君：

> 窃见乾隆初年，直隶督臣孙嘉淦有三习一弊之奏，其言剀切，深中事情。大致谓：目习于所见，耳习于所闻，心习于所安，以此三习卒归一弊。其弊惟何？远君子而近小人而已。臣不能悉举其辞。伏求敕国史馆臣，检查《孙嘉淦传》，录其全文，恭呈御览。并请谕令进讲儒臣，详为解悉；另缮一册置诸左右，庶于圣心有所裨益。②

国史为清廷钦定，反映朝廷的统治意志，具有权威性。祁寯藻希望发挥国史的政治功用，通过国史《循吏传》，鞭策广大亲民之官，宣扬为政地方的吏治典范，以求达到澄清吏治之效。

二

祁寯藻不仅奏请续纂国史《循吏传》，而且影响了具体传记的纂修。祁氏也向清廷呈报了堪入国史《循吏传》的人选三名：刘大绅（1747—1828）、李文耕（1762—1838）与刘煦（1811—1862）。《为条陈保举循吏事奏折》后附有祁氏对刘大绅、李文耕、刘煦三位已故循吏生平事迹的概述，其内容如下：

---

① 方宗诚:《俟命录》卷第六，清刻本，第六至七页。

② 祁寯藻:《为条陈末见事奏折》，任国维主编:《祁寯藻集》第六册，第420—421页。

谨将臣所闻见已故人员堪入《循吏列传》者开单恭呈御览。

刘大绅，云南举人。乾隆间任山东新城县，调曹县办理旱灾河工。民情爱戴，钱粮科秸不催而集。曾因公遣戍，两县民敛锾赎归，仍发往山东，补福山、朝城等县，保升同知。督捕登莱蝗蝻，查办沿河赈务。每去任，民必攀留，有送至邻省者。其教士以朱子《小学》为本，成就甚多。

李文耕，云南进士。嘉庆间任山东邹平、冠县。清讼息争，除奸戢暴，尤尽心于教化。及守泰安、沂州，为属吏立课程，谓官不勤则事废，而民受其害，历官至按察使，察吏安民，见于山东、贵州文移者，诚意周悉。盖其生平以徙义、集义、精义为学，故能感人独深也。

刘煦，山西拔贡。历任直隶大名府属州县，兼署知府。朴诚廉敏，有守有为。前后多年，除暴安良，民情极为爱戴。防剿教匪捻匪，并带勇攻剿水套踞匪，均克成功。同治元年，特擢大顺广道，正值贼匪肆扰之际，三郡士民倚若长城。因积劳身故，奉旨照道员军营病故例议恤。

以上三员可否敕下山东巡抚、直隶总督，详查该故员政绩，胪列具奏，并咨国史馆，以备编入《循吏列传》，伏候圣裁。[①]

清廷同意将三人事迹纂入国史《循吏传》："以上三员，均循声卓著，遗爱在民，着国史馆咨行直隶山东各督抚，详摭该故员等生前政绩，编入《循吏列传》，以资观感。"[②] 三人中，刘煦于同治元年（1862 年）逝世，与祁寯藻大致生活在同时。刘煦任官直隶，积劳身故，在防御太平天国、捻军的战役中，为稳定地方局势作出贡献。有史料显示，祁寯藻与刘煦相识。祁寯藻《养闲余录》记载其咸丰末银两收支情况，其中咸丰九年十一月二十八日记："刘篠北煦，开州以知府用，山西赵城人。壹百两。梅平体重先生之子。"[③] 二人为山西同乡，可能存在交往之谊，祁氏或因此将刘煦推荐进入国史《循吏传》。[④] 而刘大绅、李文耕二人是乾嘉时代的地方官，

① 祁寯藻:《奏报所闻见已故人员刘大绅等堪入循吏列传者清单》(同治二年十一月二十四日)，台北故宫博物院藏清军机处档，文献编号：092803。

② 《清实录》第四六册，第八〇七页。

③ 祁寯藻:《养闲余录》，任国维主编:《祁寯藻集》第一册，第 398 页。

④ 关于刘煦的信息相对缺乏，以目前掌握的史料，无法对刘煦入选国史《循吏传》的来龙去脉作出充分解释，故本文暂不研究刘煦的情况。

表面上看与祁寯藻似无直接关联。那么，二人如何能够成为国史《循吏传》的人选？本文研究表明，刘大绅与李文耕的思想均具理学色彩，祁寯藻表彰二位循吏实有倡导理学之意。

上文所引祁寯藻对刘大绅、李文耕事迹的描述，文字并非完全出自祁氏本人，大量内容事实上源自唐鉴（1777—1861）《学案小识》一书。唐鉴笃守程朱理学，是晚清具有影响力的理学学者。他于道光时期讲学京师，对曾国藩、倭仁、吴廷栋等晚清理学名臣产生过重要影响。《学案小识》是唐鉴的代表著作，于道光末刊行，影响较大。该书对清代理学的思想脉络进行了梳理，分“传道学案”“翼道学案”与“守道学案”三部分，记载清初以来笃守程朱理学的宋学士人。该书门户之间较深，另立有“经学学案”与“心宗学案”，对汉学与阳明心学进行批判。①

不少证据表明，祁寯藻是从《学案小识》中挑选出国史《循吏传》人选的。首先，刘大绅与李文耕均被《学案小识》视为讲求理学之人，位列“守道学案”，且二人学案在书中前后顺序相邻。祁氏在本朝众多已故地方官中选择出刘大绅、李文耕两人，参考同一著作的可能性极大。其次，《学案小识》中李文耕的学案记载：

> 生平以徙义、集义、精义为学。……其宰邹平、冠县，清讼息争，除奸戢暴，而尤尽心于教化。民初呼为李教官，后呼为李青天。及守泰安、沂州，为属吏立课程，谓官不勤则事废，而民受其害。而勤本于仁，无恫瘝在抱之心，必不能殷殷于民事。又本于诚，无明旦对越之隐，必不能凛凛于官箴。其为臬司，一本勤慎，不务赫赫名。而察吏安民，见于山左文移、黔中文移者，至诚至仁至周至悉，发于心而根于性也。②

再引祁寯藻的陈述如下：

> 李文耕，云南进士。嘉庆间任山东邹平、冠县。清讼息争，除奸戢暴，尤尽心于教化。及守泰安、沂州，为属吏立课程，谓官不勤则

① 相关研究可参见陈祖武：《汉宋学术之争与〈国朝学案小识〉》，《清代学术源流》，北京：北京师范大学出版社，2012年，第339—356页，等等。

② 唐鉴撰：《学案小识》卷九，清道光刻本，第三十七、四十一至四十二页。

事废，而民受其害，历官至按察使，察吏安民，见于山东、贵州文移者，诚意周悉。盖其生平以徙义、集义、精义为学，故能感人独深也。

比对两段文字，祁寯藻的陈述与《学案小识》的记载几近相同，仅有部分字词调整。《学案小识》的论述并非完全原创，可能参考了李文耕的《行状》《墓表》等碑传资料。如李文耕的《行状》载：

公为治，以清讼息盗，兴利除害为先，而尤尽心于教化。……为属吏立课程，谓官不勤则事废，而民受其害。而勤本于仁，无恫瘝在抱之心，必不能殷殷于民事。又本于诚，无明旦对越之隐，必不能凛凛于官箴。[①]

《墓表》记载：

读其官山左、黔中文移札稿，实能以程朱之学为治。[②]

祁寯藻不太可能从这些材料中总结出和唐鉴几乎一致的语句，而应是直接引用《学案小识》。祁氏有关刘大绅的描述也是对《学案小识》刘大绅学案的完整概括，二者间存在较为明显的关联。

国史《循吏传》的传记内容进一步揭示出这种关系。刘大绅与李文耕是祁寯藻所推荐，其国史传记的编纂实质上也延续祁氏的基本思路，如国史《李文耕传》即摘录祁氏奏折的内容，作为李文耕思想事迹的总结：

同治二年，大学士衔礼部尚书祁寯藻采访循吏，疏陈文耕由守令洊升臬司，除奸戢暴，尽心教化，察吏安民，诚意周悉。其生平以徙义、精义、集义为学，故能感人独深。请将文耕政绩宣付国史馆，编入《循吏传》，以资观感。[③]

---

① 王赠芳：《通议大夫原任贵州按察使昆阳李公行状》，缪荃孙纂录：《续碑传集》，周骏富辑：《清代传记丛刊》第 116 册，第 825、827 页。

② 刘鸿翱：《墓表》，李桓辑：《国朝耆献类征初编》，周骏富辑：《清代传记丛刊》第157册，第 439 页。

③ 《李文耕传》，台北故宫博物院藏，文献编号：701004380，第 24—25 页。

国史馆《刘大绅传》传包[①]中保存有一份手抄稿，内容是《学案小识》中刘大绅学案的全文。[②]而国史《刘大绅传》中绝大部分内容都取自《学案小识》，可以确证《学案小识》的刘大绅学案是国史《刘大绅传》的史源。因篇幅所限，兹仅举几例说明。《刘大绅传》载：

> 值岁旱，大绅奉檄赴赵王河督工，集夫役万余人，以工代赈，两月竣事，民无疾病逃亡者。又委派河工料秸三百万，大绅以时方收敛，暂缓之。大吏督责严急，与十日限。民争先输纳，未十日而数足。[③]

《学案小识》载：

> 既至曹，则其乙巳丙午之年，灾伤更甚于新城也。方务与民休息，而河使者檄修赵王河工段数百丈，曰役万夫，两月而始竣。无逃亡者，无疾病者。又檄办河工料秸三百万，绅以方收敛，蹔缓之。河员诉于使者，督责严急，将按以罪，因请为十日限。县人争先往纳，未十日而三百万之数足矣。[④]

又，《刘大绅传》记载：

> 政少暇，即亲诣书院校士。尝谓诸生曰:《小学》一书，为作圣之阶梯，入德之轨途。师舍是无以为教，弟子舍是无以为学也。晚近急于利禄，惟以记诵词章博取功名为务。是以人心不正，达则骄奢淫佚，穷则儇捷偷薄。今与诸生约，必读此书，身体力行。由洒埽应对，以驯致乎达天知命之域。庶几明体达用，有益于天下国家之大。[⑤]

① 所谓“传包”，主要包括两大部分：一为国史馆纂修的各种列传原稿；一为国史馆为纂修列传所咨取的各种传记资料。相关研究参见庄吉发:《故宫档案述要》，台北：台北故宫博物院，1983年，第425页，等等。

② 《刘大绅传包》，台北故宫博物院藏，文献编号：702001455-1。

③ 《刘大绅传》，台北故宫博物院藏，文献编号：701004380，第41—42页。

④ 唐鉴撰:《学案小识》卷九，第三十四页。

⑤ 《刘大绅传》，台北故宫博物院藏，文献编号：701004380，第42—43页。

《学案小识》记载：

其宰曹县，告诸生曰：子朱子《小学》一书，作圣之阶梯，入德之轨涂。师舍是无以为教，弟子舍是无以为学也。晚近利禄之风既炽，惟以记诵词章为务。士子初入塾馆，父兄师长即教以帖括声律，博取功名富贵。是以人心不正，风俗不厚，达则骄奢淫佚，穷则猥捷偷薄，无益于天下国家之大。今与诸生约，必读此书。朝讲夕贯，身体力行。由洒扫应对进退，以驯致于达天知命之域。庶几明体致用，为天地间不可少之人，方不虚负此一生。[①]

又，《刘大绅传》记载：

大绅按视乡间，闻有议谷贱银贵征期促迫者，大绅顾而语曰：俟榖得价再输未迟也。此语遂达大吏。大吏怒其擅自缓征，遴员代之，至则新粮如期完矣。因议征累年逋欠，有扬言不足数，即以他官易。绅民大恐，昼夜输将，不数日已纳三万余两，大绅由是得上考。初大绅以忤大吏意，自劾求去。民闻之，环署泣留，且相率走诉大吏。适大吏有事于泰山，见而谕止之，大绅以是不得去。至是密自申请，民知之已无如何也，乃得引疾归。[②]

《学案小识》记载：

绅行民间，有于马后言谷贱银贵开征期迫者，顾语之曰：俟谷得价再输未迟也。此语遂达大吏耳，怒谓曹县知县径缓征矣，急遴廉能吏代征之，至则新粮如期完矣。因议征乙巳、丙午年逋欠，计为数四五万两有寄。扬言不足数，即以他人易绅。民大恐，昼夜输将，不数日得三万余两，廉能吏由此膺上考。戊申年，绅遂以病自劾。方绅之初至曹也，以与上司有违言，投劾去，县人闻之环署泣留，且相率走诉大吏，络绎道路间。适大吏有事于泰山，见而谕止之，绅以是不

① 唐鉴撰：《学案小识》卷九，第三十三页。
② 《刘大绅传》，台北故宫博物院藏，文献编号：701004380，第43—44页。

得去。至是乃于元日密自申文，不假书吏手。迨得请而县之人始知之，虽乞留者相踵，而至无如何也。[①]

而《李文耕传》中的部分内容亦有源自《学案小识》，如《李文耕传》：

谓官不勤则事废，而民受其害。而勤本于仁，无痌瘝在抱之心，必不能殷殷于民事。又本于诚，无旦明对越之隐，必不能懔懔于官箴。属吏多化之。[②]

《学案小识》记载：

及守泰安、沂州，为属吏立课程，谓官不勤则事废，而民受其害。而勤本于仁，无恫瘝在抱之心，必不能殷殷于民事。又本于诚，无明旦对越之隐，必不能凛凛于官箴。[③]

国史《刘大绅传》与《李文耕传》的编纂延续了祁寯藻的思路，主要文字取材于《学案小识》。《学案小识》将刘大绅与李文耕视为理学中人，其思想主张和为官事迹具理学色彩。二人的国史传记承袭《学案小识》相关文字的基本意涵，传主的理学思想在国史《循吏传》中得到充分体现。二人在《学案小识》中同列“守道学案”，所谓“得所守而道益明”[④]，他们行事的一大特点是主动在地方行政中遵循与推行理学。在国史中，李文耕“生平以徙义、集义、精义为学”，为政地方以教化民众为要：“在任五年，以清讼、息争、戢暴为务，尤尽心于教化。民妇陈氏诉其子忤逆，文耕自引咎，其子叩头流血，卒改行为孝。……创立义学，及梁邹书院，使诸生诵读其中，亲策励之。”[⑤]兴办地方教育事业，并在诉讼审理中表现教化之意。与此同时，他还以理学观念要求官衙属吏加强自身修养：“文耕立属吏

① 唐鉴撰:《学案小识》卷九，第三十四至三十五页。
② 《李文耕传》，台北故宫博物院藏，文献编号：701004380，第22—23页。
③ 唐鉴撰:《学案小识》卷九，第四十一至四十二页。
④ 沈维鐈:《序》，唐鉴撰:《学案小识》，第三页。
⑤ 《李文耕传》，台北故宫博物院藏，文献编号：701004380，第21—22页。

课程，告以治邹平法。谓官不勤则事废，而民受其害。而勤本于仁，无痌瘝在抱之心，必不能殷殷于民事。又本于诚，无旦明对越之隐，必不能懔懔于官箴。属吏多化之。”①

刘大绅为政地方，一项主要政绩乃是提倡朱子《小学》，以理学教育士子：

> 政少暇，即亲诣书院校士。尝谓诸生曰:《小学》一书，为作圣之阶梯，入德之轨途。师舍是无以为教，弟子舍是无以为学也。晚近急于利禄，惟以记诵词章博取功名为务。是以人心不正，达则骄奢淫佚，穷则儇捷偷薄。今与诸生约，必读此书，身体力行。由洒埽应对，以驯致乎达天知命之域。庶几明体达用，有益于天下国家之大。②

朱子《小学》一书，张伯行（1651—1725）称:“读朱子之书，不以小学为之基本，则无以知朱子教人之道，即无以知孔子教人之道。”③在清代，各级官员往往通过颁行《小学》，在地方上弘扬正学、推行教化。祁寯藻道光时任江苏学政，其间即刊行朱子《小学》，供士子学习。其作跋语有言：

> 我朝圣祖仁皇帝俾译其书以教国子，世宗宪皇帝命武英殿刊印颁行，所以昭回圣化，广励学官。臣寯藻奉命视学江苏，有忝司存，辅翼无术。士子彬郁者多，而或缺于督躬实修。巧者驰心于功利，弱者陨志于贫穷，婴文网者往往而有，而是书于承学，士颇不知贵重。故谨刻之，徧贻士子。④

另外值得一提的是，祁寯藻在《为条陈保举循吏事奏折》中还保举了

① 《李文耕传》，台北故宫博物院藏，文献编号：701004380，第22—23页。
② 《刘大绅传》，台北故宫博物院藏，文献编号：701004380，第42—43页。
③ 张伯行:《小学集解序》,《小学集解》，清求是轩重刊本，第五页。
④ 祁寯藻:《重刻朱子〈小学〉跋》，任国维主编:《祁寯藻集》第二册，第279页。

几位在任官员与在籍士人。[①]其中，山西举人秦东来（生卒年不详）在思想上亦倾向宋学，祁氏在日记中称其“品端学朴，研精性理，门徒称盛”[②]。秦东来曾作有《近世诋宋儒辨》一文，揭示学术时弊，并为程朱理学正名：

> 尝见今世儒者，往往好诋宋人。其不喜宋人者有二说：一则畏其严也。人皆乐放荡而宋人之言拘谨，人皆乐圆通而宋人之言方正。凡言之切中人情者，人必难堪。余少年读程朱之语，往往森然凛然，毛发皆悚，即今犹畏之，但恨一向颓惰不能自立耳。试思吾辈处世有所严惮之为愈乎，抑无所严惮之为愈乎？是惟无志之人而后畏其严也。一则嫌其空也。其言皆平易近人，既不见新奇之典。其言皆朴实无华，又不可为诗文之料。或指为迂疏，或指为陈腐，皆嫌其空也。然试思程朱之空与佛老之空有异。佛老之空，灭性坏伦。程朱之空，牖民觉世。或者以多谈性命为疑，不知孔子之时，先王之教尚明，故惟告以日用，所行不必探原于性命。朱子之时，邪说之兴正多，故必示以性命所由，乃肯用心于日用。孔子是教人之正，朱子是救时之权。[③]

秦氏反对世人诋毁宋儒，肯定程朱之严正，指出其性命之学绝非空疏。无论已故循吏或在籍士人，祁寯藻向朝廷举荐之人中均有讲求理学者。

综上可知，同治二年祁寯藻奏请纂修国史《循吏传》，有收拾太平天国起事后的危局之意。祁氏不仅奏请续纂，且提名人选，在很大程度上影响到国史《循吏传》的实际纂修。他所推荐的立传人选实与理学著作《学案小识》存在着紧密联系。祁氏从《学案小识》中挑选出刘大绅、李文耕两位讲求理学的地方官作为人选，二人国史传记的大部分内容亦取材于《学案小识》。如此情况下纂成的两篇国史《循吏传》，必然会被打上理学

---

① 参见《清实录》第四六册，第八〇七至八〇八页。祁寯藻推荐的官员与士人有：直隶任县知县张光藻、献县知县陈崇砥、知县王兰广、山东知县蒋庆第、山西徐沟县知县程豫、汾阳县知县吴辉祖、教习期满知县江南优贡端木埰、候选知县山西举人秦东来。端木埰久在祁氏身边，祁称“端木先生忠孝性成，耿介不苟，学识通达，才足有为，寯与相处七年，深敬其人”。（祁寯藻：《静默斋日记》，第316页）祁氏日记亦记有与蒋庆第、程豫、吴辉祖、陈崇砥的会面或书信交往情形（第326、332、338、340页）。而除秦东来外，关于上述诸人思想的史料并不充分，他们是否具有明显的理学背景，则有待日后进一步探索。

② 祁寯藻：《息园日记》，任国维主编：《祁寯藻集》第一册，第284页。

③ 秦东来：《复初堂文集》卷一，清同治刻本，第三十一页。

的思想烙印。

三

祁寯藻为何在国史《循吏传》中注入理学的思想意涵？相关历史值得进一步探究，可从两个方面寻求理解：一是个人思想，祁寯藻主张汉宋兼采，奏请纂修国史《循吏传》一事是其思想中“宋学”部分的一次典型体现；另一方面则与时势颇有关系。为收拾乱局，咸同之际清廷上下关注地方，大力倡导理学。祁寯藻在朝与倭仁、李棠阶等理学名臣多有交往，且亲身倡导理学，就地方吏治提出具体举措，表彰讲求理学的地方官员，希望通过理学整饬地方，解决时弊，呼应了当时的政治形势与思想氛围。

晚清时人对祁寯藻的思想主张已有论述，其思想被认为汉宋兼采，如翁同龢（1830—1904）在日记中评价祁氏：“相国深于汉学，于宋儒之说亦能条贯靡遗，不仅以词章考订见长也。”[①] 祁寯藻亦多次论及汉学考据与宋学义理，如在宋本《说文系传》叙中，他谈到训诂与义理的关系：

> 学者以文字、声音求训诂，以训诂通义理，未有不由此者也。……我国家昌明儒术，同文之盛，远迈前代，士子知从声音、文字、训诂以讲求义理。[②]

相近表述在祁氏同治初年的一篇奏疏中亦有体现：

> 士不通经，不足致用，而通经之学，义理与训诂，不可偏重。汉儒许慎《说文解字》、郑康成《诗礼笺注》，各有师承，羽翼经传，厥功甚巨。历代名臣硕彦，由此其选。至宋周、程、张、朱数大儒，因注疏以阐明义理，学术人心允足范围后世。此《大学》正心诚意之功，必本于格物致知也。后学不察，往往以训诂专属汉唐诸儒，以义理专属宋儒，遂使圣门四科划分界限。[③]

① 陈义杰整理：《翁同龢日记》第一册，北京：中华书局，1989年，第342页。
② 祁寯藻：《重刊影宋本〈说文系传〉叙》，任国维主编：《祁寯藻集》第五册，第1页。
③ 《清史列传·祁寯藻》，第541页。

此外，祁氏的诗作也表达出这种态度，如："广厦构众材，通经乃致用。义理与训诂，二者实兼重。吾乡风俗淳，耕稼勤讽诵。经师递授受，学不泥汉宋。"[①] 以上内容较清楚地反映出祁寯藻于汉宋间不立门户的主张。

祁氏自身治学多具朴学特色，服膺许慎《说文》。翁同龢称其"深于汉学"，确有道理。祁氏与张穆（1805—1849）、苗夔（1783—1857）等考据学者有交游扶掖之谊。张穆精于西北史地，祁寯藻为其著作作序并助资刊刻。[②] 而苗夔亦治《说文》，撰有《说文声订》，祁寯藻为之作叙。祁寯藻道光十七年（1837 年）任江苏学政，苗夔随行，为幕中成员。[③] 祁寯藻在江苏学政任上重刊刻宋本《说文系传》，且以"'晋大夫祁奚字黄羊'解"这样具有朴学意味的题目考试诸生，并与考据学者互动。[④] 晚清学者俞樾（1821—1907）是祁氏门生，在信中评价祁寯藻：

> 吾师以经学提撕后进，当代治经者，舍函丈无所折衷。……国朝经术昌明，扫虚浮而归之实学，诸老先生发明训诂，是正文字，实有因文见道之功。数十年来，此事衰息，独吾师以经学受主知，倡后进，海内治经者，奉为圭臬。乾嘉一脉，庶几未坠。[⑤]

文字虽有溢美之嫌，但可见祁寯藻在当时一些朴学学者中具有较高的地位。[⑥]

而祁寯藻讲求宋学之举，往往表现在实际为政方面。如任江苏学政期间刊行朱子《小学》一书；又如同治初年教育幼帝，祁氏制订读书计划，挑选课本，推荐理学著作朱子《小学》以及真德秀（1178—1235）《大学衍义》为读本：

> 宋臣真德秀《大学衍义》，首言帝王为治之序，为学之本，自格

① 祁寯藻：《赠阎梦巖户部汝弼二十韵》，任国维主编：《祁寯藻集》第四册，第 91 页。
② 祁寯藻：《〈月斋文集〉序》《〈蒙古游牧记〉序》，任国维主编：《祁寯藻集》第二册，第 302—303、304 页。
③ 祁寯藻：《〈说文声订〉叙》，任国维主编：《祁寯藻集》第二册，第 284 页。
④ 祁寯藻等：《祁大夫字说》，任国维主编：《祁寯藻集》第一册，第 3 页。
⑤ 张燕婴整理：《俞樾函札辑证》，南京：凤凰出版社，2014 年，第 280、283 页。
⑥ 有关祁寯藻与朴学学者的交往及其士林地位，参见段志强：《顾祠——顾炎武与晚清士人政治人格的重塑》，上海：复旦大学出版社，2015 年。

致诚正，以至修身齐家，胪引经史，法戒昭然，诚圣学之渊源，治道之根柢也。国朝大学士陈宏谋《辑要》六卷，选择简当，尤易披寻。又，臣于道光年间，江苏学政任内，恭刊朱子《小学》，此书内篇四卷，外篇二卷，多引经传要语，及先贤名臣格言，于初学最为切要。[①]

针对幼帝的教育，清廷颁布上谕，规定“帝王之学，不在章句训诂，惟冀首端蒙养，懋厥身修”[②]，明确要求课本内容要注重身心修养，而非章句训诂之学。祁寯藻推荐讲求义理的理学书籍，符合清廷“正学”标准。而奏请纂修国史《循吏传》亦是祁氏倡导理学的典型事例，反映其同治初如何在实际治国理政层面发挥理学之用，却长期未得到关注。[③]

祁寯藻在朝倡导理学，与晚清的时势亦有着紧密关联。同治初，清廷有意提倡理学，在治国理政的诸多层面均推动理学风气。倭仁、李棠阶、吴廷栋等标榜理学的官员受到重用，成为在朝显宦。[④]祁寯藻与这些理学人士有不少往来，并了解他们的思想。倭仁与祁寯藻同为帝师，互动较多，祁寯藻《静默斋日记》对此有详细的记载。如同治二年（1863年）十一月二十八日记：“艮峰相国《莎车行记》一卷，乃咸丰元年任叶尔羌帮办大臣途次所著，为之跋，并以先君《西陲要略》《西域释地》二书赠之。艮翁笃守程朱之学，故语多鞭辟近里，著己直谅，益友也。老得良规，庶几寡过，何幸如之。艮峰《壬子日录》一卷，亦跋之。”[⑤]可见祁寯藻对倭仁的思想品性的评价。二人亦对同治帝的教育展开交流，如十二月初三日记：“为艮峰略谈及六书之学，艮峰云学期改用六书，似非所急。”[⑥]也会谈及吏治问题，如十二月初六日：“艮翁示观南丰刘帘舫先生衡遗书，皆官行文字，其子良驹都转桀行，盖循吏也。”[⑦]李棠阶、吴廷栋同祁寯藻亦有交往，如同

① 祁寯藻：《为进呈书籍事奏折》，任国维主编：《祁寯藻集》第六册，第423页。

② 《清实录》第四五册，第四九二页。

③ 后世论及祁寯藻的思想学术，往往强调其治汉学的方面，如刘师培言祁氏“兼治说文，骤膺高位”（《近儒学术统系论》，汪学群编：《清代学问的门径》，北京：中华书局，2009年，第139页），《清史稿》称“寯藻提倡朴学”（赵尔巽等撰：《清史稿》卷三百八十五，第11678页）。对于祁寯藻与义理之学的关系，则缺乏讨论。

④ 参见史革新：《晚清理学研究》，北京：商务印书馆，2007年，第22—39页。

⑤ 祁寯藻：《静默斋日记》，任国维主编：《祁寯藻集》第一册，第313页。

⑥ 同上。

⑦ 同上书，第314页。

治四年，李棠阶逝世，祁寯藻之子祁世长（1825—1892）记：“李文园宗伯棠阶薨于位。宗伯为先君道光壬午会房所得士，最器重之。自记云：宗伯昔以太常降调回籍，元年奉诏来京，洊擢尚书，入直军机，数掌文衡。今年六十八，以劳瘁，旬日间遂不起。正人云徂，不胜伤感。挽联云：帝知理学儒臣，一岁九迁，终有嘉谟酬盛德；世仰清风亮节，大河乔岳，常留浩气在中州。”[①] 又如吴廷栋，祁寯藻在日记中提道：“竹如先生久已钦慕，……吴君咸丰初官秋审处，曾以会审案见之，久闻其理学功深，品行端粹。曾涤生为侍郎时，尝力荐之。倭艮峰、李文园皆久与订交。”[②] 同治三年正月十三日，祁寯藻提及当时的理学氛围：“近日倭、李二公以理学倡导后进，风气殆将转乎？”[③] 而祁寯藻也留下了阅读理学名著的记录，如同治四年七月初八日：“读《近思录》加圈。”[④]

鉴于这种交往，祁寯藻表彰讲求理学的循吏可能与理学名臣存在关系。倭仁、吴廷栋都曾从游唐鉴，祁氏也许是通过他们接触了解到《学案小识》一书。祁寯藻于同治五年逝世，未及两篇国史《循吏传》进呈之日。现存清国史馆的档案表明，刘大绅与李文耕的国史传记最终经过时任国史馆总裁的倭仁审阅并进呈的。[⑤] 而祁寯藻推荐的国史《循吏传》人选在当时也受到了倭仁的关注，倭仁即对李文耕的孝悌之学较为推崇，同治三年将李文耕的著作《孝弟录》绘图改编重刊，成《孝弟图说》一书。[⑥] 翁同龢在同治五年的日记中记有“艮峰先生赠《孝弟图说》一本”[⑦]，可知倭仁将此书赠予身边之人，或为推广理学之用。虽未发现直接证据，但祁氏奏请纂修国史《循吏传》一事受到来自倭仁等理学名臣的影响，确实存在可能性。

咸丰以来，清廷统治面临危机，太平天国、捻军等极大挑战了清廷统治

① 祁寯藻、祁世长：《观斋行年自记》，任国维主编：《祁寯藻集》第一册，第 165 页。

② 祁寯藻：《静默斋日记》，任国维主编：《祁寯藻集》第一册，第 318 页。

③ 同上书，第 323 页。

④ 同上书，第 330 页。

⑤ 笔者按，台北故宫博物院藏清代国史档案有《循吏刘大绅传》（文献编号：701005503）稿本一册，或为进呈之前的定稿。扉页有国史馆总裁、副总裁签字，倭仁于同治七年任国史馆总裁（《清史列传·倭仁》，周骏富辑：《清代传记丛刊》第 101 册，第 567 页），扉页上的“倭”字当是指倭仁。倭仁当审阅过该传稿，但并未发现其对传记内容提出意见。目前未发现相同的《李文耕传》稿本，可能国史馆档案有缺。二人同时宣付入史馆立传，国史传记很可能也是同时进呈。

⑥ 倭仁：《重刊〈孝弟图说〉序》，《重刊孝弟图说》，清同治刻本。

⑦ 陈义杰整理：《翁同龢日记》第一册，第 472 页。

的合法性。不惟祁寯藻，同治时清廷上下同样持续思考如何稳定秩序，有关论述亦多指向地方吏治[①]。如贾臻（1809—1868）指出："然则察吏一事，为方今标本兼治之良方彰彰矣。……吏事与军事并重，臣知贼不足平也。"[②] 又如周恒祺（1824—1894）言："自军兴以来，民生之凋敝已极。各省筹兵筹饷，日不暇给，吏治不无废弛。现在中原底定，而散勇降贼，犹隐伏於各州县之中，则所以办理善后诸政，不可不实力讲求也。"[③] 祁氏则将振兴地方吏治与贯彻理学相结合，表彰讲求理学的循吏，期望发挥理学之用解决地方乱局。这也呼应了咸同之际清廷对理学的倡导。此时清廷弘扬正学，有以理学匡救人心，端正地方士习民风之用意。如同治元年三月上谕：

> 我朝崇儒重道，正学昌明。士子循诵习传，咸知宗尚程朱，以阐圣教。惟沿习既久，或徒骛道学之虚名，而于天理民彝之实际，未能研求，势且误入歧途，于风俗人心，大有关系。……士习既端，民风斯厚。[④]

嘉道以降，有识之士思考当世弊政，许多意见都指出地方失序、吏治废弛乃是士习民风出了问题，而问题背后的根源则在于学术。[⑤] 如倭仁即认为学术乃当今急务：

> 昔人云，变民风易，变士风难；变士风易，变仕风难。窃意士为民之表率，仕之根基。士习端则处为醇儒，可以矜式一乡；出为良臣，自能泽及民物。正学术，育人才，其今时之急务乎？[⑥]

---

① 关于此时期士人对地方吏治讨论情况的研究，可参见［美］芮玛丽（Mary Clabaugh Wright）著、房德邻等译：《同治中兴：中国保守主义的最后抵抗（1862—1874）》，北京：中国社会科学出版社，2002 年，第 154—181 页，等等。

② 贾臻：《沥陈豫省军情疏》（同治二年），盛康辑：《皇朝经世文续编・兵政八》，《清朝经世文正续编》第四册，扬州：广陵书社，2011 年，第 320 页。

③ 周恒祺：《请整饬吏治疏》（同治七年十月六日），陈弢辑：《同治中兴京外奏议约编》卷二，第三页。

④ 《清实录》第四五册，第六〇九页。

⑤ 史革新指出，晚清理学家有一个解决时弊的思考"公式"，即世运盛衰在于风俗，风俗浮浇在于政教，政教优劣取决于学术。参见氏著《晚清理学研究》，第 135 页。

⑥ 倭仁：《倭仁致阎敬铭》，虞和平主编：《近代史所藏清代名人稿本抄本（第一辑）》第 18 册，北京：大象出版社，2011 年，第四四三至四四四页。

学术关系士风，一方面地方吏治的澄清有赖于选拔循良的地方官，而士人正是未来官员的人才储备；另一方面，士人尤其是地方士绅的品行学识能够影响并教化民众。两方面均对人心风俗产生影响，“泽及民物”，“矜式一乡”。这是论者将时弊与学术结合思考的基本思路，认为风俗教化与世道治乱紧密相连。

学校科举是国家培养与选拔士人的途径，清代教育考试奉程朱理学为标准。所谓的“正学术”，很重要的一个方面即是在教育考试方面强调理学。如方宗诚谈道：

> 学之不讲久矣。取人之法，惟以诗赋、诗文、馆阁字三者，以故学术日坏，士气臣节皆不能振。忧之者遂欲以《小学》论性理论取士。然利禄汩人性灵久矣，但以此试士，而习之者亦惟知以此为作文之具、科第之阶而已，又何益乎？今日欲倡明此学，须要于根本上切实倡起，须是自己真能心体力行，可以为人之法而又加以讲明，则兴起者多矣。[①]

学术日渐颓坏，考试沦为逐利工具。虽然朝廷以理学教育士子，但时人已不能从根本上讲求，所学无裨身心。受拔擢的人才，自身道德修养不足，为官后更无法治理地方，上下因此积弊。故人才的培养与选拔是解决时弊的一大关键，须强调“正学”，切实遵行理学以端正士风。对此问题，祁寯藻的认识也无例外，他在《重刻〈上蔡谢先生语录〉跋》中言：

> 故四子为六经之阶梯，《近思录》即为四子之阶梯。上蔡之学与程朱先后同揆，其《语录》又经紫阳删定，可与《近思录》互相发明。学者诚得此而研究之，去其矜心以从事于圣门切近之训，即行以验知，由体以达用，处为良士，出为循吏，其在斯乎。[②]

士人切实躬修义理，今后若为官地方，则能为循吏。祁寯藻同治时奏请纂修国史《循吏传》正是基于这一思路。而培养士人与教化民众，均有

---

① 方宗诚:《俟命录》卷第一、第十七页。

② 祁寯藻:《重刻〈上蔡谢先生语录〉跋》，任国维主编:《祁寯藻集》第二册，第300页。

赖地方官在日常治理中落实“正学”。亲民之官讲求理学，恪守理学宗旨，具备祁氏奏折中所谓“至诚之心”，进而推行善政，地方秩序自然整饬。祁寯藻认为思想上服膺理学、实际为政中贯彻理学的亲民之官可达振兴吏治之效。国史《循吏传》中，刘大绅“教士以朱子《小学》为本”；李文耕“以徙义、集义、精义为学”，以理学宗旨为政。他们正是这种地方官的代表，承担了朝廷“正学”下达的实际工作，在地方政务中施展教化，维系风俗人心。

四

本文以同治朝修国史《循吏传》为切入点，关注晚清理学复兴脉络下祁寯藻在政治与思想方面的表现。晚清理学复兴并非倭仁等少数理学人士的倡导便能实现，而是存在着时势、人事和制度等多种因素交互。同治时期其他朝廷重臣与理学的联系也值得注意，祁寯藻即是一例。

祁寯藻同治初年位居帝师，其施政作为有倡导理学之意。祁氏于同治二年上《为条陈保举循吏事奏折》，提出纂修国史《循吏传》，表彰循吏，以期振兴地方吏治。刘大绅与李文耕两位已故地方官受到祁氏推荐，作为典型纂入国史《循吏传》。通过考察国史传记等相关文献，本文发现祁寯藻是从唐鉴《学案小识》中选取了刘、李二人的事迹。《学案小识》的程朱理学倾向鲜明，这两篇国史《循吏传》的大量文字承袭此书，被注入了理学的思想意涵。奏请纂修国史《循吏传》是祁寯藻“汉宋兼采”思想主张的一个具体体现。同治初期，祁寯藻与倭仁等理学名臣多有交往，并呼应当时的政治形势与思想氛围，在清廷上下复兴理学的背景下，将理学与地方吏治问题相结合，以修史为举措，表彰循吏典型，宣扬教化，整饬地方。

祁寯藻对待理学，并不着眼于理论的思辨，而是注重理学与实际治国理政的关系，特别是理学在培育士子与教化民众方面所发挥的功用。国史《循吏传》中，刘大绅与李文耕遵行理学宗旨，并且在地方行政事务中推行理学。二人国史传记所塑造出的是地方治理中贯彻与传播理学的“循吏”形象，承担朝廷“正学”下达的工作。本文从实证角度考察祁寯藻奏请纂修国史《循吏传》一事，提供了理解晚清理学复兴在实际朝政层面运作的具体例证。

刘以鬯：中国当代文学的先行者

——从香港文学的“世界意识”谈起

深圳大学　汤奇云

一、“放眼世界与古典传统之在”的书写

在地域文学研究中，往往呈现出一种独特的现象：本地研究者在辨析“我是谁”的问题时，特别强调他们自己文学的“本土性”或“地域性”，以区别于其他文学；而外地学者则习惯于在与他们自身的文学比照中，发现该地方文学的世界性或普遍性，当然也是为了区别于他们自身的文学。这大约也是世界文化对话与文学交流中的基本思维定式，因为对话或交流的首要前提是，你要接受并认同该地文化与文学存在的合法性与合理性。

这种现象，在学界对“香港文学”的认知中表现得尤为明显。基于特殊的文化语境，我们同样无法摆脱这种心理定势，以香港文学的“他者”身份而尤其看重其“世界性”。

1999 年，香港文学国际研讨会召开。从大会提交的论文来看，中国大陆、中国台湾地区，乃至日本学者，几乎无一例外地“看到”了香港文学的“世界性”“包容性”“开放性”或称为“都市性”“现代性”。如：大陆学者刘登翰的论文是《香港文学的文化身份——试论香港文学的“本土性”、民族性和世界性》；施建伟的论文是《香港文学的中国性、世界性和香港性》；袁良俊的论文是《关于香港小说的都市性与乡土性》；王毅的论文是《眼睛的撤退——刘以鬯〈酒徒〉与西方意识流小说之比较》；温儒敏的论文是《刘以鬯小说的形式感》。日本学者西野由希子的论文是《开

放的故事——西西作品评析》。台湾学者钟玲的论文是《香港文学之包容性：放眼世界与古典传统之在书写》。

尤其是中国台湾学者钟玲对香港文学书写的“国际性”看法，值得我们重视，有助于我们重新审视香港文学作家的“世界意识”及其表现，因为她不仅是站在台湾文学的角度，也是站在全球华文文学的角度来看待香港文学。她认为，香港文学的“放眼世界”的“包容性”表现为两个方面：一是表现在文学写作手法上，“香港文学对世界前卫文学、新兴文化潮流之吸引力，非常强。……五十年代到八十年代的同人文艺杂志，很多效力于世界新兴文学，如《文艺新潮》、《新思想》、《好望角》、《中国学生周报》、《盘古》、《七零年代双周刊》等等，且许多作家吸收了这些新文化思潮”。刘以鬯的《寺内》《蛇》《蜘蛛精》等一批以中国传统历史故事或传说为题材的旧小说，也是在以新的写法与眼光给予改写。二是在题材上，“香港作家之作品更有其不可望其项背之国际性。小说中的主角常常非香港人，也非华人，而是他国他族之人，且作品不一定影射香港处境。……我想这与香港本身之国际性有关。许多欧美人士以香港为家，为永久居留地。香港……其本身就是一个地球村。作家感受到这种气氛，则不但自认为地球村的一分子，且能为第三世界之边缘国族设身处境。对其他民族的思想与生活方式也有强烈的好奇心”①。

作为“香港文学之父”的刘以鬯，就是一个对其他民族的思想与文学表达方式，一贯有着强烈好奇心的作家。1974 年，他翻译了（美国）乔也斯·卡洛儿·奥茨（Joyce Carol Oates）著的小说《人间乐园》；1980 年他翻译了（美国）积琦莲·苏珊（Jacqueline Susane）著的《娃娃谷》；1982 年他又翻译了以撒·辛格（Isaac Bashevis Singer，美籍波兰作家）著的《庄园》。

在小说创作上，他也是当代中国文坛上最早接受存在主义思想和意识流小说结构的作家，并形成了他自己的写作路线——走向对人的“内在写实”的严肃文学。1962 年发表的《酒徒》，是被公认的当代华文文学中有意识地制造的第一篇“意识流小说”。1969 年在《明报晚报》上连载的长篇小说《镜子里的镜子》，在述写小市民林澄的人生烦恼时，也多处引用萨特、加缪及福克纳等人关于时间、孤独、荒谬人生的个人化理解。《寺

① 钟玲：《香港文学之包容性：放眼世界与古典传统之再书写》，载黄维樑主编：《活泼纷繁的香港文学——1999 年香港文学国际讨论会论文集》（下册），香港：香港中文大学新亚书院、香港中文大学出版社，2000 年。

内》则完全是一篇超现实主义的诗体小说。

应该说，刘以鬯专注于“内在写实”的文学叙事，是在中国南方文学传统的“性灵”叙事、中国现代文学的“责任”书写与西方现代个人主义的感知论思维相结合的产物。如实地呈现出香港市民社会的现实生存与精神苦痛，是刘以鬯也是香港作家们“文学香港”的自觉选择。

1979 年，刘以鬯发表了《小说会不会死亡？》一文。该文是一篇对世界小说发展状况进行了全面反思与总结的检查报告。他认为，从笛福到海明威，现实主义小说一直是辉煌的小说王国的统治者。但随着心理学、历史学和社会学知识的增进，动摇了人们对“忠实地反映现实世界”的信心。人们开始质疑“反映事物表面所得的‘真实’究竟是不是真正的‘真实’”。现代小说家正在从不同方向远离现实主义：

> 象 J. 乔伊斯这样的小说家开始在小说中探讨内在世界；象 W. 福克纳这样的小说家就倾力刻划“人”的灵魂与人类的内心冲突。
>
> ……
>
> 有的脱离现实进入幻想，如鲍赫士（Borges）；有的将幻想与历史结合在一起，如加西亚·马尔克斯（Garcia Marquez）；有的将小说与寓言结合在一起，如格拉斯（Grass）；有的用小说探索内在真实，如史托雷（Storey）；有的用不规则的叙述法作为一种实验，如褒格（Berger）；有的用两种方法写一部小说：一方面是有规则的叙述；一方面是不规则的叙述，如葛蒂莎（Cortazar）；有的将小说和诗结合在一起，如贝克特（Beckett）；有的透过哈哈镜来表现现实，如芭莎姆（Barthelme）；有的甚至要求更真的真实，删除了小说的虚构成分，如目前颇为普遍的“非虚构小说”或“非小说小说”（Non-Fiction Novel）。①

尽管刘以鬯也反感“非虚构小说”，说：“Fiction 的另一意义是虚构；而 Non-Fiction 则是‘非虚构’，当然不是 Fiction（小说——引者）了”②；但是，他更反感“垂死中的现实主义小说”。他还分析了当时内地两部代

① 刘以鬯:《小说会不会死亡?》,《天堂与地狱》，广州：花城出版社，1981 年，第 194 页。
② 同上书，第 195 页。

表性作品——姚雪垠的《李自成》与端木蕻良的《曹雪芹》。[①]他认为：从表面看，他俩正努力将中国小说推入新境界：加强作品中的民族风格与民族气派；实质上，他们是在陶醉于十九世纪西方小说所具有的特性：真实的美学。也就是说，内地的小说创作，正走上了一条新古典主义的道路。

对现实主义创作方法的反感与怀疑，让刘以鬯走上了一条新的小说美学道路：（1）小说应该加浓虚构，减少对写实的追求；（2）在叙述时，可转为不规则叙述，甚至可以像贝克特的《这是怎样的》一样，变成诗体小说；（3）构架、背景与主题内容等，不应该成为小说的追求目标，文字才是最重要的，因为小说的信息不在内容而在文字。

总之，给作家松绑，给作家最大的叙述自由，是刘以鬯拯救垂死的现实主义小说所开具的药方："文学是一种艺术。艺术是作家创造形象的手段。所以，文学作品必须具备应有的艺术性。文学作品不应单以表现外在世界的生活为满意，更应表现内在世界的冲突。"[②]

二、个体哲学的接受与小说艺术的自觉

早在1962年，刘以鬯在其著名的小说《酒徒》中，通过主人公为新办的文学杂志写的发刊词，就已经提出了改革小说写法的主张，并践行于他的小说实践：

> 我认为，下列诸点是值得提出的：首先，必须指出表现错综复杂的现代社会应该用新技巧；其次，有系统地译介近代优秀作品，使有心从事文艺工作者得以洞晓世界文学的趋势；第三，主张作者探求内在真实，并描绘"自我"与客观世界的斗争；第四，鼓励任何具有独创性的、摒弃传统文体的、打破传统规则的新锐作品出现；第五，汲取传统的精髓，然后跳出传统；第六，在"取人之长"的原则下，接受消化域外文学的果实，然后建立合乎现代要求而能保持民族作风民族气派的新文学。

---

① 刘以鬯认为，台湾以现实主义为本质的"乡土文学"不值一提。

② 梅子、易明善：《刘以鬯答客问》，《刘以鬯研究专集》，成都：四川大学出版社，1987年，第23页。

显然，这是刘以鬯在文学领域开始的一个人的又一次“西学东渐”。这不仅与中国当代内地的主流文学观念和台湾文学的观念相抵触，也与中国传统文学观念相冲突。

中国文学，从儒家起就讲究文的质，即内容，也就是讲究文学的功用——叙情志，淳风俗，重“正人”之功；讲究要养人之浩然之气。然而，文章重功用，不重如何言说（即轻形式），势必导致作家重情绪与立场；只讲诗性精神，而不讲学理，不重认知逻辑。就是在20世纪的中国文学叙事，也是主要立足于民族、国家乃至某种阶级等情感与立场，而建立起来的抽象想象与象征体系叙事。这种空洞的宏大叙事，往往在高度抽象中走向美学理念和思想主题上的同一性。因此，作家世界观与政治思想上的激进或前卫，并不必然指向文学叙事上的前卫性和先锋性。

当然，这种状态的改变，在中国内地，发生在上个世纪的80年代中后期。这当然要归功于那场著名的对外开放运动和思想解放运动，让中国内地作家也能够像刘以鬯一样，通过借鉴世界文学的各种创作方法，实现作家个人的叙事意志，接受了新的认知论哲学及其人文精神——存在主义[①]。

萨特在《存在主义是一种人文主义》一文中曾说：“存在主义的中心意旨就是自由行动的绝对性质。”[②]台湾学者邬昆如也指出：“每一位存在主义者都认定人生的荒谬，对人类过去的命运都感到失望。但是，他们更知道，真实的人生不但有过去和现在，它还有将来。因此，存在主义的可贵处和值得自豪处，就是对人类提供了宝贵的意见，使人面对现实，创造未来，现实可以是悲惨的，但是，未来却可能是快乐的。”[③]

以存在论时间观为内在精神的文学叙事，有如下两个显著的特点：（1）从事个体存在感的写实叙事，是叙述者的个人叙事。在叙述时间上，它是静止的，而非物理学上的线性流动。所以，叙述的内容，着重点在“场景”，而且是一种心理场景，而非情节；（2）以人物无法躲避的现实失败感作为叙述起点，不断推动着他走向自身幽暗的内心世界里去，以完成对人性的丰富性的探索。

---

① 香港学者邝锐强在《存在主义对刘以鬯〈对倒〉的影响》一文中，指出了刘以鬯小说叙事的哲学基础——存在主义。

② 考夫曼编著、陈鼓应等译：《存在主义哲学》，香港：天地图书有限公司，1987年，第348页。

③ 邬昆如：《存在主义真象》，台北：幼狮文化事业公司，1975年，第4页。

显然，表达个体存在感的文学叙事，表达的是另一种现实——心理事实。它是立足于个体的（特别是身心的）感性体验，而非宏大叙事中的对社会事实的客观认知。尽管它无法像宏大叙事中所书写的人生经验是可以分享的，也无法直接纳入国家、民族乃至阶级范畴；但它具备突破现实主义的典型论及其形而上学等理论禁锢的威力——真实。

然而，刘以鬯小说的这种对"内在真实性"的书写，无论是在台湾还是在内地，在长达四十余年的历史里，是不为人们所接受的。他在中国当代文坛"享受"着其笔下人物一般的"孤寂"。1981 年，大陆学者许翼心在为刘以鬯的小说作评时（《论刘以鬯在小说艺术上的探索与创新》，附录于刘以鬯小说集《天堂与地狱》），引用丁玲的话说：

> 丁玲在为留美台湾女作家李黎的《西江月》所作的序中说："她的作品所表现的一些人物，好像还沉浸在半封建、半殖民地的旧中国土地上，还是那些封建余孽而又沾满了资本主义颓废享乐的可怜虫。从这里我们看见了一些生活在台湾的人和他们生活，一些在美国的中国人和他们的生活，使我们为隔海相望而生活情趣都无法比拟的异乡同胞难过，什么时候能让他们也呼吸到真正新鲜健康的空气呢？"对刘以鬯的小说及其所反映的在香港的人和他们的生活，也可以作如是观。

在中国，现代小说自其产生以来，就被当成了思想表达的工具。小说往往通过印证某种思想的真理性，而获得它对现实反映的"真实性"。小说成为思想的"注脚"。现实主义文学就是这种逻辑的体现与宿命。

香港市民社会的独特语境，不仅让香港市民关注自我，也使得刘以鬯的小说，能够摆脱对思想表达的重负，转而专注于人性探索的艺术表达。因为现代市民社会的形成，使得每一个香港市民都转入物质与精神、旧道德与新伦理的内在搏斗洪流中。当他们将一个变化的世界，纳入自己的个人意识之中时，"放纵"和"幻想"就并列为人们精神活动舞台中的主角；"社会现实"也就已经解体为一团散乱的印象。他们在幻想中可怜自己的同时也在抗争着社会。刘以鬯的小说所要完成的，就是对这物质化社会所导致的人性异化与人格分裂的现代性批判与感伤。

刘以鬯的《酒徒》（1962）是一篇多角度揭示香港文化人内心分裂的带有"自叙传"色彩的小说。"酒徒"是一个职业作家。本能与爱恋、生存与责任，一直纠结于内心，分裂其人格。他只好沉溺于酒中，用酒精麻醉自己内心深处的痛苦。评论界一般都着眼于它是中国当代第一部意识流小说的定位。实质上，“酒徒”总是处于“醉”与“醒”的双重精神状态的交叉转换之中，而小说文本也呈现出“醉”与“醒”的双重叙事结构。

酒醒时，主人公是良知未泯的文人。他出于对早已年老色衰而仍操此业的妓女的同情，而自省道：“我的稿费不多，但是我竟如此的慷慨。我是常常在清醒时怜悯自己的；现在我却觉得她比我更可怜。”[1] 而在醉酒时，他又是一个放纵自己欲望之鬼：

——我打算写黄色文字。

——你是一个文艺工作者，怎么可以贩卖毒素？

——只有毒素才可以换取生存的条件！

——如果必须凭借散布文字毒素始可生存的话，生存就毫无意义了！

——人有活下去的义务。

——必须活得像一个人！

——像一个人？我现在连做鬼的资格都没有了！

这是“酒徒”与麦荷门的一段对话。当他再次酒醒时又自责道：“我是两个动物，一个是我，一个是兽。”

实质上，刘以鬯在叙写“酒徒”的“醒”与“醉”这两种精神状态时，将主人公放置在“人与兽”“本能与理智”的人格结构中，让“身体叙事”与“精神叙事”第一次完整地呈现在“人的文学”中。人的理性与非理性、文本叙事的逻辑性与非逻辑性，如鲁迅的《狂人日记》一般，合乎情理地统一在人性的“真实性”里。让人们在阅读小说的过程中，参照“酒徒”的自我省察，学会在关注自己的同时也关照他人。这才是小说要呈现的新市民意识。1963 年，读者舒奈就有这样的感受：“我只欢喜《酒徒》，因它揭示了众生真实，肆无忌惮的胡乱写成（乱了一切规章）。读完后，深觉酒徒还没有完，这感觉似乎不限定是来自书中，而是更为真确的来自现实，

① 刘以鬯:《酒徒》，香港：海滨图书公司，1963 年。

现实得连自己也包括在内。”[①]

杨义曾经指出：“刘以鬯小说哲学的核心问题，是‘内在真实’。追求内在真实不仅关涉到小说的前途和命运，而且关涉到小说的体制和形式。”[②]正因为探索人物个体内在精神世界的“真实”，已经成为刘以鬯坚定不移的艺术哲学，因此，人物意识的流动，在其小说文本中得到了广泛的横溢和扩散。他甚至将意识流写实化、世俗化。他不仅出入于诗体小说、哲理小说、心理小说和社会小说之间，也出入于现实题材与历史题材之间。总之，在刘以鬯看来，恢复被现实主义文学所“删除”的人物内心世界中深远而微妙的记忆，才是复活小说艺术的生命之途。

《第二天的事》，从题目上看，小说应该提供一些动人心曲的事件。但实际上，什么事件也没发生。在一次舞会派对后的第二天，一个青年难耐想入非非，精心打扮后，按照地址去寻找他所邂逅的欢场女子：

> 既然来了，何必害怕？这不是一件值得害怕的事。欧阳妮妮要是不希望我去找她的话，也不会将地址告诉我了。我一向不是一个胆小的人，现在怎会变得这样胆小？应该拿些勇气出来。她要是肯陪我去看电影的话，我们就可以常常在一起了。她很美。她有一对美丽的大眼睛，跟她在一起，我会非常快乐。……看电影，吃晚饭到公园去散步……

然而，他得到的结果是：“姓欧阳的人家去年就搬走了！”他对欧阳小姐身体的性幻想和他内心的忐忑不安，是其第二天发生的全部事件。建基于肉体上的“快乐”想象，往往会如泡沫一般，瞬间为尖锐现实的棱角所撞碎。

历史小说《除夕》，则是对小说大师曹雪芹临终前意念世界的探寻。大师丧子、穷迫、暴饮，冬夜回寓，跌倒在石径上：

> 他眼前的景物出现暮然的转变；荒郊变成了梦境：亭台楼阁间有绣花鞋的轻盈。房内传出老人的打嚏。游廊仍有熟悉的笑声。……（不

① 舒奈：《读〈酒徒〉后》，《香港时报·快活谷》，1963年4月13日。

② 杨义：《刘以鬯小说艺术综论》，《文学评论》，1993年第3期。

应该喝那么多酒，他想。）难道走进了梦境？他常常企图将梦当作一种工具，捕捉失去的欢乐。纵目尽是现实，这现实并不属于现在。久焉是个回忆的奴隶，常常做梦，以为多少可以获得一些安慰，其实并无好处。说起来，倒是相当矛盾的，在只能吃粥的日子，居然将酒当作不可或缺的享受。

紧闭眼睛，想给梦与现实划分一个界限。

再一次睁开眼来，依旧是亭台楼阁……

在除夕之夜，鲁迅《祝福》中祥林嫂死亡的悲惨，与大师之死的悲惨是同一的。但是，大师在穷迫处，心灵依然高远——惦记着红楼里的绣花鞋是否仍然轻盈，恰恰是《除夕》所要揭示的。

三、人的主体性回归与叙述意义的重新发现

刘以鬯绝对服膺于福克纳的文学观："人类之所以能够不灭，并不因为他是唯一具有讲话能力的动物，而是因为他有灵魂，一种使他能够同情、牺牲与忍耐的精神。诗人与作家的责任，就是写这些事情。"① 既然人的生命系于其灵魂，那么，文学艺术的生命就在于，作家只能用语言去揭示人类的内心冲突与深层意识。其实，历代作家都是在真幻问题上做文章。他们在幻中求真，真中出幻，由神话回归世俗，又由世俗返归内心中，寻求艺术的真谛。曹雪芹大师就是最近的范例。

对于要拯救中国小说艺术生命的刘以鬯来说，如何通过自己的小说叙事，去打捞自"五四"以来，刚冒出头，却因为种种原因而得不到彰显的个人生命意识，解释人类灵魂所共有的骚动不安的隐秘本质，就成为他拯救活动能否走向成功的关键。

上帝拯救着人类；作家拯救着艺术。刘以鬯在小说中，在用叙述语言打捞着笔下人物的个体内在隐秘的生命意识时，呈现出上帝般的控制力。他把作家自己的主体精神，灌注到小说的叙事结构中，或者有意编排一种叙述文体结构。发挥小说结构的能动作用，让人物飘渺错综的内在意识，

① 福克纳在斯德哥尔摩接受诺贝尔文学奖时发表的演说辞。引自《刘以鬯一席话》，《香港文学》双月刊创刊号，1979 年 5 月。

按照作家安排好的叙述框架有序地流淌出来。故事情节乃至人物刻画，已经退到了叙述的边缘乃至叙述框架之外。人们面对这种非情节叙事，如同面对一张抽象派画一般，只能从小说的叙述构成中，去感知作家对世俗社会各色人等内心世界的体验与认知。

对此，杨义先生也有相同的感受：

> 假若比较阅读刘以鬯多篇实验小说，就不能不惊异于他对小说结构思维，具有异常敏感新锐的才分。他不属于那种认为内容可以自发地决定结构，面对结构用心不多的作家，而是高度重视结构的能动作用，极力发掘结构在小说审美体制中的潜在能量和特殊价值的作家。在他的小说动力体系中，结构不是消极的受动者，而是充满活力的施动者，从他的一些作品如《对倒》、《链》，甚至以结构方式命题来看，他的部分小说灵感不妨认为是在结构上触动的。①

《对倒》又是一篇典型的意识流小说。小说要呈现的是，个人主义盛行的市民社会，一个小人物一生的两种“心迹”形态的转换：年少时，心比天高，却抱怨命比纸薄；年老时，庆幸自己比上不足，却比下有余。

淳于白象征着人生的老年阶段；亚杏代表着年少阶段。淳于白“是个将回忆当作养料的人。他的生活的动力依靠回忆来推动”。他“睁着眼睛走入旧日的岁月里去”，然而，“属于哪个时代的一切都不存在了。他只能在回忆中寻找失去的欢乐。但是，回忆中的欢乐，犹如一帧褪色的照片，迷迷糊糊，缺乏真实感”。亚杏，“她就是这样一个少女，每次想到自己的将来，总被一些古怪的念头追逐着，睁大眼睛做梦。”她觉得自己“脸型很美，值得骄傲”，没有理由不成为电影明星或红歌星，也梦想着找到电影明星般的白马王子。

一老一少从不同的方向，游街到香港的旺角商业区。相同的街景、车祸、劫案、争吵等，戏剧性地激发了他们各自不同的回忆与幻想。最后他们邂逅于电影院：

> 淳于白转过脸来望望她。

① 杨义：《刘以鬯小说艺术综论》，《文学评论》，1993年第3期。

亚杏也转过脸去望望他。

淳于白想:“长得不算难看，有点象我中学里的一个女同学。那女同学姓俞，名字我已忘记。”

亚杏想:“原来是个老头子，毫无意思。如果是个像柯俊雄那样的男人坐在我旁边，那就好了。”

电影散场后，一个往南，一个往北，各自回家做梦。淳于白梦见自己与亚杏并排坐在公园的长椅上；亚杏则梦见自己与电影明星式的青年同床。

两个人在梦中无限自恋着；在现实中又无奈地埋怨着。这实际上是作家将一个人一生老少两段的人生心态，幻化为一老一少的两个人物，同时出现在同一空间平面上，让他自我照面，自我反思。

如果说,《对倒》是将传统现实主义的在时间上的纵向叙事，横向假借为空间上的平面展示，让小说这种传统观念中的时间艺术，拓展了一种向空间艺术发展的可能；那么,《天堂与地狱》和《链》等小说，则展示了向多种空间结构叙事发展的可能性。这种横向叙事，不仅适用于心理展示，也适用于社会世情的书写。

《天堂与地狱》是一种循环叙事结构。小说以一只人见人恶的苍蝇为叙述视角，描绘一幕连它也感到龌龊的人间丑剧。生存在垃圾桶这一“地狱”中的小苍蝇，在叔爷的带领下去见识“人间天堂”——咖啡馆：小白脸谎称炒金蚀本，骗取包养他的半老徐娘三千元。他转背将钱送给他所渔色的媚媚。媚媚把钱交给了与她合伙诈骗的大胖子。原来半老徐娘是大胖子的妻室，她回咖啡馆时恰巧碰见大胖子与媚媚在一起。大胖子只好将刚到手的钞票，转为“购买”妻子的饶恕。苍蝇感叹道：

我觉得这“天堂”里的人，外表干净，心里比垃圾还龌龊。我宁愿回到垃圾桶去过“地狱”的日子，这个“天堂”，实在龌龊得连苍蝇都不愿多留一刻。

《链》则是一种链条式的“顶真”结构。家境殷实的陈可期，去澳门赌狗、看赛车，在码头遇到穿着迷你裙的年轻女子姬莉斯汀娜。姬莉斯汀娜在一家公司的门口，与商行经理欧阳展明打招呼。如此起迄相接，引出自卑的会计主任霍伟俭、既是好经纪又是坏青年的史杏佛、关心金价的纱厂老板陶爱南、不务正业的扒手孔林，以及烟果贩、生果佬等众生人等。因而，《链》的叙事结构，被评论界仿照“意识流”，称之为“生活流”或“众生流”[①]。

实际上，刘以鬯通过这些横向叙事的小说，所要诉说的是：生活在这同一时空内的诸色人等，有着各自不同的内心世界。而且，这些有着不同心灵的人们，在一个开放的公共社会里，或明或暗地“链结”在一起，从而组成了我们朝夕相处的社会。显然，摆脱阶级论社会学和伦理学视野，是刘以鬯小说叙事的核心目的。

四、生命意识的复活与叙述语言的诗化

刘以鬯对现实主义小说语言的写实能力，满怀狐疑。他说：“不说别的，就是小说中的对话，无论写的怎样‘白’，也无法做到‘真实’的。刘西渭在批评《八月乡村》时，就指出肖军笔下人物讲的话是‘读书人’的白话文章。其实，即使老舍这样善于运用口语的小说家，写出来的对话，也只是一种‘文字语言’，与我们日常的言语并不相同。”[②]

刘以鬯的质疑是有道理的，也是有前车之鉴的。他没有提到五十年代周立波的《暴风骤雨》。这部小说就是在文艺大众化的运动中，希望能展示“中国作风与中国气派”，因大规模采用东北方言土语，以至于刚出版不久就要反复注释才能读懂。因此，他主张：“传统的现实主义并不能做到‘写实’。既然做不到，象 J. 乔伊斯这样的小说家开始在小说中探讨内在世界；象 W. 福克纳这样的小说家就倾力刻划‘人’的灵魂与人类的内心冲突。”[③]

可以看出，刘以鬯小说语言的诗化，既是他选定的叙述对象——人的内在世界和内心冲突的需要，也是他主动走向世界的选择。刘以鬯在小说中很少植入人物对话。当不得不有时，也非常简洁。这一点，跟鲁迅有着完全相同的艺术趣味。因此，刘以鬯小说语言的诗化现象，大面积地出现在独白体式的叙述语言中。在《酒徒》中，为了表现“酒徒”在醉酒时想象的朦胧，“回忆可以是‘潮湿’的；风拂过，海水可以‘作久别重逢的寒

---

① 许翼心称之为“生活流”；杨义称之为“众生流”。

② 刘以鬯：《小说会不会死亡？》，《天堂与地狱》，广州：花城出版社，1981年，第194页。

③ 同上书，第 195 页。

暄'；而且在迷茫的精神状态中，'生锈的感情又逢落雨天，思想在烟圈里捉迷藏'"[①]。

当杨义先生看到，《蛇》中写白素贞与许仙初遇西子湖一节时，大呼刘以鬯"开创了东方诗化的意识流"，是"最引人注目的艺术手法"。他也竟情不自已地采用了富于诗化色彩的评点：

白素贞和许仙的清明西湖初遇，就能够与山光水色的神韵节奏合拍共鸣，呼唤出湖山深处的诗魂。这里写景笔墨滋润明丽，带有雨打荷叶的跳跃感，是以诗情默契贴合着西子湖清明雨的神韵和节奏的。它带有中国写意画的清新、飘逸和浸润感，景是心中之景，是被意识流动和诗人直觉的剪刀裁剪出来的带有灵气之景。有时以默默不语来代替脉脉心语，即便二人说雨，在语句重复中心心相印，也有顾左右而言他的弦外之韵。景是被心灵剪碎了，往往以部分代整体，如柳指、靴泥之类，却把人的柔婉和真诚的心情融合到叶片泥点之中了。突然来一句问讯："碎月会在三潭下重圆？"潜意识随神来之笔跃出纸面，成了这段文字的"诗眼"。这种以风景流动作为意识流动的表层意向的写法，使这篇以写人物恐惧情结及其诱发的幻影而别开生面的"故事新编"，在嘲讽之余也带上几分深婉的抒情诗风采了。

有抒情诗风采的，又何止上述所示的片段？通过将传统戏剧名曲《西厢记》改写的《寺内》，整个就是一篇诗体抒情小说。小说的开头，交代故事发生的地点和人物的出场，就是以一首散文诗出现的：

那顽皮的小飞虫，永不疲倦，先在"普"字上踱步，不能拒绝香气的侵袭，振翅而飞，又在"救"字上兜圈，然后停在"寺"字上。

"庙门八字开，"故事因弦线的抖动而开始。"微风游戏于树枝的抖动中，唯寺内的春色始于突然。短暂的'——'，藐视轨道的束缚。"

下午。金黄色的。

檐铃遭东风调戏而玎玲；抑或檐铃调戏于玎玲中？

和尚打了个呵欠，冉冉走到门外，将六根放在寺院的围墙边，让

① 杨义：《刘以鬯小说艺术综论》，《文学评论》，1993年第3期。

下午的阳光晒干。这时候，有人想到一个问题：金面的如来佛也有甜梦不？

跨过高高的门槛。

那个踱着方步的年轻人，名叫张君瑞。

第二卷，写书生张君瑞偶遇崔莺莺后的心迹：

美丽的东西必具侵略性。那对亮晶晶的眼睛，那张小嘴。喜悦似浪潮一般，滚滚而来；隐隐退去。

寂寞凝结成固体，经不起狂热的熏烤，遽尔溶化。普救寺的长老喜欢读书人，明知书生已失落毛笔，却不能抵受白银的诱惑，拔去西边厢房的铁闩。——这是几天前的事，固体早已溶化。那个名叫张君瑞的年轻人必须对羞涩宣战，以期克服内心的震颤。

将一颗心折成四方形，交给红娘。

尤其是在第七卷，当写到因崔母赖婚，而要铺成崔张二人的内在心曲时，作者先后十五次以“墙是一把刀，将一个甜梦切成两份忧郁”一语，既作为提示语又作为串联线，把一对年轻人的苦思与无奈写得痛彻肺腑而又情意绵绵。这又岂是一句“系春心情短柳丝长，隔花阴人远天涯近”的唱词所能诉说得了的?！

至于在刘以鬯的小说语言中，“回忆”为什么会是“潮湿的”？“情感”为什么会“生锈”？小飞虫为什么会在“普救寺”三个字上逗留？“墙”为什么会变成“一把刀”？……他在《寺内》道出了这种诗化语言的内在思维方式：“咀嚼忧郁的薄片，不知是酸抑苦。当墙壁的颜色变更时，形状也不同。一切都不能用纯粹的理性解释。”[①] 当作家摆脱现实主义的理性思维，全身心地拥抱人物的内心情感世界时，他便处于刘勰所言的“登山则情满于山，观海则意溢于海”的“神思”状态。这种思维状态，既是最原始的“万物有灵”思维和“齐物我”的生命意识，也是现代心理学中的“移情现象”。

也正是这种万物生命平等的非理性思维，让刘以鬯能够突破现实主义

① 刘以鬯：《寺内》，《天堂与地狱》，广州：花城出版社，1981年，第160页。

的束缚，大胆地以诗意的笔触，捕捉并呈现人物转瞬即逝的内在真实。在第九卷中写到了长期寡居的崔老夫人一个荒唐的梦：

> 一个十七八岁的小伙子，借月光辨认方向，不知是故意的错误，或是想猎取好奇，竟然走入她的房间。这必然是故意惊诧的事，在梦中，她有了前所未有的喜悦。然后，她梦见自己的衣服给小伙子脱去，并不感到羞惭，因为相国在世时也常有这种动作。然后床变成了池塘，出现了鸳鸯的缠绵。……于是小伙子作了许多的预言，说将来的人类可以有电灯，有飞船，有走路的机器，有老年的妇人出钱向年轻男人购买爱情。
>
> ……
>
> 觉醒来自荒唐。没有翼。唯阳光是最公正的裁判者。两颊绯红，不敢让檐上麻雀偷窥久藏的真实。
>
> “你是有罪的，”麻雀说。
>
> “我一直保持着清白，”她说。
>
> “你有两栖的感情，你有罪，”麻雀说。
>
> “我没有罪！”
>
> “你应该跪在菩萨面前坦白说出你梦见的一切。”

这段梦的书写，不仅将老夫人从礼教的工具拉回到了一个正常的女人，也为其后老夫人对崔张婚恋态度的转变，提供了人性化的解释。而梦中的人与人、人与物的对话，实质上既是作家与人物的对话，甚至也是现代与历史的对话。在这种相互反诘中，生命意识是永恒的人性论主张，唯有在这种诗性化的文学叙事中，才得到了看似荒诞而又实则合理的表达。

因此，小说的叙述语言，作为作家的发言，就必须遵循他的文化立场所规定的思维方式。刘以鬯小说的诗化叙事，就是其摆脱外在的客观理性而回归叙述主体的结果。

论勇者不惧与血气之勇

——先秦儒家与古希腊哲学的一个比较

深圳大学　邵铁峰

本文试图在中西哲学比较的视野中探讨作为德性的勇敢与恐惧之间的关系，我们可略称为"勇者不惧"问题。欲论两个不同的思想世界之间的对话，一个老生常谈但并非不重要的前提是，即使意在比较，但诠释"中"之为"中"，"西"之为"西"，切不可陷入任何粗疏无当的对立性概括与先入为主的粗暴审判。余英时尝言，中国学界常有人乐于做高高在上的法官，"把中国书籍当作囚犯一样来审问、逼供。"[①] 诚然如是。我们固不可以"西"审判"中"，但亦须避免以"中"审判"西"。更何况"中"有儒释道，"西"有两希，即使单以儒耶思想为例，儒家并非铁板一块，基督教亦非整齐划一，且二者在历史上，乃至在今日犹在不断变动、发展。研究者须自知，自己乃是研究者，而非先知或传道士；须对自己研究之问题及所涉范围有一清晰的界定，对自己研究之不可避免的局限性有所自觉。本文重点关注的只是先秦儒家与古希腊的柏拉图－亚里士多德的哲学在"勇者不惧"这一问题上的相通之处，二者深层、细微的相异之处与比照性成分，则存而不论。

一、羞耻与恐惧之中的勇敢

先秦儒家与古希腊哲学均曾以羞耻及恐惧来释勇，其一即为对"知耻

① 余英时:《现代儒学的回顾与展望》，北京：生活·读书·新知三联书店，2004年，第417页。

近乎勇”的诠释，其二则是对“勇者不惧”之“勇者”的诠释。先来看“知耻近乎勇”。春秋早期即有仁、知、勇并称的提法[①]，孔子将此三者称为“天下之达德”，认为“好学近乎知，力行近乎仁，知耻近乎勇。知斯三者，则知所以修身”(《礼记·中庸》)。同时，孔子又有“知者不惑，仁者不忧，勇者不惧”之说(《论语·子罕》及《论语·宪问》)。“知耻近乎勇”这一观念中涉及的“勇德”与羞感之间的关系固然尚少有人论及，但在中西哲学的比较探讨中，“羞耻”之于儒家哲学的重要意义几是众所周知之事。李明辉的《四端与七情》[②]、陈少明的《关于羞耻的现象学分析》[③]、张祥龙的《先秦儒家哲学九讲》[④]、赵广明的《情感的道德意义与孟子“四端”说重释》[⑤]等研究均在中西哲学的比较视野中对“羞耻”做出了有价值的分析。这当中，休谟、康德、麦金太尔的道德哲学，尤其是舍勒的质料价值伦理学中的“情感先天论”(Apriorismus des Emotionalen)成为儒学对“羞耻”现象进行诠释的重要参照体系。勇敢之为德性尤显于军旅，所谓“将者，智信仁勇严也”(《孙子·计篇》)，所谓“非信廉仁勇，不能传兵论剑，与道同符，内可以治身，外可以应变，君子比德焉”(《史记·太史公自序》)。但“勇”亦与羞耻相关。顾炎武指出：“古人治军之道，未有不本于廉耻者。《吴子》曰：‘凡制国治军，必教之以礼，励之以义，使有耻也。’夫人有耻，在大足以战，在小足以守矣。”(《日知录·廉耻》)[⑥]有耻，然后可以战，可以守，这是将羞耻视为勇敢的心理－情感驱动力。

古希腊亦有对于“知耻近乎勇”的表达。在《法律篇》中，柏拉图笔下的雅典人在“有羞耻就有恐惧”这种理解中区分了两种恐惧：其一即为平常意义上的恐惧，当我们预期邪恶将要发生的时候，即处于这种恐惧；另一种则是羞耻，当我们想象到我们将因不名誉的言行而招致坏名声的时候，即处于这种恐惧。面对敌人无所畏惧，却恐惧在朋友之间的坏名声，

---

① 陈来:《古代思想文化的世界》，北京：生活·读书·新知三联书店，2002年，第325—335、357—358、389-393页。

② 李明辉:《四端与七情：关于道德情感的比较哲学探讨》，上海：华东师范大学出版社，2008年，第40—58页。

③ 陈少明:《关于羞耻的现象学分析》,《哲学研究》，2006年第12期，第100—107页。

④ 张祥龙:《先秦儒家哲学九讲：从〈春秋〉到荀子》，南宁：广西师范大学出版社，2011年，第220—228、263—268页。

⑤ 赵广明:《情感的道德意义与孟子“四端”说重释》,《齐鲁学刊》，2017年第5期。

⑥ 顾炎武:《日知录》，陈垣校注，合肥：安徽大学出版社，2007年，第740页。

这样方可促成胜利（*Laws*: 646e–647b）。[①]

与此相似的是，亚里士多德在《尼各马可伦理学》中亦指出，羞耻应被界定为一种对不名誉的恐惧，它造成了一种类似于由对危险的恐惧所造成的效果（*Ethica Nicomachea*: 1128b10–35）。他认为，我们虽然恐惧所有的邪恶，如耻辱、贫困、疾病、没有朋友、死亡等，但是，勇敢的人并不与所有这些都相关，因为恐惧一些事物甚至是对的、高尚的，而不恐惧它们反而是卑下的。例如，对耻辱感到恐惧的人就是好的，而不恐惧耻辱的人则是无耻的（*Ethica Nicomachea*: 1115a6–1116a28）。这里所谓的对耻辱的恐惧实际上就是柏拉图所谓的羞耻，不恐惧耻辱则可谓是孟子所说的"无耻之耻，无耻矣"(《孟子・尽心上》)。易言之，勇敢的人在面对平常意义上的邪恶时要无所畏惧，同时却要保留另一种特殊的恐惧，即羞耻。亚里士多德特意指出，公民的勇敢最像真正的勇敢，它出自德性，而之所以说它出自德性，是因为它出自羞耻，出自对高尚目标（如荣誉）的欲求，出自对不体面的耻辱的躲避。这基本上是对《理想国》中的保卫者的勇敢的一个高度概括。

再来看第二点。关于"惧"，《礼记》说："何谓人情？喜怒哀惧爱恶欲，七者弗学而能。"(《礼记・礼运》) 李明辉认为，孟子的"四端"即康德所说的道德情感，《礼记・礼运》所说的"七情"则是自然情感。[②] 所谓勇者不惧，自不是勇者没有了自然情感，而是因为他们须臾不曾离于道，以礼治七情 (《礼记・礼运》)，使得七情发而皆中节 (《礼记・中庸》)，故曰不惧。试看两例。第一，"君子戒慎乎其所不睹，恐惧乎其所不闻。莫见乎隐，莫显乎微，故君子慎其独也。"(《礼记・中庸》) 君子之恐惧是唯恐己之所思、所行不合于道，唯恐当为而不为，不当为而为，故诚正意心，有所不为，有所必为。第二，孔子惧"世衰道微，邪说暴行有作"，孟子

① 本文使用的柏拉图的对话如无特别说明，均出自 Plato, *Plato Complete Works*. ed. John M. Cooper, Indianapolis, Cambridge: Hackett Publishing Company, Inc., 1997;《理想国》译本为王扬译本（北京：华夏出版社，2015 年）；亚里士多德的《尼各马可伦理学》出自 Aristotle, *The Works of Aristotle*, vol. Ⅸ, trans. W. D. Ross, St. George Stock and J. Solomon, Oxford: Clarendon Press, 1925;《政治学》出自 Aristotle, *The Works of Aristotle*, vol. X, trans. by Benjamin Jowett, E. S. Foster and Sir Frederic Kenyon, Oxford: Clarendon Press, 1952；亚里士多德的《灵魂论及其他》为吴寿彭译本（北京：商务印书馆，2011 年）。引用这些文字，均会随文注出章节号。下文不再说明。

② 李明辉:《四端与七情：关于道德情感的比较哲学探讨》，第 7、9—36 页。

惧杨墨之言盈于天下（《孟子·滕文公下》）。如果说第一个例子中的“恐惧”是惧己离于道，此处的孔孟之惧则是惧道不行于世，这两种惧毋宁为忧患意识。[①] 勇者不惧而乱臣贼子惧，这似乎表明，“不惧”即无所偏离，即是因为志于道、不离于道而生发出的自我肯定，“惧”则是因为背道而行，所行乃“乱”与“贼”而生发出的自我否定。君子由于“内省不疚”而“不忧不惧”（《论语·颜渊》），“不忧不惧”即“仁者不忧，勇者不惧”之意。[②] 因此，勇者即君子，勇者不惧之“勇”即君子之勇。这就将君子之勇之外的其他勇敢相对化了。

这种相对化作业亦可见于古希腊哲学，对这一点最有力的说明当为《斐多篇》（*Phaedo*）。在这篇对话中，柏拉图笔下的苏格拉底明言，除了哲学家之外，所有人都是由于恐惧和害怕而变得勇敢的。例如，爱钱之人恐惧贫穷，爱名之人恐惧坏名誉。爱智者的勇敢则与大多数人的理由不同（*Phaedo*: 68d, 82c–83e），在他看来，正确的交换不应该是用较小的快乐、痛苦与恐惧去交换较大的快乐、痛苦与恐惧，而是将智慧视为唯一有效的通货。只有有了智慧，人才有真正的勇敢、明智与正义，亦即，才有真正的美德（*Phaedo*: 69a–b）。将这种理解与《理想国》相对照，则甚至保卫者的勇敢亦是出自恐惧，即对坏名誉的恐惧，而这些与爱智者的勇敢全然无关。显然，苏格拉底之死至少在哲学上意味着：只有哲学家的勇敢才是真正的勇敢。这也就将保卫者的勇敢相对化了。

二、子路之勇与阿基琉斯之勇

从德性来看，阿基琉斯当然远不及子路。我之所以将二人纳入“勇者不惧”问题的视野，一是因为二人在先秦及古希腊中均以勇名，二是因为子路之于孔子，阿基琉斯之于柏拉图，均构成了他们诠释真正之勇的重要比照。简而言之，子路与阿基琉斯之勇均可谓已“升堂矣，未入于室也”（《论语·先进》）。

关于子路之勇，首先可以确认的一点是，子路乃志于道者。“好勇疾贫，乱也。”（《论语·泰伯》）子路好勇，但是否疾贫？孔子有“士志于道

① 牟宗三：《中国哲学的特质》，上海：上海古籍出版社，2007 年，第 11—18 页。
② 刘宝楠：《论语正义》下册，北京：中华书局，2011 年，第 487 页。

而耻恶衣恶食者，未足与议也”（《论语·里仁》）之语，又有“君子固穷”（《论语·卫灵公》）、“君子忧道不忧贫”（《论语·卫灵公》）的说法，但对于子路，孔子曾如此评价：“衣敝缊袍，与衣狐貉者立，而不耻者，其由也与！”（《论语·子罕》）由是观之，子路可谓好勇而不疾贫者，故与乱无关。

但是，另一方面，在孔子眼中，“由也好勇过我，无所取材”（《论语·公冶长》）。子路之勇，患不在“见义不为，无勇也”（《论语·阳货》），而在“由也兼人，故退之”（《论语·先进》）。“冉有、子路，各有所失，夫子教之，亦因其所失正之”[①]，否则即可能因勇生乱。《论语》记载：“子路曰：‘君子尚勇乎？’孔子曰：‘君子义以为上。君子有勇而无义为乱，小人有勇而无义为盗。’”（《论语·阳货》）[②] 又对子路说：“好仁不好学，其蔽也愚；好知不好学，其蔽也荡；好信不好学，其蔽也贼；好直不好学，其蔽也绞；好勇不好学，其蔽也乱；好刚不好学，其蔽也狂。”（《论语·阳货》）知其好勇，却忧其蔽于勇，故告诫其要勇而有义，勇而好学。

勇无节制则可能生乱，《史记》记有一事，较为直观地反映出了这一点：

廉颇曰：“我为赵将，有攻城野战之大功，而蔺相如徒以口舌为劳，而位居我上。且相如素贱人，吾羞，不忍为之下。”宣言曰：“我见相如，必辱之。”……已而相如出，望见廉颇，相如引车避匿。于是舍人相与谏曰：“臣所以去亲戚而事君者，徒慕君之高义也。今君与廉颇同列，廉君宣恶言，而君畏匿之，恐惧殊甚。且庸人尚羞之，况于将相乎？臣等不肖，请辞去。”……相如曰：“夫以秦王之威，而相如廷叱之，辱其群臣。相如虽驽，独畏廉将军哉？……吾所以为此者，以先国家之急而后私仇也。”廉颇闻之，肉袒负荆，因宾客至蔺相如门谢罪，曰：“鄙贱之人，不知将军宽之至此也！”……太史公曰：知死必勇，非死者难也，处死者难。方蔺相如引璧睨柱，及叱秦王左右，势不过诛，然士或怯懦而不敢发。相如一奋其气，威信敌国，退而让颇，名重泰山，其处智勇可谓兼之矣。（《史记·廉颇蔺相如列传》）

蔺相如面对秦王之威而无所恐惧，面对廉颇恶言羞辱却“恐惧殊甚”，乃是“以义为上”；廉颇前则羞于蔺相如位居其上，后则羞于自己不识大

---

① 刘宝楠：《论语正义》下册，北京：中华书局，2011 年，第 462 页。

② 《史记·仲尼弟子列传》记为：“子路曰：‘君子尚勇乎？’孔子曰：‘义之为上。君子好勇而无义则乱，小人好勇而无义则盗。’”

体，亦是“以义为上”。一则以“惧”，一则以“羞”，但二人均可以“勇德”名之。若蔺相如恃勇而无惧于廉颇，廉颇亦恃勇而不知以己为羞，则必生乱。是以勇之为德，不是无畏无惧，倒在于“德”，“勇而无礼”、“勇而无义”则非勇德。君子之所以“恶勇而无礼者”（《论语·阳货》），是因为“勇而无礼则乱”（《论语·泰伯》），所以，子路之勇惟有在守礼、循义之前提下才可能成为君子之勇。

职是之故，面对子路的“子行三军，则谁与?”之问，孔子答曰:“暴虎冯河，死而无悔者，吾不与也。必也临事而惧，好谋而成者也。”（《论语·述而》）悍不畏死，死而无悔，在先秦儒家中恰恰是一种被反思与批判的行为。齐思和《战国制度考》指出:“平民既成为战斗之主力，于是尚武好勇之风遂传播于平民，而游侠之风兴焉。”[①] 在此环境中，先秦儒家所忧者，非勇之缺乏，倒是勇之太过。对于其时重诺守信之风，孟子强调:“大人者，言不必信，行不必果，惟义所在。”（《孟子·离娄下》）惟大人能有大勇，而“好勇斗很，以危父母”（《孟子·离娄下》），不顾义之所在，诚为不孝之表现。

反观古希腊，荷马《伊利亚特》（*Iliad*）的开篇就描述了英雄阿基琉斯的怒气（wrath）:“女神啊，请歌唱佩琉斯之子阿基琉斯的致命的忿怒。那一怒给阿开奥斯人带来无数的苦难，把战士的许多健壮英魂送往冥府，使他们的尸体成为野狗和各种飞禽的肉食，从阿特柔斯之子、人民的国王（即阿伽门农）同神样的阿基琉斯最初在争吵中分离时开始吧，就这样实现了宙斯的意愿。”（《伊利亚特》：1.1–5）[②] 阿伽门农承认阿基琉斯“非常勇敢”，但也指责他“总是好吵架、战争和格斗”（《伊利亚特》：1.177）。沃格林（Eric Voegelin）简要地说，荷马的社会是无序的，因为在决定性的时刻，其社会成员的活动是由激情（passion），而不是由理性与共同的善（common good）引导的。激情产生盲目（ate），它不是无序的原因，而就是无序本身。[③] 在荷马这里，勇敢主要就是激情。人拥有 psyche（灵魂），而 psyche 的构成以激情为中心，关于有序及评判的知识则是另一个中心。荷马了解这两个中心之间的张力以及激情对于知识的欺罔。在他看来，有序化的行动才符合超验、神圣的秩序，而破坏性的行动则是从神圣秩序向

① 转引自余英时:《现代儒学的回顾与展望》，第 322 页。

② 荷马著，罗念生、王焕生译:《荷马史诗》，北京：人民文学出版社，2011 年。

③ Eric Voegelin, *The World of the Polis,* ed. Athanasias Moulakis, Columbia and London: University of Missouri Press, 2000, p. 151.

人类之无序的堕落。在这种理解中，我们甚至可依稀辨识出柏拉图的人类学的大致轮廓。[①] 阿基琉斯的愤怒如此不受节制，以至于在战争中也不顾大局而对自己人造成了伤害，以至于极其残忍地虐待赫克托尔的遗体。当柏拉图在《理想国》中反复强调保卫者的勇敢要接受爱智者的教导，要对敌人凶狠，对自己人却要温和的时候（《理想国》：375cff，439e1–440d），也许就是对阿基琉斯之怒，也是对《荷马史诗》的一个回应：英雄阿基琉斯尚不胜任做好的城邦中的保卫者。

卡尔·施密特（Carl Schmitt）有一个极具洞察力的观点："敌人只是一群在实际上、即根据事实可能性而在战斗中的人，对立于另外一群处于相同情境的人。敌人只是公众的敌人，因为只要是与这种人群组合、尤其是与民族全体相关的，就成为是公众的。更广义地说，敌人是公敌（hostis），而非私敌（inimicus）；是πολεμιο，而非εχθρο。……圣经中常被引用的'要爱你们的仇敌'应是'deligite *inimicos* vestros'αυμων，而不是'diligite *hostes* vestros'；它所讲的不是政治性的敌人。纵然在基督教和伊斯兰教的千年斗争中，也没有基督徒会想到要出于对当时的欧洲伊斯兰教徒或土耳其人的爱，而放弃去抵御伊斯兰教、听任其摆布。人不需要私底下去仇恨政治意义上的敌人，并且唯有在私人的范畴里，爱其'敌人'，即其对手，才有意义。"[②] 与敌人处于战争状态，与朋友则应处于和平状态，所谓勇敢只能针对敌人而不能针对自己的同胞，这体现了理性对于 thumos（血气）的合乎正义的指导。考虑到《伊利亚特》中的阿基琉斯与阿伽门农之间的"内讧"及其所带来的严重后果，柏拉图对这一点的强调就尤为显得用意深刻。亚里士多德也强调，在城邦中，"友爱"（philia）使得人们团结，立法者也比关心正义更关心友爱，而内讧则是他们最坏的敌人（*Ethica Nicomachea*: 1155a22–26）。如麦金太尔所说，亚里士多德所设想的好的政治共同体应当以对善与美德的一致认同为前提，正是这种认同使得公民之间的联结，也就是友爱的联结，成为可能。这种联结构成了城邦（polis）。[③]

---

① Eric Voegelin, *The World of the Polis,* ed. Athanasias Moulakis, Columbia and London: University of Missouri Press, 2000, p. 171.

② 卡尔·施密特（Carl Schmitt）著、姚朝森译：《政治性的概念》（*Der Begriff des Politischen*），台北：联经出版事业股份有限公司，2005 年，第 25—26 页。

③ Alasdair MacIntyre, *After Virtue: A Study of Moral Theory*, Notre Dame, Indiana: University of Notre Dame Press, 2007, p. 155. 布伦戴尔著、包利民等译：《扶友损敌：索福克勒斯与古希腊伦理》，北京：生活·读书·新知三联书店，2009 年，第 56—57 页。

勇敢体现在针对敌人的“战争”之中，而不是自己人的“内讧”之中，由此，柏拉图－亚里士多德实质上否定了阿基琉斯之勇。

三、血气之勇

“好勇疾贫，乱也。”（《论语·泰伯》）朱熹注：“‘好勇’者，逞血气之强，又不知安于义命，则放辟邪侈，无不为己，故为乱也。”[①] 血气之勇失于逞强好斗，先秦儒家对这种勇的不良后果深以为惕。孔子说：“君子有三戒：少之时，血气未定，戒之在色；及其壮也，血气方刚，戒之在斗；及其老也，血气既衰，戒之在得。”（《论语·季氏》）血气为人之固有，故人人皆可行血气之勇，并以之为勇，但孔子又说：“仁者必有勇，勇者不必有仁。”（《论语·宪问》）朱子注：“仁者，心无私累，见义必为；勇者，或血气之强而已。”[②] 所谓“勇者不惧”实为“仁者必有勇”的必有之义，此“勇者”即为仁者，而“勇者不必有仁”之“勇者”则可能为血气之勇者，而“血气之勇”却“不必有仁”，这当中的从属关系一目了然，即勇当从属于仁，且勇惟有在从属于仁时，方可名正言顺地称之为勇德。君子之勇是为了且依于仁而贯彻始终的，血气之勇须以君子之勇为指向，不然，即可能“小不忍，则乱大谋”。（《论语·卫灵公》）朱子注：“小不忍，如妇人之仁，匹夫之勇皆是。”[③]

孟子对于小勇—匹夫之勇与大勇—文/武王之勇的区分亦可说明这一问题：

> 夫抚剑疾视曰：“彼恶敢当我哉！”此匹夫之勇，敌一人者也。王请大之！《诗》云：“王赫斯怒，爰整其旅，以遏徂莒，以笃周祜，以对于天下。”此文王之勇也。文王一怒而安天下之民。《书》曰：“天降下民，作之君，作之师。惟曰其助上帝，宠之四方。有罪无罪，惟我在，天下曷敢有越厥志？”一人衡行于天下，武王耻之。此武王之勇也。而武王亦一怒而安天下之民。今王亦一怒而安天下之民，民惟恐王之不好勇也。
>
> （《孟子·梁惠王下》）

① 刘宝楠：《论语正义》下册，第301页。

② 朱熹：《四书集注》，上海：上海古籍出版社，1996年，第178页。

③ 同上书，第197页。

朱熹注："小勇，血气所为；大勇，义理所发。"[①] 匹夫之勇，抚剑疾视，勇则勇矣，却只是出自血气，殊不足道；相比之下，"圣人乐天，贤者知时，仁必有勇，勇以讨乱而不为暴，则百姓安之"[②]。孟子又有北宫黝之勇、孟施舍之勇与曾子之勇的区分：

> 北宫黝之养勇也，不肤桡，不目逃，思以一豪挫于人，若挞之于市朝，不受于褐宽博，亦不受于万乘之君；视刺万乘之君，若刺褐夫，无严诸侯，恶声至，必反之。孟施舍之所养勇也，曰："视不胜犹胜也；量敌而后进，虑胜而后会，是畏三军者也。舍岂能为必胜哉？能无惧而已矣。"孟施舍似曾子，北宫黝似子夏。夫二子之勇，未知其孰贤，然而孟施舍守约也。昔者曾子谓子襄曰："子好勇乎？吾尝闻大勇于夫子矣。自反而不缩，虽褐宽博，吾不惴焉；自反而缩，虽千万人，吾往矣。"孟施舍之守气，又不如曾子之守约也。
>
> （《孟子·公孙丑上》）

孟施舍之勇亦"无惧"，但仍不同于"勇者不惧"，因为其勇置"无惧"于"义"前，故而尚非夫子所言之"大勇"，甚至如上文所言，有可能生出事端。"推黝之勇，生于必胜；设有不胜，则气屈矣。施舍之勇，生于不惧；则虽不胜，其气亦不屈，故较黝为得其要。然施舍一以不惧为勇，而不论义不义；曾子之勇，则有惧有不惧，一以义不义为断：此不独北宫黝之勇不如，即孟施舍之守气，亦不如也。"[③] 因此，不惜性命，以身赴死，未必是大勇，倒可能害勇。孟子指明："可以死，可以无死，死伤勇。"（《孟子·离娄下》）毛奇龄《圣门释非录》引元儒金履祥之言曰："此为战国之世，豪侠之习胜，多轻施结客，若四豪之类；刺客轻生，若荆聂之类，故孟子为当时戒耳。"[④] 唯有为了"成仁"而"杀身"，为了"取义"而"舍生"方可称为大勇。荀子则更细致地区分了"狗彘之勇""贾盗之勇""小人之勇"与"士君子之勇"：

---

① 朱熹：《四书集注》，上海：上海古籍出版社，1996 年，第 254 页。

② 焦循：《孟子正义》（上），北京：中华书局，2011 年，第 117 页。

③ 同上书，第 193—194 页。

④ 转引自杨伯峻：《孟子译注》，北京：中华书局，2015 年，第 178 页。

> 有狗彘之勇者，有贾盗之勇者，有小人之勇者，有士君子之勇者。争饮食，无廉耻，不知是非，不辟死伤，不畏众强，恈恈然唯利饮食之见，是狗彘之勇也。为事利，争货财，无辞让，果敢而振，猛贪而戾，恈恈然唯利之见，是贾盗之勇也。轻死而暴，是小人之勇也。义之所在，不倾于权，不顾其利，举国而与之不为改视，重死、持义而不桡，是士君子之勇也。
>
> （《荀子·荣辱》）

狗彘之勇、贾盗之勇固不值一哂，小人之勇亦不足法。小人之勇“轻死”，士君子之勇“重死”，“重死”之勇之所以可称为勇，且较“轻死”之勇更合乎勇之真精神，也因此更为可取，只是因为“义之所在”。“小人勇于暴，士君子勇于义”[①]，二者即为血气之勇与德义之勇的区别。

古希腊哲学中亦可见此类对于血气（thumos）之勇[②]的反思。伯纳德·威廉斯（Bernard Williams）反对斯内尔（Bruno Snell）的这一观点，即荷马时代的人只拥有初级的心灵理论，该理论尚不认识整体的灵魂。他的看法是，诸如 thumos（spirit）与 noos/nous（mind）这样的词汇代表的并不是后来将被一种整体所取代的碎片，只有当人们假定真正的统一体就是灵魂统一体，并由此断定早期希腊人由于忽视了灵魂而忽视了那种唯一可

① 王先谦:《荀子集解》上册，北京：中华书局，1997 年，第 56 页。

② 关于 *thumos* 的汉译的一个说明：尚新建译之为“血气”，可参《血气与政治》，刘小枫、陈少明编，北京：华夏出版社，2007 年，第 1—47 页。在柏拉图的《理想国》译本中，王扬译之为“和愤怒有关、我们凭之生气的部分”“和气魄有关的那一部分”“灵魂中的烈性部分”（柏拉图:《理想国》，王扬译注，北京：华夏出版社，2012 年，第 153、158、339、468 页）。郭斌和、张竹明译本译之为“激情”（柏拉图:《理想国》，郭斌和、张竹明译，北京：商务印书馆，2011 年，第 165 页）。吴寿彭在亚里士多德的《政治学》译本中译之为“热忱”“精神”“精忱”“怒气”（亚里士多德:《政治学》，吴寿彭译，北京：商务印书馆，2010 年，第 306 页脚注，第 509 页），在亚里士多德的《灵魂论及其他》译本中也译之为“愤怒”（亚里士多德:《灵魂论及其他》，吴寿彭译，北京：商务印书馆，2011 年，第 399 页）。廖申白在亚里士多德的《尼各马可伦理学》译本中译之为“怒气”（亚里士多德:《尼各马可伦理学》，廖申白译，北京：商务印书馆，2005 年，第 84 页）。柯小刚主张将 *thumos* 译为“意气”，取“意气用事”之意。他认为，译之为“激情”易与 passion 相混淆；译之为“血气”又有过多身体性的盲目冲动的冲动，易使人与 *epithumia*（欲望）联系起来，而不是与逻各斯联系起来，减少了 *thumos* 中所含的高贵性与精神性的一面［伯格（Ronna Burger）著，柯小刚译:《尼各马可伦理学义疏——亚里士多德与苏格拉底的对话》，北京：华夏出版社，2011 年，第 126 页的脚注 ②“译按”］。

使他们不必分裂为精神之种种部分的事物之时，它们才会被视为碎片。[①] 在威廉斯看来，在《荷马史诗》中，一个人同他的 thumos 交谈实质就是在同自己交谈。[②] 易言之，荷马并非没有对灵魂问题的自觉。关于这种 thumos 在《伊利亚特》中的表现，最重要的，也最经常被人们讨论的显然是阿基琉斯的愤怒，但愤怒并不是唯一与 thumos 有关的情感：除了像愉悦、高兴、爱这样的快乐情感之外，诸如哀伤、羞耻、恐惧这样的痛苦情感也与 thumos 有关。[③]

如果说荷马的《伊利亚特》第一次对 thumos 作出了诗歌表达，那么，柏拉图的《理想国》可谓是希腊人对它的第一次哲学论述。[④] 虽然对于人的目的而言，理论 / 静观生活与政治生活之间并非毫无张力，但是，柏拉图、亚里士多德都清楚地指明，政治生活与人的灵魂密切相关，血气之勇主要也是在政治学的框架中得到关注的。柏拉图申明，城邦中代表勇气的即为 thumos，它是灵魂的中间部分，在理性与欲望之间：thumos 既不是理性，亦不是欲望，而是灵魂中的第三种势力，在灵魂内部的冲突中，它可以担当理性的助手（《理想国》：439e2–42c4）。灵魂的三分法对应着城邦的三个阶层，正如卫国者要接受统治者的指导一样，灵魂中的 thumos 也要接受理性的指导，只有在此前提下，它才可能成为理性的盟友。thumos 拥有一种坚守精神，这是由法律提供教育给他们培植的信念，即在任何情况下都对什么可以恐惧，什么不可恐惧持有正确、合乎法律的信念（《理想国》：429b8–30b5，422b5–c4）。亦即，thumos 并非毫无恐惧，而是要有所恐惧。

亚里士多德在《尼各马可伦理学》中则更明确地说，由怒气激发的勇敢，不是出于理性，而是出于激情（pathos）（*Ethica Nicomachea*: 1117a6）。在这一点上，他与柏拉图基本上保持了一致，二人均将阿基琉斯式的出于 thumos 的勇敢纳入理性的教化之下，从而将希腊诗歌中的 thumos 吸收到自己的哲学体系中。不过，与柏拉图有所不同的是，亚里士多德更直接地指出，灵魂的诸激情，如愤怒与恐惧，不可与生物的身体相分离（《灵魂

① Bernard Williams, *Shame and Necessity*, Berkeley: University of California Press, 1993, pp. 26–28.

② Ibid., p. 40.

③ Barbara Koziak, “Homeric Thumos: The Early History of Gender, Emotion, and Politics”, in *The Journal of Politics*, Vol. 61 (1999), pp. 1072–1073.

④ Ibid., p. 1069.

论》：403a15–b19），而且非但欲望是野兽，连最好的人的心灵也未免受激情的扰乱，这就往往在执政的时候引起偏向，法律则是不受欲望影响的理性（*Politica*: 1287a30–33）。正是在此，政治共同体与恐惧之间的一个重要关联亦显现了出来。

结　语

先秦儒家与古希腊哲学均在羞耻与恐惧的基本框架中论及了“知耻近乎勇”与“勇者不惧”问题，且将真正的勇敢与道或逻各斯联系在一起。在此基础上，他们又对血气之勇做出了反思，这种反思实质上乃是对当时社会—文化中的一种极具影响力的思潮的反思。我的观点是，二者在“勇者不惧”与“血气之勇”问题上的论述均可概括为三个问题，即：谁（who）是勇者？为何（why）不惧？何可谓（which）真勇？我在此处做的只是一个极其初步的笼统的讨论，它的缺点是显而易见的，即未能以一种统一的理论视角来考察先秦儒家与古希腊哲学的相关观点，而满足于让双方各说各话，从中（甚至并不那么直接地）显示出二者在勇敢问题上之论证的结构相似性；一些地方似也有不合时宜的“格义”之嫌。但是，各说各话未必不好，我宁愿浅一些，只希望自己不是像一些名流那样自恋地说些胡话。

汉代生死信仰的变迁与汉画像石的兴盛

深圳大学　刘　茜

汉画像石是指汉代雕刻在墓祠、墓阙、墓室、棺椁等建筑上的石刻艺术品，它蕴含着丰富的艺术价值与史学价值，是中华文化的瑰宝。汉画像石大约兴起于西汉早中期，西汉末东汉初得到迅速发展，东汉中晚期臻于极盛，东汉末年则走向衰亡，其间经历了约三百年的发展进程。对于汉画像石兴盛的根源，学界存在多种说法，如汉代社会经济的发展、汉代推行的"以孝治国"政策、汉代盛行的厚葬之风、汉代墓葬形制的变迁[①]等。而我们认为，推动汉画像石兴盛的根本动因乃是汉代生死信仰尤其是汉代神仙信仰的发展演变，即是宗教原因，而非经济或是政治原因。

一、汉代生死信仰的变迁

我国灵魂不灭的观念由来已久。据史籍记载，春秋时期，人们已形成了魂魄的观念。如《左传·昭公七年》载子产之语云："人生始化曰魄，既生魄，阳曰魂。用物精多则魂魄强，是以有精爽，至于神明。"[②]人们普遍认为，魂魄各有不同的归处，魂气归天，形魄归地。如《礼记·郊特牲》

① 持这一观点的可见于蒋英炬、杨爱国《汉代画像石与画像砖》，北京：文物出版社，2009年；信立祥:《汉代画像石综合研究》，北京：文物出版社，2000年；周学鹰:《解读画像砖石中的汉代文化》，北京：中华书局，2005年。

② 杨伯峻:《春秋左传注》，北京：中华书局，1995年，第1292页。

载曰："魂气归于天，形魄归于地。故祭，求诸阴阳之义也。"[①] 但对于天界与冥界的具体状况，这一时期的人们还未形成清晰的认识。战国时期，人们的生死观念发生了较大变化，主要表现在：其一，人们开始对冥界有了具体的构想。如战国时期棺室中出现的模仿生人居室的门窗表明人们已经有意识地按照"视死如视生"的观念来构想冥界[②]；其二，人们头脑中出现了仙人的生命形态。如庄子曾描绘道："肌肤若冰雪，淖约若处子。不食五谷，餐风饮露，乘云气御飞龙而游乎四海之外。"[③] 而在东方的齐鲁之地，神仙信仰已迅速地发展起来。如《汉书・郊祀志》载曰："自威、宣、燕昭使人入海求蓬莱、方丈、瀛洲。此三神山者，其传在渤海中，去人不远。盖尝有至者，诸仙人及不死之药皆在焉。其物禽兽尽白，而黄金银为宫阙。"[④] 战国时期出现的神仙信仰在秦朝得到了继续发展。秦始皇在位之时展开了声势浩大的求仙活动。如《汉书・郊祀志》载曰："于是始皇遂东游海上，行礼祠名山川及八神，[求]仙人羡门之属。……及秦始皇至海上，则方士争言之。始皇如恐弗及，使人赍童男童女入海求之。"[⑤] 秦始皇的求仙活动进一步推动了升仙思想的发展。

到了西汉初年，这一信仰却一度沉寂，究其原因则是因为深重的内忧外患使得汉初的几位君王无暇顾及求仙问鬼之事。为了增强国力、巩固边疆，文景二帝励精图治，推动了西汉社会经济的发展。到了武帝时期，一个疆域庞大、经济富庶、思想统一的帝国已经形成。但也就在西汉社会经济臻于极盛之际，汉代人的生死信仰却迅速复苏并有了重大升级。这一变革可从武帝时期的神仙信仰与冥灵信仰两个方面看到。首先，汉代的神仙信仰在武帝时期有了重大升级，并成为风靡全国的社会思潮。这一特征主

---

① 《礼记》虽成书于汉代，但其主要思想应在先秦时期便已形成。如江林昌曾指出："现在郭店楚简这些记载证明，先秦确有'六经'流传，而且至迟在'战国中期儒家确实已有这种说法。'"参见江林昌：《考古发现与先秦两汉学术文化》，《社会科学战线》，2003 年第 2 期。

② 蒲慕州曾指出："在战国早期曾侯乙墓中，墓主人内棺的两侧与前端漆有窗户纹样，似乎有将棺具模拟为居室的意图。……到了战国晚期的一座秦墓中，我们发现在其椁室的头箱与棺室之间有两扇门户，各高约 0.45 公尺。从这两扇门户的大小看来，应当不可能有任何的实用功能，因此我们可以将其解释为一种模仿生人居室的房门，其意义就在将棺室想象为居住的堂屋。"参见蒲慕州：《墓葬与生死——中国古代宗教之省思》，北京：中华书局，2008 年，第 191—192 页。

③ 王先谦：《庄子集解》，《诸子集成》（第三册），北京：中华书局，2006 年，第 4 页。

④ 班固：《汉书》，北京：中华书局，2007 年，第 1203—1204 页。

⑤ 《汉书》，第 1202—1205 页。

要从以下几点得以体现。其一，武帝在位期间展开了规模更大、更为频繁的求仙活动。据史籍记载，汉武帝求仙时间长达五十年之久，其求仙的频率与规模皆远超秦始皇。余英时先生曾对此有过精辟的论述。他说：汉武帝求仙的狂热至少表现在两个方面：一是其求仙的地理范围比以前任何时候都要广；二是其在求仙中更允许这种个人的追求影响帝国的对外关系。[①]我们认为，除此之外，汉代的求仙活动也更为多样化，如汉武帝曾经尝试了入海求仙、访山求仙、候仙、封禅、炼丹、采药等各种求仙之法。其二，武帝时期，升仙思想有了新的特点，其中最为显著的就是升仙思想的世俗化特征。战国时期，庄子笔下的仙人是离群索居、"不食五谷，吸风饮露"的形象。但这种摒弃一切世俗欲望的仙人却并不为武帝所喜，正如司马相如所说："列仙之传居山泽间，形容甚臞，此非帝王之仙意也。"[②]这一点也为方士所知。为了迎合圣意，李少君首先向武帝杜撰了黄帝封禅并升仙之事。他说："祠灶皆可致物，致物而丹沙可化为黄金，黄金成以为饮食器则益寿，益寿而海中蓬莱仙者乃可见之，以封禅则不死，黄帝是也。"[③]其后方士公孙卿则将黄帝、封禅、宝鼎与升仙之间的关系进一步明确化。他说："封禅七十二王，唯黄帝得上泰山封。"后又托申公之言说："汉帝亦当上封（禅），（上）封（禅）则能仙登天矣。……黄帝采首山铜，铸鼎于荆山下。鼎既成，有龙垂胡须下迎黄帝。黄帝上骑，君臣后宫从上龙七十余人，龙乃（上）去。……"武帝听罢慨叹曰："嗟乎！诚得如黄帝，吾视去妻子如脱屣耳。"[④]可以看到，这种能够保留世俗皇权且能携带后宫大臣一同飞升的仙人才是汉武帝真正所艳羡的对象。其三，武帝时期，方士势力大增，成为推动升仙热潮的重要力量。据史籍记载，先后为武帝所重用的神仙方士有李少君、李少翁、栾大与公孙卿。武帝给予方士加倍的宠信与礼遇，使得汉初沉寂一时的燕齐方士再度死灰复燃。如据《汉书·郊祀志》记载，方士李少君死后，"天子已为化去不死也，使黄锤史宽舒受其方，而海上燕齐怪迂之方士多更来言神事矣"[⑤]。后栾大又为武帝所重，封乐通侯，位上

① 余英时著、侯旭东等译:《东汉生死观》，上海：上海古籍出版社，2005年，第29—31页。

② 司马迁:《史记》，北京：中华书局，1982年，第3056页。

③ 《汉书》，第1216页。

④ 同上书，第1127—1228页。

⑤ 同上书，第1217页。

将军，赐婚卫长公主，“大见数月，佩六印，贵震天下，而海上燕齐之间，莫不搤掔，而自言有禁方能神仙矣”[①]。而武帝对方士的重用也对世风产生了深刻的影响，如《后汉书・方术列传》载曰：“汉自武帝颇好方术，天下怀协道艺之士，莫不负策抵掌，顺风而届焉。”[②]其四，武帝时期，西王母逐渐升格为仙界的偶像，民间神仙信仰逐步升级。在先秦传说中，西王母原是面目狰狞的半人半兽形象，如《山海经・西山经》曰：“又西三百五十里，曰玉山，是西王母所居也。西王母其状如人，豹尾虎齿而善啸，蓬发戴胜，是司天之厉及五残。”[③]但到了武帝之时，西王母的身份与形象皆发生了较大变化。如司马相如《大人赋》云：“吾乃今日睹西王母皓然白首，戴胜而穴处兮，亦幸有三足乌为之使。必长生若此而不死兮，虽济万世不足以喜。”[④]文中的西王母不仅转变成了近于世人的白发老妪，而且还演化成了长生不死的仙人。而汉武帝与西王母信仰之间的密切联系也大量地反映在后世文献中。如大约成书于魏晋时期的《汉武帝内传》载曰：七月初七“唯见王母乘彩云之辇，驾九色斑龙，别有五十天仙，侧近鸾舆，皆身长一丈，同执彩毛之节，佩金刚灵玺，戴天真之冠，咸往殿前。……下车登床，帝拜跪，问寒温毕，立如也。因呼帝共坐，帝南面，向王母。……”[⑤]晋张华所撰的《博物志》亦云：“汉武帝好仙道，祭祀名山大泽以求神仙之道。时西王母遣使乘白鹿告帝当来，乃供帐九华殿以待之。七月七日夜漏七刻，王母乘紫云车而至于殿西，南面东向，头上戴胜青气郁郁如云。”[⑥]此外，《汉武帝洞冥记》也有相似的内容。可以看到，这些文献皆记载了西王母与汉武帝会面的传说，而这些传说的广为流行则又说明了西王母信仰在武帝时期不仅有了重大升级，而且在民间也得到了很大程度的普及。

武帝时期，汉代的冥灵信仰也有了进一步发展，这主要表现在：首先，这一时期，崇鬼观念尤胜。据《史记・孝武本纪》记载，“皇帝初即位，犹

---

① 《汉书》，第1224页。

② 范晔：《后汉书》，北京：中华书局，2006年，第2705页。

③ 方韬译著：《山海经》，北京：中华书局，2009年，第41页。

④ 《史记》，第3060页。

⑤ 《汉武帝内传》，明清有云为汉班固或晋葛洪撰者，《四库全书总目》云当为魏晋间士人所为，《守山阁丛书》集辑者清钱熙祚推测是东晋后文士造作。参见王根林等点校：《汉魏六朝笔记小说大观》，上海：上海古籍出版社，1999年，第141、142页。

⑥ 参见王根林等点校：《汉魏六朝笔记小说大观》，上海：上海古籍出版社，1999年，第220页。

敬鬼神之祀。”[①] 武帝还在宫中大行招魂引鬼之事，如据《史记》记载：“齐人少翁以鬼神方见上。上所幸王夫人，夫人卒，少翁以方术盖夜致王夫人及灶鬼之貌云，天子自帷中望见焉。于是乃拜少翁为文成将军，赏赐甚多，以客礼礼之。”[②] 武帝也迷信祀鬼的越巫。如应劭《风俗通·怪神》曰：“武帝时迷于鬼神，尤信越巫”。[③] 又据《史记》记载：“是时既灭南越，越人勇之乃言‘越人俗信鬼，而其祠皆见鬼，数有效。昔东瓯王敬鬼，寿至百六十岁。后世谩怠，故衰耗。’乃令越巫立越祝祠，安台无坛，亦祠天神上帝百鬼，而以鸡卜。上信之，越祠鸡卜始用焉。”[④] 可以看到，武帝甚至将信鬼祠鬼与长生不死联系了起来。而这一时期，民间的崇鬼之风也十分兴盛，这可以从祠堂数量的增多看出。据史籍记载，“祠堂”一词最早见于《汉书·循吏传·文翁传》，其文曰：“文翁……景帝末，为蜀郡守，仁爱好教化……文翁终于蜀，吏民为立祠堂，岁时祭祀不绝。”[⑤] 按文翁在位的时间推算，为其立祠堂的时间应在武帝初年。蜀郡位处西南僻壤之地，但其时已有此风，可见立祠祭祀之事在武帝时期应不在少数。而祠堂建筑的增多显然与这一时期民间鬼神信仰的风靡有直接的关系，这一点可以从西汉武帝时期出现在汉画像石中的祠堂建筑以及亡灵祭祀图看出。如 1984 年出土于山东省临沂市罗庄区册山乡庆云山南坡的庆云山二号石椁墓的画像石为西汉武帝后期的作品。该石椁墓东壁画像的中格刻画了一座厅堂式建筑，建筑内刻两人相对跽坐，建筑两侧皆各植一株长青树。根据信立祥先生对汉画像石中“祠主受祭图”的分析，我们认为，东壁中格画像中的厅堂式建筑表现的正是地面祠堂建筑，而建筑内相对跽坐的人物则是想象中的墓主人形象。[⑥] 这一画像生动地展现了武帝时期民间的立祠祭鬼习俗。其二，武帝时期，冥灵世界得到进一步构建，这一点可以从墓室形制与随葬器物的变化看出。如蒋英炬、杨爱国先生曾总结说：“由各地发现的大量的考古资料显示，在武帝以前的西汉早期，墓葬的土圹竖穴、棺椁制度与随葬器

---

① 《史记》，第 451 页。

② 同上书，第 458 页。

③ 应劭撰、王利器校注：《风俗通义校注》，北京：中华书局，1981 年，第 423 页。

④ 《史记》，第 478 页。

⑤ 《汉书》，第 3625—3627 页。

⑥ 参见《中国画像石全集》编辑委员会：《中国画像石全集》一册“图版说明”，山东美术出版社、河南美术出版社，2000 年，第 33、34 页—图 100、101、102、103。参见信立祥：《汉代画像石综合研究》，第 92 页。

物组合等方面，都还较多地保存着战国时期墓葬礼制的遗风，而到武帝时期以后，各种砖、石砌的洞室墓，开凿岩石的石圹墓、崖洞墓，以及以石代木的石椁墓等，都开始涌现出来。其墓葬形制结构变化发展的趋向，则是愈加仿效生活居住的地宅建筑。”① 与此同时，墓室的随葬品也有了一些显著的变化。蒲慕州先生经考察指出：“在西汉中期以后的墓葬中，这种强调死后世界中之生活的随葬方式表现得更为明显。例如随葬品中普遍出现了陶制的灶、仓、囷，象征墓主人在地下有充足的粮食可食用，又有各类家畜家禽，各式屋、阁、楼房、田产，池塘等等的模型，象征墓主人的财富，以及代表墓主人享受的舒适生活的车、船、以及各色仆役俑。”② 武帝时期，墓葬形制与随葬品的改变显示出汉代人按照人世生活来构建冥界生活的这一思想倾向。

通过以上分析可以看到，武帝时期，汉代的生死信仰有了重大的升级，这一变革不仅发生在统治阶级上层，也自上而下地影响到了下层的民间信仰。

武帝之后，汉代生死信仰得到了继续的推进。西汉进入中兴时期，宣帝同样热衷于祀神求仙活动。如据《汉书·郊祀志》记载：“时，南郡获白虎，献其皮牙爪，上为立祠。又以方士言，为随候、剑宝、玉宝璧、周康宝鼎立四祠于未央宫中。又祠太室山于即墨，……京师近县，则有劳谷、五床山、日月、五帝、仙人、玉女祠。云阳有径路神祠，祭休屠王也。又立五龙山仙人祠及黄帝、天神、帝原水，凡四祠于肤施。”③ 又据《汉书·郊祀志》记载：“大夫刘更生献淮南《枕中洪宝苑秘》之方，令尚方铸作。事不验，更生坐论。”④ 西汉后期的成、哀二帝也好神仙之事。如据《汉书·郊祀志》记载：“成帝末年颇好鬼神，亦以无继嗣故，多上书言祭祀方术者，皆得待诏，祠祭上林苑中长安城旁，费用甚多，然无大贵盛者。”⑤ 又据《汉书·郊祀志》记载：“哀帝即位，寝疾，博征方术士，京师诸县皆有侍祠使者，尽复前世所常兴诸神祠官，凡七百余所，一岁

① 蒋英炬、杨爱国：《汉代画像石与画像砖》，第 22 页。
② 蒲慕州：《墓葬与生死——中国古代宗教之省思》，第 194—195 页。
③ 《汉书》，第 1250 页。
④ 同上书，第 1251 页。
⑤ 同上书，第 1260 页。

三万七千祠云。”[①]

经过西汉几代帝王的推波助澜，汉代的生死信仰有了持续的发展，并进一步推动了早期道教的兴起。就在成帝时期，早期道教典籍《包元太平经》已经成形，如《汉书·李寻传》载曰：“初，成帝时，齐人甘忠可诈造《天官历》、《包元太平经》十二卷，‘以言汉家逢天地之大终，当更受命于天，天帝使真人赤精子，下教我此道。’”[②] 而到了哀帝之时，西王母信仰也已在民间如火如荼地发展起来。哀帝建平四年，民间爆发了一场震惊朝野的以“祠西王母”为口号的群众造仙运动。据《汉书·哀帝纪》记载：“(建平)四年春，大旱。关东民传行西王母筹，经历郡国，西入关至京师。民又会聚祠西王母，或夜持火上屋，击鼓号呼相惊恐。”[③] 又据《汉书·五行志》记载：“哀帝建平四年正月，民惊走，持稾或棷一枚，传相付与，曰行诏筹。道中相过逢多至千数，或被发徒践，或夜折关，或逾墙入，或乘车骑奔驰，以置驿传行，经历郡国二十六，至京师。其夏，京师郡国民聚会里巷仟佰，设张博具，歌舞祠西王母。又传书曰：‘母告百姓，佩此书者不死。不信我言，视门枢下，当有白发。’至秋止。”[④] 不难看到，这是一场从民间发起的、参与者众多的、有组织的、有共同行动纲领的宗教运动。而就以上特点来看，参与这次运动的民间组织实际上已具有了早期道教团体的性质。

东汉是生死信仰进一步发展及早期道教逐步形成与发展的时期。西汉成帝之时齐人甘忠可的《包元太平经》在东汉得到了逐步的完善与发展。据《后汉书·襄楷传》记载：“顺帝时，琅玡宫崇诣阙，上其师干吉于曲阳泉水上所得神书百七十卷，皆缥白素朱介青首朱目，号《太平青领书》。”[⑤] 可见，《太平青领书》至少是在东汉顺帝时便已流传于世。又据饶宗颐先生考证，《老子想尔注》应出自于张陵之手，后由张衡传至张鲁，并由张鲁修订完成，流行于蜀中。按照这一说法，《老子想尔注》的成书时间大约可以追溯到东汉顺帝之时。另一部道教经典《周易参同契》的成书时间

---

① 《汉书》，第 1264 页。
② 同上书，第 3192 页。
③ 同上书，第 342 页。
④ 同上书，第 1476 页。
⑤ 《后汉书》，第 1084 页。

也大致是在东汉中后期[①]。除了形成较为成熟的道教典籍，东汉时期也是早期道教团体蓬勃发展的时期。如据《后汉书·马援传》记载："初，卷人维汜，妖言称神，有弟子数百人，坐伏诛。后其弟子李广等宣言汜神化不死，以诳惑百姓。十七年，遂共聚会徒党，攻没皖城，杀皖侯刘闵，自称'南岳大师'。遣谒者张宗将兵数千人讨之，复为广所败。于是使援发诸郡兵，合万余人，击破广等，斩之。"[②]维汜是东汉光武帝时人，李广为其弟子。两人虽先后被杀，但其教团势力之庞大也确令朝廷震慑。成熟的道教团体大约形成于东汉中晚期，如据《后汉书·刘焉》记载："初，祖父陵，顺帝时客于蜀，学道鹤鸣山中，造作符书，以惑百姓。受其道者辄出米五斗，故谓之'米贼'。"[③]可知张陵所创的"五斗米道"大约形成于东汉顺帝之时。"太平道"则大约创立于东汉灵帝之时，如《后汉书·皇甫嵩传》记载："初，巨鹿张角自称'大贤良师'，奉事黄老道，蓄养弟子，跪拜首过，符水咒说以疗病，病者颇愈，百姓信向之。角因遣弟子八人使于四方，以善道教化天下，转相诳惑，十余年间，众徒数十万，连结郡国，自青、徐、幽、冀、荆、扬、兖、豫八州之人，莫不毕应。"[④]张角在灵帝中平元年（184年）发动了"黄巾起义"。据皇甫嵩所云，张角应是在十多年前开始聚集黄巾军的，故"太平道"也应创始于灵帝时期。

综上所述，从西汉武帝开始，汉代的生死信仰尤其是神仙信仰有了明显的升级，经过宣帝、成帝、哀帝等的继续推进，到了西汉晚期，早期道教已具雏形，而东汉时期则是早期道教逐步形成与发展的时期。可以说，从西汉武帝到东汉中晚期，汉代生死信仰经过了一个持续发展并最终导致早期道教的逐步形成与发展的历史进程。

二、汉代厚葬之风的盛行及汉画像石的兴盛

汉代社会在武帝之后还形成了特殊的社会风潮——厚葬。西汉文帝提

① 卿希泰、唐大潮：《道教史》，南京：江苏人民出版社，2008年，第35页。
② 《后汉书》，第838页。
③ 同上书，第2435页。
④ 同上书，第2299页。

倡节俭，反对厚葬。[①]但到了武帝时期，汉代的厚葬却有了明显的升级。武帝在位期间曾倾尽财力、物力修建自己的陵墓——茂陵。茂陵不仅规模宏大、建筑奢华，其随葬珍宝也不计其数。据《晋书·索綝传》云："汉天子即位一年而为陵，天下贡赋，三分之一供宗庙，一供宾客，一充山陵。汉武帝享年久长，比崩而茂陵不复容物，其树皆可拱也。"[②]足见茂陵耗费之多、修建时间之长与随葬器物之丰富。武帝的厚葬奢靡行为对世风产生了深远的影响。昭宣二帝之时，厚葬之风仍有增无减。如元帝时，大臣贡禹曾上书直陈昭宣二帝时期的厚葬陋俗：

> 至高祖、孝文、孝景皇帝，循古节俭，……后世争相为奢侈，转转益（盛）[甚]，臣下亦相放效，……武帝时，又多取好女至数千人，以填后宫。及弃天下，昭帝幼弱，霍光专事，不知礼正，妄多臧金钱财物，鸟兽龟鳖牛马虎豹生禽，凡百九十物，尽瘗臧之，又皆以后宫女置于园陵，大失礼，逆天心，又未必称武帝意邪。昭帝宴驾，光复行之。至孝宣皇帝时，陛下[恶]有所言，群臣亦随故事，甚可痛也！……及众庶葬埋，皆虚地上以实地下。其过自上生，皆在大臣循故事之罪也。[③]

西汉的厚葬之风一发不可收拾。汉成帝时，统治阶级的奢侈厚葬之风已对整个社会风气产生了极大的负面影响，百姓也开始争相追捧，成帝不得不对列侯近臣下禁止厚葬令：

> （四年六月）又曰："圣王明礼制以序尊卑，毕车服以章有德，虽有其财，而无其尊，不得踰制，故民兴行，上义而下利。方今世俗奢

---

① 如《汉书》载文帝言曰："朕闻之，盖天下万物之萌生，靡不有死，死者天地之理，物之自然者，奚可甚哀！当今之世，咸嘉生而恶死，厚葬以破业，重服以伤生，吾甚不取。……今乃幸以天年得复供养于高庙，朕之不明与嘉之，其奚哀念之有！其令天下吏民，令到出临三日，皆释服。无禁取妇嫁女祠祀饮酒食肉。自当给丧事服临者，皆无践。[绖]带无过三寸，无布巾车及兵器，无发民男女哭临宫殿中。殿中当临者，皆以旦夕各十五举音，礼毕罢，非旦夕临时，禁无得擅哭。以下，服大红十五日，小红十四日，纤七日，释服。它不在令中者，皆以此令比类从事。"参见《汉书》，第131页。

② 房玄龄等撰：《晋书》，北京：中华书局，1974年，第1651页。

③ 《汉书》，第3071页。

僭罔极，靡有餍足。公卿列侯亲属近臣，四方所则，未闻修身尊礼，同心忧国者也。或乃奢侈逸豫，务广第宅，治园池，多蓄奴婢，被服绮縠，设钟鼓，备女乐，车服嫁娶葬埋过制。吏民慕效，浸以成俗，而欲望百姓节俭，家给人足，岂不难哉！《诗》不云乎？赫赫师尹，民具尔瞻。其申敕有司，以渐禁之。青绿民所常服，且勿止。列侯近臣，各自省改。司隶校尉察不变者。”①

到了东汉初年，厚葬已经成为一个非常严重的社会问题。光武帝就曾屡次下诏极陈厚葬之弊。如《后汉书·光武帝纪》载：

帝曰：“古者帝王之葬，皆陶人瓦器，木车茅马，使后世之人不知其处。太宗识终始之义，景帝能述遵孝道，遭天下反覆，而霸陵独完受其福，岂不美哉！今所制地不过二三顷，无为三陵，陂池裁令流水而已。”②

又《后汉书·光武帝纪》载：

（七年丙申）又诏曰：“世以厚葬为德，薄终为鄙，至于富者奢僭，贫者单财，法令不能禁，礼仪不能止，仓促乃知其咎。其布告天下，令知忠臣、孝子、慈兄、悌弟薄葬送终之义。”③

但光武帝的薄葬令却并没有取得实质性效果，东汉的厚葬之风仍然如火如荼。此后，东汉明帝、殇帝、安帝都曾三令五申地下诏禁止厚葬。据《后汉书·明帝纪》记载：

诏曰：“昔曾、闵奉亲，竭欢致养；仲尼葬子，有棺无椁。丧贵致哀，礼存宁俭。今百姓送终之制，竞为奢靡。生者无担石之储，而财力尽于坟土。伏腊无糟糠，而牲牢兼于一奠。糜破积世之业，以供终朝之费，子孙饥寒，绝命于此，岂祖考之意哉！又车服制度，恣极耳

---

① 《汉书》，第325页。
② 《后汉书》，第77—78页。
③ 同上书，第51页。

目，田荒不耕，游食者众。有司其申明科禁，宜于今者，宣下郡国。”[①]

又《后汉书·明帝纪》：

> 二年春三月辛丑，诏曰：“比年阴阳不调，饥馑屡臻。深惟先帝忧人之本，诏书曰：‘不伤财，不害人’，诚欲元元去末归本。而今贵戚近亲，奢纵无度，嫁娶送终，尤为僭侈。有司废典，莫肯举察。……[②]

又《后汉书·和帝纪》：

> 秋七月辛卯，诏曰：“吏民踰僭，厚死伤生，是以旧令节之制度。顷者贵戚近亲，百僚师尹，莫肯率徒，有司不举，怠放日甚。”[③]

又《后汉书·安帝纪》：

> （永初元年）秋九月庚午，诏三公明申旧令，禁奢侈，无作浮巧之物，殚财厚葬。[④]

可以看到，大约从西汉武帝开始直至东汉中后期，汉代的厚葬之风一直盛行不衰。有学者认为汉代厚葬之风形成的根源在于汉代社会经济的发展与汉代统治者推行的“以孝治国”之策。当然，上述原因对汉代厚葬之风的盛行的确起到了推动作用，但这些因素并不能成为根本原因。如东汉中后期的和帝之时，“比年不登，百姓虚匮。京师去冬无宿血，今春无澍雨，黎民流离，困于道路”[⑤]，再如东汉中后期的安帝之时，“禀司隶、兖、豫、徐、冀、并州贫民”[⑥]，尽管国家凋敝、民用匮乏、百姓流离，但和帝、安帝时期的厚葬之风仍屡禁不止。因而，社会经济的发展并不是推动汉代厚葬之风盛行的根本动因。而汉代所推行的“以孝治国”之策也同样不能

---

① 《后汉书》，第 115 页。
② 同上书，第 134 页。
③ 同上书，第 186 页。
④ 同上书，第 207 页。
⑤ 同上书，第 186 页。
⑥ 同上书，第 206 页。

成为推动汉代厚葬之风盛行的根本动因。事实上，汉代的厚葬之风更是对孝道的背离。西汉著名政论家桓宽就曾揭露世人热衷厚葬的心理动因。他说："今生不能致其爱敬，死以奢侈相高；虽无哀戚之心，而厚葬重币者，则称以为孝，显名立于世，光荣著于俗。"[①] 桓宽指出，亲人在世之时，人们不愿意尽孝。亲人离世之时，人们也不愿意悲伤。唯当亲人下葬之时，人们却要倾尽财力加以厚葬，这种做法显然不是为了尽孝，而是为了博取功名利禄。汉代统治者对于世人的这一心态也看得十分透彻。东汉明帝就曾下诏：

> 昔曾、闵奉亲，竭欢致养；仲尼葬子，有棺无椁。丧贵致哀，礼存宁俭。今百姓送终之制，竞为奢靡。生者无担石之储，而财力尽于坟土。伏腊无糟糠，而牲牢兼于一奠。糜破积世之业，以供终朝之费，子孙饥寒，绝命于此，岂祖考之意哉！又车服制度，恣极耳目，田荒不耕，游食者众。有司其申明科禁，宜于今者，宣下郡国。[②]

明帝指出，竞相奢靡的厚葬耗尽了家庭的所有积蓄，使得子孙后代受冻挨饿以致死亡，这种做法完全违背了祖宗的心意，实非尽孝之举。但尽管统治者对这种假借尽孝以行私欲的做法进行了严厉的批评与禁止，但汉代的厚葬之风仍没能得到丝毫的遏制。由此可见，汉代推行的"以孝治国"之策也并不是汉代厚葬之风盛行的根本动因。事实上，汉代厚葬之风的盛行与汉代生死信仰的发展演变有着密不可分的关系。我们知道，西汉武帝时期乃是汉代生死信仰出现重大升级的关键时期，而这一时期，汉代的葬俗也为之一变，如前文曾论述到的汉代墓葬形制与随葬器物等皆在武帝时期发生了巨变。而从东汉早期到东汉中晚期，汉代的生死信仰则经过了一个持续发展的过程，并最终推动了早期道教的形成与发展。而与此同时，汉代的墓葬制度也同样经历了一个持续发展的过程。如就"砖室墓"的墓葬形制来看，蒲慕州先生在分析了大量的墓葬材料后指出："砖室墓的使用在全国各地均为从东汉初期始发展，至东汉末而大盛，几乎完全取代了木椁墓。……砖室墓本身有一发展之过程……此过程乃由最初的竖穴空心砖

---

① 王利器校注：《盐铁论校注（定本）》，北京：中华书局，1992 年，第 354 页。

② 《后汉书》，第 115 页。

墓演变为土洞空心砖墓，而此种空心砖墓最初为平顶，后则改变为人字型顶，而后有小砖卷顶墓之出现。从此小砖墓之结构再由简趋繁，有穹窿顶、横前堂墓之出现”[①]，可以看到，从东汉初年到东汉末年，砖室墓同样是经过了一个由简趋繁的发展进程，而这也标志着东汉时期的厚葬之风经历了一个持续发展的过程。因而可以认为，汉代的厚葬之风之所以能在经济凋敝、百姓流离的社会状况下盛行不衰，其根本动力正是来自汉代愈演愈烈的生死信仰，即是宗教原因，而非经济或是政治原因。

从本质上讲，汉画像石既是一种构成墓葬建筑的基本材质，又是一种特殊的墓葬装饰艺术，其制作需要耗费大量的人力、物力与财力。如1980年出土于山东省嘉祥县宋山的一块东汉“永寿三年”的画像石上刻有这样一篇题记:“以其余材，造立此堂，募使名工，高平王叔、王坚、江胡、栾石、连车，采石县西南小山阳山。琢砺磨治，规矩施张，褰帷反月，各有文章。调文刻画，交龙委蛇，猛虎延视，玄猿登高，狮熊□戏，众禽群聚，万狩□布。台阁参差，大兴舆驾。上有云气与仙人，下有孝友贤人。遵者俨然，从者肃侍。煌煌濡濡，其色若备。作治连月，工扶无亟，价钱二万七千。”[②]该题记详细记录了汉画像石的制作过程包括雇请工匠、开采石料、设计图样、刻绘图案等工序，其所耗费的人力、物力与财力非同寻常。再如1986年出土于山东枣庄市中区齐村镇王山头的东汉安帝延光三年的画像石也有这样一段题记:“延光二年十一月十四日朱作纪失母以延光三年二月廿五日葬弟□四人□□□小弟□□守成□□□□□，生坟堂司空□与□□□□□□□季公□□饮□水□置丑凤□位少□□众□取五百复从作恩□□□为□□□元□□小置永□□□□□□钱一千司室成□□□□□□为钱三万五千□□延光二年十一月十八日除唯诸掾令□□愿母贱贩寿葬天以□□□马有□者皆食□大好□。”[③]可以看到，画像石的兴盛本身就是汉代厚葬之风升级的一个重要表现形式。

而从汉画像石兴起的时段来看，西汉武帝时期则是一个关键性的时间节点。据考古资料显示，汉画像石的集中分布地大致可以分为四个区域:第一个分布区集中于鲁南、苏北、皖北、豫东一带，是汉画像石分布面积

① 蒲慕州:《墓葬与生死——中国古代宗教之省思》，第91页。

② 朱锡禄:《山东嘉祥宋山1980年出土的汉画像石》，《文物》，1982年第5期。

③ 《中国画像石全集》编辑委员会:《中国画像石全集》二册“图版说明”，山东美术出版社、河南美术出版社，2000年，第142页—图50。

最广的地带；第二个分布区集中于豫南与鄂北一带，是汉画像石分布较为集中的地带；第三个分布区集中于陕北、晋西北一带；第四个分布区集中于四川、滇北一带。其中第一个分布区、第二个分布区为汉画像石最早兴起的地带。据考古资料显示，第一个分布区较早出现的汉画像石有山东滕州岗头1号墓画像石、山东枣庄小山1号石椁墓画像石、山东临沂庆云山2号石椁墓画像石等。其中山东临沂庆云山2号石椁墓画像石形成于西汉武帝后期[①]；山东滕州岗头1号墓因出土的随葬器物与沂庆云山2号石椁墓的风格相近，故其形成时期也应在西汉武帝之时[②]；山东枣庄小山1号石椁墓画像石中的形成时间则为文帝至武帝元狩五年时期[③]。而在武帝之后，鲁南、苏北、皖北、豫东一带的汉画像石则得到了迅速的发展。如西汉宣帝至元帝时期的画像石有：1976年出土于山东微山县微山岛沟南村的画像石[④]、1991年出土于山东枣庄市薛城区的画像石[⑤]等；西汉元帝至平帝时期的画像石有：1988年出土于山东济宁师专院内的画像石[⑥]、1981年出土于山东兖州市农机学校出土的画像石[⑦]、1990年出土于山东邹城市郭里乡高村卧虎的画像石[⑧]等。第二个分布区也是汉画像石较早兴起的地带。据考古资料显示，该地区汉画像石的兴起时段大约是在西汉中晚期，如1983年出土于唐河县湖阳镇汉墓的画像石[⑨]、1876年出土于南阳县赵寨砖瓦厂的汉画像石[⑩]等约为西汉昭宣之时的作品。陕北、晋西北一带的汉画像石大约兴起于东汉早中期，四川、滇北一带的汉画像石则大约兴起于东汉早中期，二者的产生皆有可能是受到了豫南至鄂北区汉画像石的影响[⑪]。可以看到，武帝时期乃是整个汉画像石兴起的重要时段，而这显然与该段时期生死信仰

---

① 《中国画像石全集》一册“图版说明”，第33、34页—图100、101、102、103。

② 燕生东、刘智敏：《苏鲁豫皖交界区西汉石椁墓及其画像石的分期》，《中原文物》，1995年第1期。

③ 枣庄市文物管理委员会办公室、枣庄市博物馆：《山东枣庄小山西汉画像石墓》，《文物》，1997年第12期。

④ 《中国画像石全集》二册，图56、57、58、59。

⑤ 同上书，图147。

⑥ 同上书，图1、2。

⑦ 同上书，图18、19、20、26。

⑧ 同上书，图29。

⑨ 南阳第五文物工作队、唐河县文化馆：《唐河县湖阳镇汉画像石墓清理简报》，《中原文物》，1985年第3期。

⑩ 南阳市博物馆：《南阳县赵寨砖瓦厂汉画像石墓》，《中原文物》，1982年第1期。

⑪ 《中国画像石全集》一册“中国画像石概论”，第21、22页。

与厚葬之风的升级有着本质的关联。

又据史籍显示，西汉武帝之后直到东汉中晚期，汉代的生死信仰与厚葬之风得到了持续的发展。而这一时期，汉画像石在题材内容、构图形式、雕刻技法等方面也皆经历了一个由简趋繁的发展进程。现以鲁南、苏北、皖北、豫东一带的汉画像石为例进行说明[①]。该地区汉画像石的发展大致可以分为三个时段，即西汉武帝到西汉中晚期、新莽至东汉早期、东汉中晚期。

西汉武帝到西汉中晚期是该地汉画像石的滥觞期。这一时期该地区的墓葬基本是以石椁墓为主，画像则被刻在石椁板上，雕刻技法以阴线刻为主，画像内容和边饰花纹图案都较简单，大多由门阙、厅堂式建筑、人物及简单的祥瑞图与生殖崇拜图构成。如山东临沂庆云山 2 号石椁墓东壁的画像四周边饰阴刻直线纹、菱形纹、三角形纹。画像左右分为三格。左、右格中部皆刻一简单的祥瑞图——穀璧纹，璧周饰不规则的多边纹和三角形纹。中格，中部刻一厅堂式建筑，建筑内两人相对跽坐，建筑两侧各植一株长青树。[②] 随着时间的推移，该地区画像石逐渐出现了凹面线刻的雕刻技法，如出土于山东济宁师专院内的西汉元帝至平帝时期的画像石[③]与出土于山东省邹城市看庄乡八里河村的画像石皆采用了凹面线刻[④]。这一时期的画像内容也有所增多。如 1976 年出土于山东省微山县微山岛沟南村的西汉宣帝至元帝时期的画像石，整个画面分左中右三格：左格刻双阙，一人捧盾立于双阙之间，双阙旁各一佩剑卫卒，阙上有鸟及鹰；中格刻狩猎图，上为二轺车出猎，二执戟者导引，扛弩者一边行，前有二恭迎者，下有荷筚者、引犬者，另有二人格斗；右格，楼上宴饮，旁有侍者进馔，楼下门内二人握双齿叉，门外左一人扶杖，一童跽，右一鸟首人身者和一兽首人身相对而立。[⑤] 再如 1974 年出土于山东省邹城市北宿镇南落陵村的西汉哀帝至平帝时期的画像石，整个画面分左中右三格：左格刻鱼车升仙图，无轮车竖杆上悬二鱼，三鱼拉车，车上坐二仙人，一人面鱼身者导行，车

① 该地区汉画像石不仅产生时间早，延续时间长，而且类型多样，包括墓室、祠堂、石棺、碑、阙画像石等，其题材内容丰富，雕刻技法多样，代表了汉画像石较高的艺术发展水平。

② 《中国画像石全集》一册“图版说明”，第 33 页—图 101。

③ 《中国画像石全集》二册，第 1 页—图 1、2。

④ 同上书，第 66、67 页—图 74、75。

⑤ 同上书，“图版说明”，第 20 页—图 59。

后一神人骑一马，双手举曲杆，杆挂放光宝灯，其上一飞鸟；中格刻一轺车出行，前有执戟、剑步卒，一人躬身迎；右格，一双虎共头座建鼓立中央，羽葆飘两旁，二人执桴立虎座背上击鼓，旁有二人长袖起舞。[①]相较于初期的汉画像石，以上两幅画像不仅刻画了表现社会生活的题材，还增加了鱼车、异兽等神怪形象。总的来说，这一时期汉画像石无论是在题材内容还是在构图形式等方面皆是朝着由简趋繁的方向发展。

西汉末至东汉初是汉画像石的发展期。这一时期，该地区的墓葬形制发生了较大变化，小型的石椁墓逐渐为大型的洞室墓所取代[②]，画像面积得到进一步扩展。如 1979 年在河南永城太丘发掘的一座东汉早期的汉墓，其结构为多室，由前室和对称的左右中室、左右耳室、左右后室组成。其中前室和左右中室的门楣共有画像石 12 块、画像 16 幅。[③] 这一时期画像石在雕刻技法上出现了越来越多的浅浮雕，如 1968 年出土于山东省邹城市师范学校附近的东汉早期的画像石[④]、江苏泗洪重岗墓画像石[⑤]等。画像内容也日趋丰富，不仅增加了表现幽明两界社会生活的题材，也增加了表现仙界生活的题材。如 1981 年山东省嘉祥县东北五老洼发掘的一座汉墓共出土了 15 块画像石，其中第三石的整个画像分上下两层：上层刻一座前堂后室式[⑥]建筑，堂内墓主人（亡灵形象）右向坐，正在接受生者的祭拜，后室中墓主人的妻妾正面端坐；下层刻车马出行图。[⑦]不难看到，与前期画像石相比，该画像石中的祠堂建筑结构变得更为复杂，墓主人的家居生活也开始出现在画面中。再如该汉墓第五石的整个画面分为上下三层：第一层刻祭拜西王母图：中间端坐西王母，左右各跪一人手持珠树，其后，左方有一持板的鸠首怪物，右方有二人手持仙草（或嘉禾）跪向西王母；第二层是车骑出行图；第三层为狩猎图。[⑧]相较于前期画像石，该画像中以西王

---

① 《中国画像石全集》二册，“图版说明”，第 26 页—图 77。

② 蒋英炬、杨爱国指出：（山东地区）“这个阶段画像石墓的墓葬形制，除有少数的石椁墓遗存外，已基本演变为洞室墓，有着明显的仿效生活居宅的第宅化趋向。”参见蒋英炬、杨爱国：《汉代画像石与画像砖》，第 76 页。

③ 李俊山：《永城太丘一号汉画像石墓》，《中原文物》，1990 年第 1 期。

④ 《中国画像石全集》二册“图版说明”，第 31 页—图 92。

⑤ 南京博物院、泗洪县图书馆：《江苏泗洪重岗汉画像石墓》，《考古》，1986 年第 7 期。

⑥ 东汉初期，汉画像石中的所谓“二重建筑”实际上是前堂后室建筑，是汉代常见的建筑样式。参见信立祥：《汉代画像石综合研究》，第 92 页。

⑦ 嘉祥县文管所：《嘉祥五老洼发现一批汉画像石》，《文物》，1982 年第 5 期。

⑧ 同上。

母为中心的仙界图的内容显然更为丰富。这一时期画像上的边饰花纹也由简单变得复杂，并出现由二重或三重纹饰组成的复合边饰花纹带。如五老洼出土的这批汉画像石中有三石“采用阴线刻结合平面浅浮雕的刻法，刻有垂幛纹、菱形斜线纹、水波曲线纹、三角锯齿纹、瓦当、房檐的图案纹饰”。①

东汉中晚期是汉画像石墓空前繁盛的时期。这一时期，汉画像石墓数量激增，形制结构复杂多样，甚至出现了一些大型多室的画像石墓。如1960年发掘的山东泰安市郊区大汶口画像石墓为东汉晚期的墓室，该墓室由墓门、前后二主室及前室的两耳室构成。②再如出土于山东沂南县城西北寨村的沂南画像石墓亦为东汉晚期的墓室，该墓室由墓门、前室、中室、后室和东边三侧室、西边二侧室组成③，等等。随着画像面积的进一步拓展，画像的题材内容也变得更为复杂丰富，画像的边饰花纹也更加丰富，由多重花纹组成的复合装饰花纹带发展极盛。如1959年于山东省安丘市董家庄的安丘汉墓中室室顶北坡西段画像即是其中一例。画面的左边饰卷云纹、水波纹、垂幛纹和锯齿纹，下边无卷云纹，但有双菱纹。画像刻乐舞百戏图。左上方二人踏鼓对舞，左者执便面，挥长巾，其左二人坐观，右三人坐于席上击铙、鼓伴奏。乐舞者下二羽人玩六博，四羽人围观；其左一人跪者执物向一侧立者进奉，另一羽人作舞；其右二人捧物左向跪，一骑者及二吹管、荷殳步卒左向行、右下边二翼兽衔鱼及一仙人戏翼兽左向行，其后一兽、一鸟及一人执笏左向跪。右边一人手托十字形大橦，二童沿杆而上，六童在橦杆上表演倒立、倒挂，橦顶方板上一童倒立，其右侧一人表演飞剑掷丸，一人倒立，六人坐观，并有一羽人右向行，右下二翼虎左向行。④这幅画像刻画的是仙界的生活场景。画面除了刻画仙界成员羽人、翼兽等外，还增加了许多来自人世生活的题材，如宴饮游戏、乐舞百戏图等，表现出仙界生活的世俗化特征。⑤这一时期画像石的雕刻技法

① 嘉祥县文管所:《嘉祥五老洼发现一批汉画像石》,《文物》,1982年第5期。

②《中国画像石全集》一册“山东的汉画像石艺术”，第44页。

③ 同上书，“山东的汉画像石艺术”，第46页。

④ 同上书，“图版说明”，第50页—图150。

⑤ 余英时先生认为，东汉生死观有着明显的“此世精神”。他指出:“来生观念是这个时代此世精神的最好反映。这个时代的来生观念有两种主要形式：一种是成仙而升至天堂，在那里人欲不再遭受压制；另一种是人性化了的死后世界概念。”余英时先生的这一观点与汉画像石图像艺术所反映的思想观念是一致的。参见余英时著、侯旭东等译:《东汉生死观》，第9页。

除以浅浮雕、减地平面线刻为主并兼有阴线刻、凹面线刻外，又新发展起来高浮雕和透雕[①]，如安丘汉墓前、中室间立柱画像、后室中间圆柱画像、后室后立柱画像等则分别采用了高浮雕、透雕、浅浮雕等雕刻技法[②]。通过以上分析可以看到，从西汉武帝到东汉中晚期，鲁南、苏北、皖北、豫东一带汉画像石同样经历了一个由简趋繁的发展过程，而这一过程显然与汉代生死信仰的演进过程是基本同步的。因而我们认为，作为一种厚葬的重要表现形式，汉画像石兴盛的根本动力同样来自汉代生死信仰的发展演变。

汉代生死信仰推动了汉画像石的发展演变，而汉画像石也成为反映汉代生死信仰发展演变的重要载体。就鲁南、苏北、皖北、豫东一带汉画像石而言，西汉武帝时期，汉代生死信仰有了重大升级，该地域的汉画像石也随之而兴起。这一时期，汉画像石图像艺术中出现了祠堂建筑图、墓主人（亡灵）形象、车马出行图等题材，刻画了墓主人在幽明两界的行为活动，展现了汉代人灵魂不灭的观念与“视死如视生”的态度。西汉武帝热衷于求仙，并引发了全社会的求仙热潮。而就在紧随其后的宣帝、元帝时期，表现升仙思想的题材已出现在该地域汉画像石中，如山东省微山县微山岛出土的西汉元帝时期的汉画像石[③]中出现了以西王母为中心的仙界图[④]，山东邹城市北宿镇出土的西汉哀帝至平帝时期的画像石中出现了鱼车升仙图[⑤]，等等。东汉早期，汉画像石得到迅速发展。这一时期，该地域汉画像石的图像内容、构图形式皆出现了较大变化：其一，表现墓主人幽明两界生活行为的题材愈益丰富，如祠堂建筑图已由单开间的厅堂式建筑变成了结构复杂的前堂后室式建筑，而墓主人的妻妾也开始出现在画面中；其二，表现神仙信仰的题材更加多样化，如仙界空间图式逐步形成、形式多样的升仙图大量出现等。到了东汉中后期，汉画像石中墓主人的生活表现出更加明显的世俗化特征[⑥]，如汉画像石中出现了结构庞大的豪宅，而豪宅内的墓主人也开始享受着觥筹交错、莺歌燕舞的豪门生活。这一时期，

---

① 参见蒋英炬、杨爱国：《汉代画像石与画像砖》，第 83 页。

② 参见《中国画像石全集》一册“图版说明”，第 57、58 页—图 171–178。

③ 参见《中国画像石全集》二册，第 46 页—图 54。

④ 笔者将在《汉画像石中仙界图式的构建与汉代升仙思想的发展演变》一文中对之进行详细论述。

⑤ 参见《中国画像石全集》二册，第 68 页—图 77。

⑥ 参见余英时著、侯旭东等译：《东汉生死观》，第 9 页。

汉画像石中的升仙题材愈益丰富并表现出明显的道教化特征，如仙界中西王母、东王公的偶像地位逐步确立，仙界生活更加世俗化，部分汉画像石表现出诸多与《太平经》相似的宇宙观、儒家伦理观等[①]。

通过以上分析可以看到，汉代生死信仰的发展促进了汉代厚葬之风的盛行与汉代画像石的兴盛。而作为一种墓葬装饰艺术，汉画像石则又成为汉代人用以表达生死信仰的重要载体。

① 对于这一观点，笔者在教育部人文社科研究项目《汉代画像石艺术与早期道教的发展》（09YJC760021）中有详细论述，此处从略。

周秦乐教管窥

——以“三月不知肉味”之辨为中心

深圳大学　王顺然

一、“三月不知肉味”之辨疏解

《论语·述而》曰:“子在齐闻《韶》，三月不知肉味。曰:‘不图为乐之至于斯也!’”这是《论语》中的名篇，说孔子在齐国听到韶的乐章，三个月[①]尝不出肉味，感叹道“想不到乐竟有如此之感染力”。[②]其实，若单独拿出“在齐闻《韶》”一段独立来看，我们说孔子“沉浸”于《韶》之中而“不知肉味”并没有什么解释的困难。但若将此段放入《论语》之中，用以记录圣人的言行，这样的直译就出现了解释的困难：其一，就我们日常经验而言，因“闻《韶》”而“三月”感觉不到肉味[③]似是过分夸张，这不符合《论语》一贯平实的表述方式；其二，如《大学》云“心不在焉，食而不知其味”，儒家向来强调“求放心”而不堕于物欲，圣人之心岂能因偶闻《韶》乐华章便三月滞于其中?

为了避免以上两个问题，历代不乏学者欲将视角抽离段落文本之局限，

---

① 一般来说，“三月”为数月之泛指，究竟是具体有几个月的时间，对于本文讨论而言并无影响，下文亦用“三月之期”特指此段文本内容。

② 译文参见杨伯峻《论语译注》，有改动，见氏著《论语译注》，北京：中华书局，1980年，第74页。

③ 已有学者撰文说明孔子所在的时代，“肉”是一种珍贵的美味，又以孔子“食不厌精脍不厌细”的观念来看，孔子亦看重、欣赏美味。参见苗金海:《质疑〈“三月不知肉味”新解〉》，《中国音乐学(季刊)》，2011年第1期，第64页。

转而寻求其他出路以满足解释之通顺。其中，以“不知肉味”指孔子“生活困难以致无肉可吃”便是其中一种。有见其言曰：“孔子在齐闻《韶》前后，生活窘迫，竟至于‘三月不知肉味’。”[①]持此论者，多引《史记·孔子世家》为证，见曰：

> 孔子年三十五，而季平子与郈昭伯以斗鸡故得罪鲁昭公，昭公率师击平子，平子与孟氏、叔孙氏三家共攻昭公，昭公师败，奔于齐，齐处昭公干侯。其后顷之，鲁乱。孔子适齐，为高昭子家臣，欲以通乎景公。与齐太师语乐，闻韶音，学之，三月不知肉味，齐人称之。

国乱、君逃[②]、寄人篱下的情景若衬之“饥寒交迫”“三月无肉可食”，岂不更符合孔子一生奔波如“丧家犬”的形象？然而，这种解释在传统文献中似乎难以找到其他材料佐证。且不论高昭子是否“(与孔子)一见如故、礼待上宾”[③]，单说“与齐太师语乐”“景公问政孔子”“景公说(悦)，将欲以尼溪田封孔子”(皆见于《史记·孔子世家》)等，足见孔子在齐并非默默无闻、举步维艰之辈。又如《说苑·修文》记曰：

> 孔子至齐郭门之外，遇一婴儿挈一壶，相与俱行，其视精，其心正，其行端，孔子谓御曰：“趣驱之，趣驱之。”韶乐方作，孔子至彼，闻韶三月不知肉味。

孔子在齐做家臣是有车驾随行的。按《战国策·齐四·冯谖客孟尝君》[④]所记之情形，“车客”便有鱼可食，而孔子上可见齐君，出可会大

---

① 周苇风：《质疑孔子“三月不知肉味”的音乐审美意义》，《孔子研究》，2012年第5期，第44页。

② 鲁昭公昏庸无道以致“八佾舞于庭”，君臣之礼废。“君不君臣不臣”的鲁国动乱，昭公被逐于齐。孔子随之适齐，被高昭子纳为家臣，时三十五岁。《史记·孔子世家》记曰：“孔子年四十二，鲁昭公卒于干侯，定公立。”鲁昭公终客死他乡。

③ 王福银：《孔子在齐闻“韶”稽考》，《管子学刊》，2010年第1期，第34页。

④ 见曰：“左右以君贱之也，食以草具。居有顷，倚柱弹其剑，歌曰：‘长铗归来乎！食无鱼。’左右以告。孟尝君曰：‘食之，比门下之客。’居有顷，复弹其铗，歌曰：‘长铗归来乎！出无车。’左右皆笑之，以告。孟尝君曰：‘为之驾，比门下之车客。’”(《战国策·齐四·冯谖客孟尝君》)。

（乐）师、晏婴之徒，即使景公后来疏远孔子亦以“以季孟之间待之”[①]，孔子又怎能三月无肉可食？故而，孔子随鲁昭公适齐而三月不得肉食的说法是不成立的。

“三月不得肉食”的解法虽误，将视角抽离文段本身之局限以解“三月不知肉味”或有其他出路，这便出现了“忧心忡忡”以致三月不知肉味的说法。“忧心说”又有两种变化，两种皆以皇侃《论语集解义疏》为依，其曰：

> 《韶》，舜乐名也，尽善尽美者也。孔子至齐，闻齐君奏于《韶》乐之盛，而为心伤痛，故口忘肉味至于一时乃止。何以然也？齐是无道之君，而滥奏圣王之乐，器存人乖，所以伤慨也。

“齐是无道之君，而滥奏圣王之乐”，诸侯演天子乐，僭越周之大礼。这里产生的第一种解法，即“孔子见齐之僭越而心忧之三月”。[②] 进一步加上《史记·孔子世家》提供的背景，鲁国之乱亦起于“僭越”，则产生了修订后的第二种解法，即“孔子见齐之僭越而想到鲁国之乱，故心忧之三月。”[③]

“忧心”之说很符合孔子历来“忧国忧民”“克己复礼”的形象，加之《孔子世家》记“景公问政孔子”中孔子向齐景公劝谏之言便是“君君，臣臣，父父，子子”的“克己复礼”之道而更添说服力。但是，如果以“忧心说”解孔子不知肉味的“三月”之期便有些说不通，我们原是因为“闻《韶》”以致“三月不知肉味”太过夸张，但如果将“三月”解为孔子在齐“忧心”于齐鲁“僭越”“违礼”之现状便实在太短，孔子一生践行“克己复礼”之道，其忧心于此道岂止三月？当然，“忧心说”还有一个直接的问题，就是与前文的“在齐闻《韶》”和后文的“不图为乐之至于斯”没有必然的关联，这种解释从文本上看太过突兀。

将视角抽离文段本身所形成之语境未能寻到解释“三月不知肉味”原因的一个好出路，我们还是要继续寻找正面解释“三月”之期的时间意义

---

① 见《史记·孔子世家》记：“景公止孔子曰：‘奉子以季氏，吾不能。’以季孟之间待之。”齐景公欲用上卿之礼贵待孔子而不得，只能用上卿季孙氏、下卿孟孙氏相当的待遇给孔子，此亦是受迫近臣压力。而即便是“下卿”，待遇亦高于“上士”，又怎能无肉可食？

② 曲正言：《孔子闻“韶”三月不知肉味之我见》，《交响（西安音乐学院学报）》，1991年第4期，第16页。

③ 王福银：《孔子在齐闻“韶”稽考》，第34页。

和“不知肉味”所代表圣人的心理状态这两大问题的方法。

二、孔子在齐闻《韶》与“学之”

事实上，不同文献对“孔子在齐闻《韶》”一事表达的差异之中也有线索可循：

> 子在齐闻《韶》，三月不知肉味。曰：“不图为乐之至于斯也！”(《论语·述而》)
>
> 故孔子闵王路废而邪道兴，于是论次诗书，修起礼乐。适齐闻《韶》，三月不知肉味。自卫返鲁，然后乐正，雅颂各得其所。(《史记·儒林列传》)
>
> 孔子至齐郭门之外，遇一婴儿挈一壶，相与俱行，其视精，其心正，其行端。孔子谓御曰：“趣驱之，趣驱之。”《韶》乐方作，孔子至彼，闻《韶》三月不知肉味。故乐非独以自乐也，又以乐人；非独以自正也，又以正人矣哉！于此乐者，不图为乐至于此。(《说苑·修文》)
>
> 与齐太师语乐，闻《韶》音，学之，三月不知肉味，齐人称之。(《史记·孔子世家》)

在《儒林列传》的引文中，司马迁做了一个总结，他说“孔子担忧王道废弛邪道兴起，于是删定诗书、复兴礼乐”。其后，他又摘引《论语》两节，即“子在齐闻《韶》，三月不知肉味。曰：‘不图为乐之至于斯也！’”(《述而》)及“子曰：‘吾自卫反鲁，然后乐正，雅颂各得其所。’”(《子罕》)以作补充，此两节不只是孔子“删定诗书、复兴礼乐”之证据，亦可谓孔子之“自证”。换言之，《论语》中孔子所说的这两段话是孔子针对身体力行地“复兴礼乐”的一种自我肯认。此一点亦说明“不图为乐之至于斯也！”能够表达出孔子正面的、积极的态度。值得注意的是，孔子“在齐闻《韶》”时年（约）三十五岁[①]，“自卫反鲁”已是六十九岁，司马迁摘

---

① 年龄考证皆以《史记·孔子世家》记录为依据：其一，“孔子年三十五，……其后顷之，鲁乱。孔子适齐，……与齐太师语乐，闻《韶》音，学之，三月不知肉味，齐人称之”；其二，“定公十四年，孔子年五十六，……孔子遂适卫……孔子之去鲁凡十四岁而反乎鲁”。

引此两段若有所指地涵盖了孔子“复兴礼乐”的一生。我们可以推说，自十五“有志于学”始，至三十五岁“在齐闻《韶》”期间，孔子对“复兴礼乐”还停留在理论阶段。凭其“在齐闻《韶》”之慨叹而言，鲁国政治文化气氛大概不足以给孔子提供完善的条件让他亲身感受如此高水平的乐教熏陶，而“在齐闻《韶》”于孔子而言可以算作是一个从“理论知识”转向“亲身体知”的契机。这个转折，我们在《说苑·修文》的引文中也能看到，其文大意是说：

孔子到齐国的城门之外，遇到一小儿拿一酒器，发现那小儿目光纯洁，心神纯正，举止严谨。孔子对驾车的人说：“快一点，快一点（《韶》乐就要开始了）。”孔子到那里时《韶》乐刚刚开始表演，听到的《韶》的乐曲，孔子“三月不知肉味”，感叹道：乐不仅仅让自己愉悦，还可以愉悦他人；不仅仅端正自己的品行，更能教化他人啊！（从前没）欣赏到这个（《韶》）乐，不知道“乐”的修习竟能达致如此的境界。

不难感觉到，《修文》的文本表达出了孔子的一种惊奇、感叹的心情。这种心情从孔子见到小童的举止开始，“一婴儿挈一壶，相与俱行，其视精，其心正，其行端”，孔子偶遇之小童不过是齐国演奏《韶》之地的门外随机过往的“执壶”小童，孔子发现“他”行动之中有一股正气，“难道齐国之教化已经到了如此境地吗？”此是孔子一惊奇。“《韶》乐方作，孔子至彼”，是说孔子到了目的地，正好赶上《韶》乐开始，也说明《韶》乐在齐之演奏乃历来就有，并非专为孔子而奏。以孔子知礼、践礼的习惯，《韶》乐已经开始演奏，便不会再大摇大摆地走上席前正面观赏《韶》乐，故而用“闻”不用“观”[①]强调其“闻”《韶》音在侧。“闻《韶》音”又令孔子产生两种感叹：其一，“乐可自乐乐人、自正正他”；其二，（闻《韶》之前）不知“为乐至于此（斯）”。孔子幼时在鲁国生活，虽常以礼器嬉戏，却不曾亲见过如此高水平的《韶》乐；及其年长，又为生计而奔波，更无

① 就像我们去参加公演活动，如果迟到亦会弓腰轻步快速就座，甚至入门后就近就座。亦比照《史记·孔子世家》一段，司马迁用字准确，先说“语乐”后说“闻《韶》音”，暗指“声”“音”“乐”概念之别，详见下文论述。又，文中用“闻”即“听到、听见”，强调利用听觉来感受《韶》，而非一般使用的“观”，如郭店出土之《性自命出》篇曰：“观《赉》《武》，则齐如也斯作。观《韶》《夏》，则勉如也斯俭。”“观”强调以视觉为主为全方位感受。参见李零：《郭店楚简校读记》，北京：中国人民大学出版社，2007年，第137页。

机会专门研习乐教。[①]齐国对乐的重视、对乐的投入[②]令孔子产生了一种震动，为其带来了一丝明悟，这标识着孔子从旧时对“乐”“乐教”理论上的了解，开始转为生命实践的一种切身体会，标识着孔子真切地感受到“乐教”愉悦人情、“移风易俗”的实际效果，故谓之“乐非独以自乐也，又以乐人；非独以自正也，又以正人矣哉！”

由此转入前文所列《史记·孔子世家》的一段引文：“与齐太师语乐，闻《韶》音，学之，三月不知肉味，齐人称之。”此一段比《论语》所记特意多出“学之”“齐人称之”二句，这便引发了新的问题。孔子闻《韶》音（“乐曲”）[③]后，究竟“学”了什么？是习得《韶》之“乐曲”的演奏技巧？还是另有所指呢？

认为孔子用三月时间习得《韶》之“乐曲”的演奏技巧者，常以孔子六十岁时“学鼓琴师襄子”为证，文见：

> 孔子学鼓琴师襄子，十日不进。师襄子曰：“可以益矣。”孔子曰：“丘已习其曲矣，未得其数也。”有间，曰：“已习其数，可以益矣。”孔子曰：“丘未得其志也。”有间，曰：“已习其志，可以益矣。”孔子曰：“丘未得其为人也。”有间，曰：“有所穆然深思焉，有所怡然高望而远志焉。”曰：“丘得其为人，黯然而黑，几然而长，眼如望羊，如王四国，非文王其谁能为此也！”师襄子辟席再拜，曰：“师盖云文王操也。”

据此段所记，孔子习古琴曲《文王操》数十天终于以“曲”见“人”，对《文王操》的领会令乐师师襄子都拜服。孔子六十岁习一段琴曲尚需数

---

① 《论语·子罕》记子曰：“吾少也贱，故多能鄙事。”《史记·孔子世家》亦记曰：“孔子为儿嬉戏，常陈俎豆，设礼容。……孔子贫且贱。及长，尝为季氏史，料量平；尝为司职吏而畜蕃息。”

② 《墨子·非乐》记曰：“昔者齐康公，兴乐万，万人不可衣短褐，不可食糠糟，曰：‘食饮不美，面目颜色，不足视也；衣服不美，身体从容丑羸不足观也。’是以食必粱肉，衣必文绣。”齐康公（景公后人）为了保持武舞演员能充分表现出乐舞的气氛，对其衣着、饮食等方面投入了大量的物力财力。

③ 参见王顺然：《从“曲”到“戏”：先秦“乐教”考察路径的转换》，《哲学动态》，2017年第5期，第61页。

十天，其三十五岁时学《韶》乐之曲花费三个月亦不足为奇。[①]

此种解法虽然简便，但还是留下三个问题令人存疑。

其一，《文王操》与《韶》从形式而言并非同一类型的艺术形式。"《韶》乐是大乐舞，不同于一般的器乐曲（如《文王操》），包括诗歌、舞蹈、音乐、配器等不同艺术形式。"[②]《尚书·益稷》有文为证：

> 夔曰："戛击鸣球、搏拊、琴、瑟、以咏。"祖考来格，虞宾在位，群后德让。下管鼗鼓，合止柷敔，笙镛以闲。鸟兽跄跄;《箫韶》九成，凤皇来仪。夔曰："于！予击石拊石，百兽率舞，庶尹允谐。"

引文所记，正是舜之乐师夔创制《韶》的过程，其中所描述场景、乐器、乐舞、乐曲等内容，印证了《韶》乃"是大乐舞而不仅仅是器乐曲"的说法。相较之下，"孔子学鼓琴师襄子"所学的内容很明确，就是一首叫作《文王操》的琴曲，而这首琴曲显然是纯旋律音乐。

其二，所谓"韶，继也""帝舜乃命质修《九韶》《六列》《六英》以明帝德"等，是说《韶》是以情景剧、大乐舞的形式歌颂帝尧圣德功绩，表达帝舜继承帝尧之志。其情节、思想等，是通过舞台表演，如所谓"百兽率舞，庶尹允谐"，客观而直接地传递给观众。与此相较，《文王操》传递的情景、情节，乃是依靠个人修养境界感悟而来的，具有很明显的模糊性。如孔子谓"丘得其为人，黯然而黑，几然而长，眼如望羊，如王四国，非文王其谁能为此也！"这并非人人可以得见的景象，与孔子个人修养直接相关，具有极强的主观色彩。由此对照，亦可知"在齐闻《韶》"和"学鼓琴师襄子"两例不能直接比较。

其三，以学"琴曲"见人乃是传统"乐教"教化的一种升华方式，应是在精研"乐教"之基础上获得的能力。而《孔子世家》所谓"学之"，并未强调对《韶》乐中"诗辞""乐曲""舞蹈"等某种艺术形式的学习，"不图为乐之至于斯也！"更不应是落在技能习得层面的感叹。从这一点看，孔子修习《文王操》还是经历了"习其曲""得其数"两步技术层面的学习、掌握，这也是关键的不同之处。

---

① 参见王虹霞：《"三月不知肉味"辨正》，《交响（西安音乐学院学报）》，2013年第2期，第5页。

② 曲正言：《孔子闻"韶"三月不知肉味之我见》，第17页。

《韶》与《文王操》在艺术形式、教化方式、为学内容等三方面的不同，体现出以孔子六十岁时“学鼓琴师襄子”之例对照“孔子用三月时间习得《韶》之乐曲”的做法并不可行。[①]孔子“三月”学《韶》，其所学之内容应不是落于乐曲技巧、诗辞背诵等枝节小技之上，若只是学此类技巧而三月不知肉味，圣人还是有“堕于物欲”之虞，故而，“学之”的问题还是应该回归到《韶》乐本身，找到可以与其类比的文段来对照解读。

三、从《乐记·宾牟贾》篇看孔子赏乐之方

《韶》乐与《文王操》不可类比，但同为“四代乐”的大乐舞《武》却可以与《韶》对照。我们以《武》乐做参照来解释孔子闻《韶》所学，其主要原因有三：首先，《春秋繁露·楚庄王》有直接证明，曰：“舜时，民乐其昭尧之业也，故《韶》。《韶》者，昭也。……文王之时，民乐其同师征伐也，故《武》。《武》者，伐也。……作乐之法，必反本之所乐。所乐不同事，乐安得不世异？是故舜作《韶》而禹作《夏》，汤作《濩》而文王作《武》。”换言之，《韶》《武》同为“四代乐”之范畴，其差别只是“所乐不同事”、昭示之内容有差别，《武》言武王伐纣建周，而《韶》言帝尧化育万邦之功德，是帝舜作乐以继承、昭示“尧之道”。其次，孔子本人就将二者进行比较，《论语·八佾》篇有记曰：“子谓《韶》‘尽美矣，又尽善也。’谓《武》‘尽美矣，未尽善也。’”此足见两乐在孔子看来是同一性质的乐舞。其三，《乐记·宾牟贾》篇专门记载了孔子指导弟子宾牟贾赏《武》乐、感悟《武》乐之教化的过程，这也是最重要的一点，我们希望能从孔子（指点弟子）赏《武》的过程中看到他学《韶》的心理感受。

形象地说，《武》乐就是一部名为《武王克商建周》的历史戏剧，其情节如《尚书·武成》记曰：“（武王克商，）乃偃武修文，归马于华山之阳，放牛于桃林之野，示天下弗服。丁未，祀于周庙，邦甸、侯、卫骏奔走，执豆笾。越三日庚戌，柴望，大告武成。”武王克商后，周公所作《武》乐纪念，是后来《大武》的雏形。而周秦之际所流传的《大武》已是几经磨

① 同时，以孔子修习《韶》之乐曲来解释“三月”之期还是要面对“圣人堕于物欲”的质疑。研习技艺并不是主要内容，获得德性滋养的教化才是其中的关键。参见：王顺然：《周秦时期具有“戏剧”性质的“乐”如何承担道德教化》，《中国哲学史》，2018年第5期，第5页。

砺的作品，这一情况与《韶》乐相同。[①]虽然《大武》乐之乐曲佚失，但依文献可考部分所涉及之诗诵、舞蹈，便可窥见其艺术设计构思之严谨、寓意之巧妙、气势之恢弘，以其位列“四代乐”之中亦可看出，孔子谓之“尽美”并无夸大。[②]同时，《大武》乐虽因武力“伐纣”而被孔子批评为“未尽善”，但即便是“未尽善”，《大武》的情节亦表现出了武王极高的德行。这就引出了《乐记·宾牟贾》篇中孔子对体贴、领会《武》乐教化的指点：

> 子曰：“居！吾语汝。夫乐者，象成者也；总干而山立，武王之事也；发扬蹈厉，大公之志也。《武》乱皆坐，周、召之治也。且夫《武》，始而北出，再成而灭商。三成而南，四成而南国是疆，五成而分周公左召公右，六成复缀以崇天子，夹振之而驷伐，盛威于中国也。分夹而进，事早济也，久立于缀，以待诸侯之至也。且女独未闻牧野之语乎？武王克殷反商。未及下车而封黄帝之后于蓟，封帝尧之后于祝，封帝舜之后于陈。下车而封夏后氏之后于杞，投殷之后于宋。封王子比干之墓，释箕子之囚，使之行商容而复其位。庶民弛政，庶士倍禄。济河而西，马散之华山之阳，而弗复乘；牛散之桃林之野，而弗复服。车甲衅而藏之府库，而弗复用。倒载干戈，包之以虎皮；将帅之士，使为诸侯；名之曰建橐。然后知武王之不复用兵也。散军而郊射，左射狸首，右射驺虞，而贯革之射息也。裨冕搢笏，而虎贲之士说剑也。祀乎明堂而民知孝。朝觐然后诸侯知所以臣，耕藉然后诸侯知所以敬。五者，天下之大教也。食三老五更于大学，天子袒而割牲，执酱而馈，执爵而酳，冕而总干，所以教诸侯之弟也。若此则周道四达，礼乐交通。则夫《武》之迟久，不亦宜乎！”

所以称之为指点，乃就《乐记·宾牟贾》篇所记，孔子只是针对宾牟贾领会有误之处加以纠治，而非对《武》乐的通篇解读。宾牟贾是孔子弟

---

① 按《竹书纪年》所载，古《韶乐》约产生于虞舜时代，其后因朝代更迭、别有创新而产生《大韶》《九韶》《大招》《箫韶》《韶箾》等变化，到孔子“在齐闻《韶》”期间流传约一千七百年。

② 参见王顺然：《从〈大武〉“乐”看戏剧教化人心之能效》，《戏曲研究》，2018年第1期，第147—164页。

子之中擅长赏乐的代表，从其对《武》乐意涵之误读中，也能看到领悟乐教教化之难。在孔子看来，要理解《大武》之“乐”，接受其中的教化，就要回归历史情境，体贴人物之处境与思考，领会“乐”中呈现出的场域意义。比如：为了体现出武王无心于“贪商”，《武》描述了分封的情形[①]；为了表现出武王息战之心，《武》展示了武王收拾兵戈、止息战争的行为与措施[②]；还有武王对天下施以教化，要求“天子在明堂祭祀祖先”“诸侯定期朝见天子”“天子亲自耕种藉田”等，旨在令民众懂得孝道、诸侯懂得如何做臣下、天下兴起敬天敬祖的风俗，这些举措都寓意深远，表现在《武》乐之中就是“迟而又久”乐曲声。

由此可见，《武》乐在情节的铺陈、展示中反映出“武王”之“善”，无论是对“正义”的坚持、对战争的反对，还是教化、育养天下之仁政，包括在复杂境况下极具智慧的行事方式都可以令观众认真反思并且回味无穷。这些寓意深远情节通过舞台上的生动表演配合恰如其分的音响效果，能令得观众记忆深刻，不断地体贴涵咏。观众每每反思都有进益与明悟，每有醍醐灌顶之时，又是一番欣喜和愉悦。

以此类推，《韶》乐虽不可详考，但既然《韶》乐所展示的是帝尧的功绩，夫子又有言曰：“大哉尧之为君也！巍巍乎，唯天为大，唯尧则之。荡荡乎，民无能名焉。巍巍乎，其有成功也。焕乎，其有文章。”（《论语·泰伯》）可以想象，《韶》乐之内涵更为深邃，其“尽善”之名必能给人带来更多的明悟和愉悦。由此我们也可以说，夫子自谓“不图为乐之至于斯”的感叹，代表着其学得《韶》乐神髓，对着不断明悟与长进的欣喜，而非堕于物欲的放纵之情。

既然孔子在齐闻《韶》乃是领悟《韶》乐之教化而无堕于物欲之虞，那么孔子“学之（《韶》乐）”的“三月”之期又有何意义、如何解释？这就需要我们对周秦时期乐教的基本形式做一个简要说明。

---

① 武王战胜了殷纣王，来到了殷都，未等下车，就把黄帝的后代封于蓟，把帝尧的后代封于祝，把帝舜的后代封于陈。下车以后又封夏禹的后代于杞，把商汤的后代安置于宋，整修了王子比干的墓，把箕子从牢中释放出来，让他去寻访商代的礼乐之官并且官复原位。

② 为民众废除了殷纣的苛捐杂税，为一般士人成倍地增加俸禄。然后渡过黄河向西，把驾车的马放牧于华山南面，表示不再用它们拉战车；把牛放牧于桃林的原野，表示不再役使它们；把兵车铠甲盖好包好以后收藏到府库里，表示不再使用它们。把干戈等武器倒放，用虎皮包裹起来，就是把干戈束之高阁。把带兵的将帅封为诸侯，战场上那种穿透铠甲的射箭停止了。大家都穿上了礼服，戴着礼帽，腰插笏板，而勇士也不身带佩剑了。

四、学《韶》“三月”之期与周秦“大学”之教

“学之”是对着《韶》乐带来的教化而言，“三月”之期则代表着孔子“敏而好学”，以三月之期便可领会《韶》的基本意蕴，这与《孔子世家》选段中的“齐人称之”是相应的。圣人既能够专注地学习，又能够领会准确、进境神速，齐人由是称之。我们可以通过对照周秦“学校”教育的一般过程，将这“三月”之期所体现的圣人之“敏而好学”解释清楚。

周秦时期的“乐教”是以“乐”为载体、教化士人的过程。从前文对《韶》《武》二乐的简单解释可以看出，“乐”最终是落在了某种思想、观念的体现和表达上[①]，而“教”字则是在传授“乐”中不同艺术形式之过程中，对士子进行身心知识之培训，尤其强调以“乐”中的思想、观念熏染、培育周秦士子。这个过程落实在周秦时期的“学校”制度中。

一般来说，周秦“学校”制度从教学内容上看，可分“童蒙”“小学”和“大学”三个阶段，而乐教的展开是从“小学”阶段开始的。[②]《礼记·内则第十二》见：

> 十有三年学乐，诵诗，舞勺。成童，舞象，学射御。二十而冠，始学礼，可以衣裘帛，舞大夏，惇行孝弟，博学不教，内而不出。[③]

经过六岁到十岁的辨识器物、识字读书等训练之后，士子在十三岁左右开始正式接触“乐”，也标识着他正式开始“小学”学习[④]。在“小学”学习过程中，“乐”是各种学习内容的重要载体;“乐”之不同组成部分，如诗、乐（曲）、舞等，成为小童身心教养的主要科目。以“乐舞”为例，儿童时学习“勺舞”，青春期时学习“象舞”，待到二十岁左右才能开始学习“大夏舞”。“大夏舞”作为“四代乐”之一，与《韶》《武》二乐齐名。《白虎通·礼乐》记:“禹曰《大夏》者，言禹能顺二圣之道而行之，故曰《大夏》也。”学习《夏》乐，也是士子从“小学”阶段向“大学”阶段的一个过渡。开始由研习技艺转向德性修养是“小学”向“大学”过渡的重

---

① 参见许兆昌:《先秦乐文化考论》，哈尔滨：黑龙江人民出版社，2010年，第16页。
② 参见马宗荣:《中国古代教育史》，贵阳：文通书局，1942年，第47、48页。
③《礼记正义》，北京：北京大学出版社，2000年，1013页，上栏。
④ “小学在公宫南之左”，参见马宗荣《中国古代教育史》，第47、48页。

要表现。学会在修习技艺之时体会《夏》乐中透显出的“孝悌”之德行，是“乐教”之“教”，借用“乐”中的思想、观念熏染、培育士子之功能的表现。

在“大学”教育中，“技艺”已经成为基础，“乐教”对士子“道德”的培养更为系统、更为强化。到了这个阶段，“四代乐”就成为士子学习的主要内容，《韶》乐自然是其中必不可少的经典。《周礼·春官宗伯》记曰：

> 大司乐……以乐德教国子，中、和、祗、庸、孝、友；以乐语教国子，兴、道、讽、诵、言、语；以乐舞教国子，舞云门、大卷、大咸、大韶、大夏、大濩、大武。……

乐官之长“大司乐”作为国家掌管教育的最高负责人，负责整个“学校”制度的安排与运行。引文强调，“大司乐”要注重用“乐德”“乐语”“乐舞”教育士子，这其中“四代乐”《韶》《夏》《濩》《武》均有出现，并成为“大学”学习的主要载体，而“乐德”“乐语”“乐舞”，其实都和领会“乐”的深层意蕴紧密关联。比如，“比喻”“引用”“讽刺”等技巧，是士子心智成熟后才能深刻理解的“乐”之语言意义，而“忠诚”“恭敬”“孝悌”“正直”等德行修养，更是要士子长期浸润“乐”中才能体贴获得的乐教精髓。

整个“大学”阶段的学习就是在传授乐之不同艺术形式中，不断地强化士子的技艺，提升士子的德性修养，这也应与孔子在齐“三月”学《韶》的经历相似。同时，研习技艺只是领会教化的手段，《说苑·建本》曰：“成人有德，小子有造，大学之教也”，以乐修德，如由《大夏》之乐见“孝悌”之德，才是“大学”教育的重心。如此一来，一部《韶》乐的学习领会，可能需要那些经过“小学”数年之系统培养而选拔进入“大学”学习的俊士，再经历数年的研习、揣摩，才能有所进益。由是，若以这些入选“大学”学习之俊士修习《韶》乐的时间来比较孔子的三（数）月之期，则孔子对《韶》乐领会之速不能不令人称奇。

值得说明的是，对《韶》乐教化之领会，并非有一个尽头，孔子在齐学《韶》亦非是对《韶》达致完满无缺的理解。“大学”教育传授《韶》乐，乃至其他古乐，所达到的标准只能算是一个基本要求。这就是说，士子通过对关键文本、乐舞的掌握与熟悉，对自身的工夫修养产生了一定的影响，这种影响还远非融会贯通、圆满无碍。孔子以“三月”之期在齐学《韶》并获得齐人之称赞，也对应于这一基本要求。而在《论语》等典籍中记录的孔子在不同场合、不同时间提及《韶》乐之情境，更能反映出他对《韶》的不断反思与领会。

事实上，《乐记》有谓“清庙之瑟，朱弦而疏越，一倡而三叹，有遗音者矣”，就是说对乐的领会还要靠日用平常间的不断吟咏、反思，不断产生新的领会，不断将明悟拉进生命之中。当然，乐教还有它不同于其他教化之处，就是在我们观赏不同场合的表演时，心中总会浮现过往观赏的精彩内容，进行一番比较。这种重现与比较，进一步促进了观众对“乐”的理解，更使得乐教成为一种有内在生命力的教育。随着个体生命的发展，涵咏、领会的加深，乐教所具备的生命力不断的展现，使得这种同时满足技能培养的基础教育具备了不断引导个人修养工夫的效力。

五、结　论

“子在齐闻《韶》，三月不知肉味。曰：‘不图为乐之至于斯也！’”《论语·述而》这段脍炙人口的名篇看似浅显直白，却因其所隐含之丰富的语境，使得历代注疏家对这段话的解释存在着不小的争议，这一争议也一直延续至今。

基于对不同解释方式的分类疏通，本文认为只有直接回应“不知肉味”所代表的圣人之心理状态、给出“三月”之期恰当的时间意义，才能找到“三月不知肉味”所传递出的真实意图，而通过曲解回避这两个问题所得到的解释始终令人心存疑虑。由此，本文首先通过对读“三月不知肉味”的相关文本，找出孔子“在齐闻《韶》”的事件背景及其心理状态，认为时年三十五岁的孔子在齐闻《韶》虽有忧国忧君之思，却也未妨碍他慨叹《韶》乐熏陶之效力、感悟《韶》乐教化之方式的心境。进而，通过比照《乐记·宾牟贾》篇孔子对观赏《武》乐之指点，本文认为“三月不知肉味”所代表的，是圣人沉浸于《韶》乐带来之生命感悟之中，这种醍醐灌顶的愉悦使圣人有了“不图为乐之至于斯”的感叹，而这种愉悦自然不是沉溺娱乐之欲的表现。最后，本文借梳理周秦乐教的基本形式，解释了“三月”之期不但不长，还因其时间之短显示出孔子“敏而好学”的天赋与性格，“大学”教育花费数年来掌握的《韶》乐，孔子凭借其积累，仅用

“三月”便达到令“齐人称之”的程度。总而言之，“子在齐闻《韶》，三月不知肉味。”一段所展现孔子初次亲身修习《韶》乐的状态，合情合理，意蕴深长。

当然，我们更需要注意的是，周秦时期的乐教在整个教育制度中具有特殊的地位：一来，乐教提供了学子、士子最基本的技艺和道德培养，具有基础教育的意义；二来，乐教以其特殊的教化方式，萦绕人心间，在不断地熏养、滋润的过程中，起到了对个体生命工夫修养引导的作用。

本体论视域下“理”“气”间的内在紧张

——罗钦顺对朱子学说的继承与重构

深圳大学　周　磊

关于明儒罗钦顺（整菴，1465—1547）的学派归属，历来存在着不同的观点。一方面，罗钦顺自称“以朱子为宗”[①]，长期以来，他都被视为明代“朱学后劲”的代表。另一方面，早在《明儒学案》当中，黄宗羲就指出了罗钦顺思想的内在矛盾：“第先生之论心性，颇与其论理气自相矛盾。”[②]在黄宗羲看来，罗钦顺的“心性论”是“性体心用”，也就是“理体气用”[③]，而其“理气论”则是“以气为本”，因此二者构成了矛盾。显然，黄宗羲的批评成立的前提，必须证成罗钦顺在“理气论”上是“以气为本”。“朱学后劲”与“以气为本”，是对罗钦顺思想两种截然不同的评判。

在当代学界，依旧对罗钦顺的思想定位存在争议。在侯外庐主编的《宋明理学史》中，罗钦顺被认为是：“仍然是朱学，但在某些方面和朱熹

---

① 在与林次崖的书信中，罗钦顺说：“且吾二人之学，皆宗朱子者也。”见罗钦顺：《与林次崖第二书》，《困知记》附录，北京：中华书局，2013年，第206页。

② 黄宗羲：《文庄罗整菴先生钦顺》，《明儒学案》下册卷四十七，北京：中华书局，1985年，第1107页。

③ 黄宗羲认为，罗钦顺所说的“天性正于受生之初，明觉发于既生之后”，是承认“性是天地万物之理，公也，心是一己所有，私也”，也就是说性属理，心属气，所以“性体心用”可以等同为“理体气用”。同上书，第1107页。

的观点有所不同。”[①] 山井湧则将罗钦顺思想界定为与朱子理学、阳明心学并列的“气的哲学”[②]。刘又铭也持“气本论”的立场，指出：“应该说，罗钦顺的气本论是确定存在的。”[③] 此外，一些学者认为罗钦顺思想具有复杂性，不能简单概括成“理学”或者“气学”。山下龙二称罗钦顺为“理气混一之哲学”。[④] 钟彩钧也认为：“整菴的理气论有过度的、折中的色彩。”[⑤] 马渊昌也则用“朱子学系的气的哲学”[⑥] 这一称谓，来彰显罗钦顺调和“理学”与“气学”的倾向。

学术界的争论，表明罗钦顺的思想具有一定的复杂性，仅仅从理气论相关材料出发，很难对其思想做出精确定位。本文将从本体论的视域出发，以学界较少关注的“理气归一”“太极本体”与“理一分殊”三个命题为切入点，分析罗钦顺在批判与吸收朱子学基础上建构本体论的过程，以展现其思想的核心旨趣。

一、理气归一

罗钦顺对“理”“气”间的关系有一个概括：

> 理果何物也哉？盖通天地，亘古今，无非一气而已。气本一也，而一动一静，一往一来，一阖一辟，一升一降，循环无已。积微而著，由著复微，为四时之温凉寒暑，为万物之生长收藏，为斯民之日用彝伦，为人事之成败得失。千条万绪，纷纭胶葛而卒不可乱，有莫知其所以然而然，是即所谓理也。初非别有一物，依于气而立，附于气以行也。[⑦]

① 侯外庐主编：《宋明理学史》（下），北京：人民出版社，1997年，第480页。

② 山井湧：《明清思想史の研究》，东京：东京大学出版会，1980年，第34页。

③ 刘又铭：《理在气中：罗钦顺、王廷相、顾炎武、戴震气本论研究》，台北：五南图书公司，2000年，第22页。

④ 山下龙二：《陽明学の研究（下）》，东京：现代情报社，1971年，第78页。

⑤ 钟彩钧：《罗整菴的理气论》，载《中国文哲研究集刊》，1995年第6期，第205页。

⑥ 马渊昌也：《明代后期“气的哲学”之三种类型与陈确的新思想》，载杨儒宾、祝平次编：《儒学的气论与工夫论》，台北：台大出版中心，2005年，第166页。

⑦ 《困知记》卷上，第5—6页。

这是说，从古至今，从天到地，举凡现象界的物质性存在都是“气”。气的运动变化生生不息，却并非杂乱无章，运动变化中所体现出来的规律性、条理性便是“理”。理所反映的是气之运动变化的规律、条理，此规律、条理在一定范围内具有普遍性意义，就好像能够“主宰”气的运动变化一样：“夫往而不能不来，来而不能不往，有莫知其所以然而然，若有一物主宰其间而使之然者，此理之所以名也。”① 但在本质上，理并不是真的作为“一物”主宰着气。在朱子哲学中，作为本体的理是“形上实体”，“理实体”或者说“道实体”禀自于天，并且人人皆备：“道之本原出于天而不可易，其实体备于己而不可离。”② 天下万物也是“实理”所产生：“天下之物，皆实理之所为，故必得是理，然后有是物。”③ 罗钦顺则摒弃了将理视为“形上实体”的做法，理被化约为“气之理”。④

在“理只是气之理”的基础上，罗钦顺提出了“理气归一”论。他说：“‘理同而气异’，‘气同而理异’，此两说质之《大传》‘形而上下’之言，终觉有碍。必须讲究归一，方得触处洞然。”⑤ 这里所批判的“理同而气异”显然是针对以朱子为代表的宋儒。朱子曾说：“同者，其理也；异者，其气也。必得是理，而后有以为人物之性，则其所谓同然者，固不得而异也；必得是气，而后有以为人物之形，则所谓异者，亦不得而同也。”⑥ 朱子认为，天地万物所具之“天理”并无不同，这便是所谓“理同”；气禀则千差万别，也即“气异”。“气同而理异”也是宋明儒学中常见的观点，认为人、物皆受气而生，所谓“气同”；万物之不齐则显示出“分理”或“物理”的不同，也就是“理异”。罗钦顺对这两种看法均持否定态度，旨在强调“理气不分”“理不离气”。

需要指出的是，罗钦顺所说的“理气归一”并不是指理、气绝对的同一，也不是说在理、气为二物的基础上归于同质的一物，而是说“理只是气之理”与“理不在气之外”。罗钦顺虽然声称“仆从来认为理气为一

---

① 《困知记》卷上，第 6 页。

② 朱熹：《四书章句集注》，《朱子全书》第六册，上海古籍出版社、安徽教育出版社，2002 年，第 33 页。

③ 同上书，第 51 页。

④ 罗钦顺说：“吾夫子赞《易》，千言万语只是发明此理，始终未尝及气字，非遗之也，理即气之理也。”见：《答林正郎贞孚》，《困知记》附录，第 184 页。

⑤ 《困知记》四续，第 139 页。

⑥ 《朱子语类》卷四，《朱子全书》第十四册，第 186 页。

物”[①]，但这是在“理不离气”的意义上说的。他也反对“认气为理”的观点，并对“就气认理”与“认气为理”二者做了区分：“理须就气上认取，然认气为理便不是。此处间不容发，最为难言，要在人善观而默识之。‘只就气认理’与‘认气为理’，两言明有分别。”[②]“就气认理”是通过气来认识理，而“认气为理”则是将气归类为一种理。归根结底，理与气在性质上是不同的，理是气之条理，是对气之运动规律的一种抽象描述，而气则是充实于天地之间的唯一“实体”，也即：“盖通天地，亘古今，无非一气而已。”[③]

在“理气归一”前提下，罗钦顺对朱子的“理气二分”颇为不满。他所激烈批判的“未归一”者就包括朱子：“夫朱子百世之师，岂容立异？顾其言论间有未归一处，必须审求其是，乃为善学朱子，而有益于持循践履之实耳。”[④]在罗钦顺看来，朱子错误的根源在于判定“太极”与“阴阳”为二物，也就是说，朱子从源头上便不得其正，导致“终身认理气为二物”：“凡物必两而后可以言合，太极与阴阳果二物乎？其为物也果二，则方其未合之先各安在耶？朱子终身认理气为二物，其源盖出于此。”[⑤]朱子有关“太极”“阴阳”的论述，确实是严格区分形而上与形而下。太极为形上之理，阴阳属形下之器：“太极形而上之道也，阴阳形而下之器也。”[⑥]朱子对理气关系的判定可以归纳为“不离不杂”，就某一具体事物来说，理与气浑沦不分：“理又非别为一，即存乎是气之中；无是气，则是理亦无挂搭处。”[⑦]但在本体的意义上，“理”先于“气”而存在，并且是“气”产生的原因：“未有此气，便有此理，既有此理，必有此气。”[⑧]事物存在之前，理就已经存在：“未有天地之先，毕竟是先有此理。”[⑨]这正好回答了罗钦顺“方其未合之前各安在哉？”的提问。

在消解朱子之理的“形上实体”意义后，罗钦顺对“形上”“形下”进

① 《与林次崖佥宪》，《困知记》附录，第 196 页。
② 《困知记》卷下，第 42 页。
③ 《困知记》卷上，第 5—6 页。
④ 《答林正郎贞孚》，《困知记》附录，第 186 页。
⑤ 《困知记》卷下，第 37—38 页。
⑥ 《太极图说解》，《朱子全书》第十三册，第 72 页。
⑦ 《朱子语类》卷一，《朱子全书》第十四册，第 115 页。
⑧ 《朱子语类》卷六十三，《朱子全书》第十六册，第 2087 页。
⑨ 《朱子语类》卷一，《朱子全书》第十四册，第 113 页。

行了全新解读。一方面，形上、形下名义上的区分依然存在，理、气在性质上是不同的，不能混为一谈："不说个形而上下，则此理无自而明，非溺于空虚，即胶于形气。"① 另一方面，形而上的理并非一"形上实体"，而是对气之运动变化规律的总结概括。借由对明道"器即道，道即器"的诠释，罗钦顺强调形上的理与形下的气是融为一体的：

> 明道先生尝历举《系辞》"形而上下"数语，乃从而申之曰："阴阳亦形而下者，而曰道者，惟此语截得上下最分明。元来只此是道，要在人默而识之也。"截字当为斩截之意。盖"立天之道曰阴与阳"及"一阴一阳之谓道"二语，各不过七八字尔，即此便是见形而上下浑然无间，何等斩截得分明！若将作分截看，则下句"原来只此是道"更说不去，盖道器自不容分也。②

这是说，如果将明道"截得上下最分明"一语中的"截"解释为"分截"，就有将形上、形下打成两阙之嫌，所以其言未当。"截"字当释为"斩截"，犹断言也，也就是将"形上形下的无间"断言得十分明白之意。因此，道与器、形上与形下在任何情况下都不容分开。自此，本体论上理对气而言的优先性已经不复存在，不是理决定气，而是气决定理。③

二、太极本体

朱子哲学中，"太极"的本体地位极为显著。尽管有时候朱子也将太极定义为"气"："太极只是一个气，迤逦分做两个：气里面动底是阳，静底是阴。"④ 显然，这里的气不会是现实世界物质性的气，而是指本原意义上的原始之气。但在大多数情况下，朱子还是将"太极"视为本然之理："太

---

① 《答林次崖佥宪》，《困知记》附录，第 202—203 页。

② 《困知记》四续，第 139 页。文中所引明道语见于《遗书》卷十一所收刘绚录明道先生语。

③ 刘又铭曾指出："他所谓的'气'已经不是朱子理、气对立分说下的气，而是包孕了理的概念在内的气。"笔者也赞同这一观点。见刘又铭：《理在气中：罗钦顺、王廷相、顾炎武、戴震气本论研究》，第 23 页。

④ 《朱子语类》卷三，《朱子全书》第十四册，第 163 页。

极乃是天地万物本然之理，亘古亘今颠扑不破者也。”[1] 太极（理）不仅是相对于“气”而言的“本体”，也即天地万物之本根：“圣人谓之太极者，所以指夫天地万物之根也。”[2] 同时，也是相对于“众理”而言的“总理”：“总天地万物之理，便是太极。”[3] 值得注意的是，这里所说的“总天地万物之理”，并不是指现实世界事物之理的总和。也就是说，“太极”并不仅仅是事物所呈现出来的“物理”之总和，而是对理之全体的一个概称。

罗钦顺对当时的“太极”论有一个总体上的评判：“近世言太极者，皆不出汉儒‘函三为一’之见。函字与生字意义大相远，若非真见太极之本体，难乎与之论是非矣。”[4]《汉书》中曾记载：“太极元气，函三为一。”[5] 孟康注：“元气始起于子，未分之时，天地人混合为一，故子数独一也。”[6] 罗钦顺所说“函三为一”之“三”当指天、地、人。至于为何“函字与生字意义大相远”，则没有做进一步的说明。罗钦顺对太极的定位，首先是“众理之总名”：“夫易乃两仪、四象、八卦之总名，太极则众理之总名也。”[7] 太极不但是“理”之全体，也是“性命”之全体：“然太极乃性命之全体，恐须提出此两字，方见头脑分明。”[8] 太极的作用及其表现形式虽然随着“阴阳之气”的变易而变化，但从本质上来说，太极仍旧是“定”的：“诚以太极之本体，动亦定，静亦定。”[9] 不仅如此，罗钦顺还径直将“道”称为“实体”：“《易大传》曰：‘一阴一阳之谓道。’又曰：‘阴阳不测之谓神。’道为实体，神为妙用，虽非判然二物，而实不容于相混，圣人所以两而言之也。”[10] 在罗钦顺那里，“实”与“虚”相对应，“实体”表示一种与虚无相反的实然性。也就是说，“道”或者“理”充斥宇内，遍具万物，具有

---

① 《答陆子静》，《晦庵先生朱文公文集》卷三十六，《朱子全书》第二十一册，第1574—1575页。

② 《朱子语类》卷九十四，《朱子全书》第十七册，第3117页。

③ 同上书，第3117页。

④ 《困知记》三续，第122页。

⑤ 班固：《律历志第一》，《汉书》（点校本二十四史精装版）卷二十一，第四册，北京：中华书局，2011年，第964页。

⑥ 同上书，第965页。

⑦ 《困知记》卷上，第6页。

⑧ 《困知记》四续，第135页。

⑨ 《困知记》续卷上，第73页。

⑩ 《困知记》续卷下，第108页。

实然性："斯理也，在天在人，在事在物，盖无往而不亭亭当当也。"[①] 此外，罗钦顺依旧对太极作为造化之枢纽持肯定态度，甚至对朱子的"气强理弱"之说有所批评。他指出："朱子之言有云：'气强理弱，理管摄他不得'，若然，则所谓太极者又安能为造化之枢纽、品物之根柢邪？"[②] 朱子哲学虽然认为"理生气"后理一直"存在"于气中并继续发挥作用，但这种控制并非一直占据优势，存在着"理管他不得"的情况，也就是所谓的"气强理弱"："气虽是理之所生，然既生出，则理管他不得。"[③] 罗钦顺则坚持太极作为造化之枢纽、品物之根柢的主导地位。

尽管延续了朱子"太极本体"的提法，但罗钦顺又赋予了"太极"与"本体"两词以新的含义。"太极"并非朱子学中的"形上实体"，而是代表元气运动变化所体现出来的"理"。"太极"与"众理"一样，均是气中之理。在《困知记》卷下，罗钦顺对"气一理一，气万理万"的理论表示赞同。他说："杨方震复余子积云：'若论一，则不徒理一，而气亦一也。若论万，则不徒气万，而理亦万也。'此言甚当，但'亦'字稍觉未安。"[④] 一方面，"理只是气之理""理不在气之外"是罗钦顺坚守的原则，如果用"亦"字连接理、气，给人以将理、气二分的感觉，所以"稍觉未安"。另一方面，罗钦顺认为在大体上"此言甚当"，也就是说，其对"就气认理"持肯定态度。如此一来，"理一——理万"与"气一——气万"便构成了两两相对应的模式，"理一"与"理万"均是"就气所认"之理，我们不妨称之为"理一分殊"与"气一分殊"同时成立。需要注意的是，罗钦顺避免用"理一分殊"来说明一气的聚散，说明"理一"与"气一"各有其独立的价值与意义。用他的话来说，太极在气中是"无对"的。在与林次崖的书信中，针对来函："(笔者案：林次崖)谓：'理一分殊，理与气皆有之。以理言，则太极，理一也；健顺五常，其分殊也。以气言，则浑元一气，理一也；五行万物，其分殊也。'"[⑤] 罗钦顺回复道："究观高论，固是分明，但于本末精粗，殊未睹浑融之妙，其流之弊，将或失之支离。且天地间恐不

---

① 《与林次崖佥宪》,《困知记》附录，第 198 页。
② 《困知记》卷下，第 37 页。
③ 《朱子语类》卷四,《朱子全书》第十四册，第 200 页。
④ 《困知记》卷下，第 55 页。
⑤ 《与林次崖佥宪》,《困知记》附录，第 196 页。

容有两个理一，太极固无对也。”[①] 这说明，虽然理不离气，但“浑元一气”并不能代替太极作为“理一”的地位与作用。

“太极”或者说“理一”的“本体”地位，则体现为“理万”的源头处或者说汇总处。就像“气万”可以归本为“气一”，“理万”也可以溯源至“理一”。实际上，即便将太极称为“本体”，但罗钦顺从来不将太极（或理）与气定位为“体—用”关系。一旦涉及理气论，罗钦顺总是强调“理气不离”，一定会避开以“体—用”的模式描述“理—气”。[②]《困知记》中唯一直接提到“体—用”的地方是在续卷中，罗钦顺以阴阳二气的分立与流行分别代表太极之“体”与太极之“用”。他说：“分阴分阳，太极之体以立；一阴一阳，太极之用以行。”[③] 显然，这里的“体”与“用”均是指作为太极的阴阳二气，而不涉及形而上之理。其实在朱子那里，“本体”也可以指“最初面貌”，或者说“本来体段”。朱子描述气之“本体”状态，曾谓：“盖天地之正气，而人得以生者，其体段本如是也。”[④] 罗钦顺沿用了朱子将“本体”视为“本来体段”的思想，放弃了以“体—用”来指代“理—气”。所谓“太极本体”中的“本体”，并非本体论意义上的“本体”。

三、理一分殊

朱子在总论与分论的意义上均使用“太极”这一概念，在总论的意义上，太极指理之全体；在分论的意义上，太极指人、物所禀得的“天理”，偏重道德涵义，而非具体事物之规律、条理。朱子说：“太极只是个极好至善底道理。人人有一太极，物物有一太极。周子所谓太极，是天地人物万善至好底表德。”[⑤]“太极”以“理一分殊”的形式遍在于万物：“天下之理，未尝不一，而语其分，则未尝不殊，此自然之势也。”[⑥] 万物并非只分有太极局部之理，而是享有太极全部之理。朱子用“月映万川”来表达“理一”与“分殊”的关系：“所以谓格得多后自能贯通者，只为是一理。释氏云：

---

① 《与林次崖佥宪》，《困知记》附录，第 196 页。

② 钟彩钧总结道：“罗钦顺思想中的太极并不是‘主宰者’，‘气一理一’、‘气万理万’的原则贯彻始终。”见钟彩钧：《罗整菴的理气论》，第 202 页。

③ 《困知记》续卷上，第 93 页。

④ 《四书章句集注》，《朱子全书》第六册，第 282 页。

⑤ 《朱子语类》卷九十四，《朱子全书》第十七册，第 3122 页。

⑥ 《四书章句集注》，《朱子全书》第六册，第 595 页。

‘一月普现一切水，一切水月一月摄。’这是那释氏也窥见得这些道理。”[①] 从“统体一太极”到“物物一太极”，这条路线在形上意义上成立，不受形气的干扰。

罗钦顺对“理一分殊”评价很高：“窃以性命之妙，无出理一分殊四字。”[②] 同样也认可“物物一太极”的理论：“所谓太极者，常在天地万物之中。”[③] 和朱子一样，罗钦顺也认为“统体一太极”与“物物一太极”在性质上并没有差别，二者的差别只体现在“用”上：“‘易有太极，是生两仪’，乃统体之太极。‘乾道变化，各正性命’，则物物各具一太极矣。其所以为太极则一，而分则殊。惟其分殊，故其用亦别。”[④] 而透过“分殊”，可以反观“理一”：“所谓理一者，须就分殊上见得来，方是真切。”[⑤] 由“分殊”反观“理一”之所以能够成立，是因为二者在性质上并无差异：“此理之在天地者与其在人心者无二，在人心者与其在鸟兽草木金石者无二，在鸟兽草木金石者与其在天地者无二。”[⑥]

罗钦顺对“理一分殊”的表述与朱子有相似之处，但需要注意的是，罗钦顺将“理一分殊”建立在“天地一气”的基础之上。天地万物同出于一气，同源于一理：“凡赋形于两间者，同一阴阳之气以成形，同一阴阳之理以为性。”[⑦] 因为人与万物都由元气化生而来，所以在受气之初所禀赋的“理”是相同的：“盖人物之生，受气之初，其理惟一。”[⑧] 气具有连续性，从元气到万物，莫非“一气”之往来：“人呼吸之气，即天气之气。自形体而观，若有内外之分，其实一气之往来尔。”[⑨] 气与理始终不可分，气之连续性保障了理之连续性。因此，从元气中的太极到天地万物之理，也都是“一理”之往来。“气一——气万”与“理一——理万”的模式，决定了无论从气还是从理的角度，人与天都是合一的：“‘天人本无二，不必言合。’即气

---

① 《朱子语类》卷十八，《朱子全书》第十四册，第 606—607 页。
② 《困知记》卷上，第 9 页。
③ 《答陆黄门浚明》，《困知记》附录，第 179 页。
④ 《困知记》续卷上，第 106 页。
⑤ 《困知记》卷下，第 53 页。
⑥ 《答欧阳少司成崇一》，《困知记》附录，第 160 页。
⑦ 《困知记》卷下，第 72 页。
⑧ 《困知记》卷上，第 9 页。
⑨ 《困知记》卷下，第 55 页。

即理皆然。”[①] 对于个人来说，所谓“理一分殊”，是指随着元气化生为人与万物，气之理以“理一”或者“分殊”的形式存在。罗钦顺用“分”这个词来表示理在各个时期的不同存在形式，在“人生而静”阶段，理的“分”属于“天之理”，在“感物而动”阶段，理的“分”则属于“人之理”。无论“天之理”还是“人之理”，在本质上都是“一理”：“天人一理，而其分不同。‘人生而静’，此理故在于人，分则属乎天也；‘感物而动’，此理固出乎天，分则属乎人矣。”罗钦顺“理一分殊”的要旨在于“理一”与“分殊”均为“气之理”。[②] 随着元气化生为万物，元气中的“理一”也以“分殊”的形式遍在于万物。天地间本同一气，气的连续性保障了理的连续性。罗钦顺对“理一分殊”的诠释，与其建构“理气归一”“太极本体”过程中所体现出的思想相一致，即消解理的形上意义，只保留“气之理”的含义。

与此同时，罗钦顺也不得不面对理论上的困难。首先，元气中的“理一”如何能够具有道德含义？罗钦顺既不同意朱子将“理一”定位为形上实体，也没有像王廷相那样，从现实世界的气有好恶逆推原始的气有好恶[③]，而是径直定义元气中的“理一”是“善”的。这样一来，不仅在实质上“理”依旧含有形上意义，而且造成人与物都“性善”的理论后果。罗钦顺提出，从“理”的角度来看，人与物是浑然一体的：“自我而观，物固物也，以理观之，我亦物也，浑然一致而已，夫何分于内外乎！”[④] 将人也视为“一物”，人与物之性便没有本质上的差别，均是由“理一”所赋予的“天地之性”：“元明言：‘犬牛之性，非天地之性。’即不知犬牛何从得此性来？天地间须是二本方可。”[⑤] 人、物均含有“恻隐之心”，并且相连通：“人物之生，本同一气，恻隐之心，无所不通。”[⑥] 甚至连“未发之中”也是

---

① 《困知记》卷下，第 55 页。

② 钟彩钧曾提出“理一”与“分殊”分别指代“理”与“气”。这种观点有待商榷。“理一”与“分殊”，应当都是指“理”。见钟彩钧：《罗整菴的理气论》，第 200—201 页。

③ 王廷相说：“天之气有善有恶，观四时风雨、霾雾、霜雹之会，与夫寒暑、毒厉、瘴疫之篇，可睹矣。况人之生，本于父母精血之辏，与天地之气又隔一层。世儒曰：‘人禀天气，故有善而无恶’，近于不知本始。”见《雅述》上篇，《王廷相集》第三册，北京：中华书局，1989 年，第 840 页。

④ 《与王阳明书》，《困知记》附录，第 142 页。

⑤ 《困知记》卷下，第 53 页。

⑥ 《困知记》卷上，第 18 页。

人、物皆备:“未发之中，非惟人人有之，乃至物物有之。盖中为天下之大本，人与物不容有二。”[①] 应当说，在“气赋形，理赋性”的原则下，加上“理一”是“善”的，必然会推导出人与万物都“性善”的结论。而这种人与万物无差别的“性善”论，显然缺乏强有力的理论支撑。

其次，从“分殊”中洞见“理一”如何可能？既然理无法超越于气之外，那么现实之气中就蕴含现实之理。因为现实之气具有局限性，所以无法在当下体认完整的“理一”，进而“统体一太极”“物物一太极”的理论也难以成立。在一些论述中，罗钦顺定义“理一”与“分殊”具有不同的性质，显示出思想前后不一致。他说:“夫人物有生有死，天地则万古如一。气聚而生，形而为有，有此物即有此理。气散而死，终归于无，无此物即无此理，安得所谓‘死而不亡者’耶！若夫天地之运，万古如一，又何死生存亡之有？”[②] 具体事物之理作为“分殊”，是对事物运动变化规律的概括，随着事物的消亡而不复存在；天地运行所展现“天地之理”可视为“理一”，则是永远存在的。在此，“理一”与“分殊”在性质上便存在着差异。

四、结　语

罗钦顺确立了“理气归一”的原则，“理”只是“气之理”，并无“形上实体”含义。通过对“太极本体”的诠释，罗钦顺消解了“理”对“气”而言的“本体”地位。所谓“太极本体”，仅仅指“太极”作为“众理”的汇总处、源头处。“理一分殊”则是建立在“天地一气”的基础上，随着元气化生为万物，元气中的“理一”也以“理万”的形式存在。可以看出，罗钦顺试图在批判与吸收朱子学的基础上，建构“以气为本”的本体论。但在取消“理”的“形上实体”含义之后，罗钦顺又保留了“理”的道德含义。从实际效果来说，其本体论建构并不十分成功。在“以气为本”的前提下，“理”的道德性含义使其依旧含有“本体”的意味，最终导致“理”“气”之间构成内在紧张关系。

---

① 《困知记》卷上，第 16 页。

② 《困知记》卷上，第 39 页。

海外汉语教学与国家形象表达

北京第二外国语学院　郭　玲

随着经济全球化的不断深入，各国在经济、政治以及文化等方面的相互依存日益加深，文化冲突日益显现。讲好中国故事，全方位展示自信、开放和成功的国家形象，增进不同文化间的了解，减少文化差异带来的误读与冲突，不仅是中国走向世界的要求，也是当下海外汉语教学的重要职责。

语言是思维的外壳、交际的工具。语言的本质决定了语言的文化属性，语言不仅是文化的重要组成部分，也是文化传播的重要载体。从某种意义上说，一国之文化必附着于一国之文字语言。语言在文化在，语言亡文化亡。世界文明发展的历史进程，充分说明了语言与文化的这种唇齿关系。可以说，语言既是一国文化的重要体现，也是一国的文化名片。

作为海外汉语教学的语言教学，同其他语言教学一样，其教学具有工具与文化的双重属性。作为语言教学，其工具性体现在通过具体的教学让学习者学会使用这种语言进行有效交际，其文化性就在于使学习者在学习使用该语言时感知领悟附着于该语言的文化历史，并受其潜移默化的浸润影响。作为置身异国文化环境的海外汉语教学，通过具体的语言教学，让学习者更好地了解中华文化，更好地认识中国当是其核心要义。教学者应通过具体的汉语语言教学让学习者感知中华文化，通过文化影响进一步深化语言学习，提高汉语言的学习水平，实现海外汉语教学的基本任务。这方面，塞万提斯学院的西语教学、歌德学院的德语教学起了很好的示例作用。无论是塞万提斯学院，还是歌德学院，在其海外的西语、德语教学中，其重点也是通过西语、德语的语言教学，全方位介绍西班牙、德国的历史文化，通过对西班牙文化、德语文化的传播，在增加西语、德语学习者数量的同时，提升西班牙、德国文化影响力，最终实现西班牙、德国国家形象的文化表达。

一、中国形象的历史演变

16世纪前，西方主要通过游记和传说了解“物产丰盈”“地大物博”的中国，其眼中的中国形象是神秘而富足的。16世纪，传教士、使团进入中国，特别是1840年殖民者对中国的不断入侵，西方世界关注到中国社会文化中相对落后的部分。中国标签形象有“东亚病夫”的精神形象、“小脚女人”和“猪尾巴”的社会风俗形象、“食不果腹”的民众形象、“一盘散沙”的民族形象、“兵丁羸弱”的国防形象等。近代中国形象在逐渐褪去原有光环的同时，仁人志士维新思变，勇于反抗的救亡运动则构建了近代中国没落与抗争交织的不屈形象。中华人民共和国成立后，中国形象发生了根本变化。一个自立自强、艰苦创业、努力进行现代化建设、朝气蓬勃、改革开放、积极发展的中国形象树立起来了。

2013年中国外文局对外传播研究中心牵头，在美国、英国、印度、巴西等7个国家开展了第二次中国国家形象全球调查，访问样本共计3017人，覆盖1855名当地居民。调查显示：中国在国际民众眼中神秘而富有魅力。中国人“幸福、温顺、理性、神秘”。其中，俄罗斯民众认为中国人最神秘，巴西民众认为中国人理性、守旧、有个性，南非民众认为中国人最具创新性，英国民众认为中国人最温顺，印度民众认为中国人最幸福。中国经济进步、社会稳定、山河秀美的东方大国形象对外国民众颇有吸引力，多数海外民众对中国抱有乐观预期并有来华意愿。中国坚持和平发展、共同发展的国际努力得到认可，负责任大国形象正在逐步树立。①

二、文化传播与国家形象

文化是一整套渗透于人类活动的外在形式以及思想深处的价值观念。一个国家的文化，多维度地体现在国民的理想道德、价值观念、文化科学素养和民族文化传统，以及民族性格、民族心理、风俗习惯上，渗透在国

① 周庆安:《中国形象的历史演变》,《时事报告》，2014年第5期，第54页。

家意志、国家行为、外交政策之中。在传播全球化的今天，文化对国际政治的作用越来越突出。美国社会学家罗兰·罗伯森指出，一切国际政治都是文化性的，我们正处在全球范围的文化政治时期。因此，只有深刻审视文化符号的性质及其转变和影响，才能充分理解这些力量是如何塑造并改变我们对自己生命的象征性的理解。譬如，西方当代文化成功地继承了各自文化传统中具有强大活力的因素，推出了自己行销全球的文化时尚品牌并且逐步成为自身文明的时尚象征。美国电影大片、芯片、薯片等不仅为美国带来丰厚的商业利益，而且也成为承载美国文化的有机组成，渗透着经过精心美化的美国形象，推销着美国的生活方式和价值观念，影响着他国的文化空间。

徐稳[①]认为：世界上的文化划分为很多类型。不同的文化类型之间在意识形态、价值观、信仰方面均有差异。美国学者把文化差异分为四个层次：第一，没有文化上的差异，两个国家语言也相同，如美国和加拿大。第二，很小的文化差异，国家之间具有相同的语言，如美国与英国、澳洲等，比较容易沟通。第三，中等程度的文化距离，国家之间具有相同的文化渊源，但语言不同，如美国与欧洲国家，共享西方文明，但是语言不同，差异较大；又如中国与日本、越南、韩国，虽然享有共同的儒家式文化，但是语言不同，文化差异很大。第四，大的文化差异，国家之间具有不同的文化渊源、不同的语言，如中国与美国、美国与阿拉伯国家等文化差异就很大。文化传播者只有充分关注不同文化类型的差异，研究不同文化类型的共性，寻找不同文化类型的共通之处，才能增进理解，减少文化隔阂，避免文化的冲突。

譬如，“花木兰”本是有着浓厚中国元素的经典中国故事，但迪士尼在拍摄电影《花木兰》时，运用好莱坞的技巧，把花木兰“变成了一个更容易被不同文化观念接受的，父女间有着双向的爱，以荣耀家庭为责任的女性发现自我的故事，而不再是原来那个只强调单方面付出的孝女传说”[②]。不难看出，优秀文学作品指向的都是人类共同的情感，文化传播只有选择有效的文化范式来阐释人类对真善美的追求，才能更好地为生活在不同文

---

① 徐稳：《全球化背景下当代中国文化传播的困境与出路》，《山东大学学报（哲学社会科学版）》，2013年第4期，第96—103页。

② 陈娟、范葳：《全球化语境下现代影视传媒的文化转换》，《文教资料》，2006年第3期，第26—27页。

化环境的人感知接受，才能有效提升文化传播的影响力。海外汉语教学也不例外。

三、海外汉语教学国家形象表达思考

英国史学家阿诺德·汤恩比早在 1975 年就预言：“二十一世纪是中国人的世纪。”

孔子学院是推进海外汉语教学的重要举措，以孔子学院为主体的海外汉语教学应充分借鉴塞万提斯学院、歌德学院的经验，以海外汉语教学为抓手，在推广汉语教学、传播中国文化的基础上，实现当代国家形象的文化表达，提升中国文化的影响力，消除各种误读附会不实之说。经过多年的发展，以孔子学院为主体的海外汉语教学在世界上已有较大影响。就非洲来看，海外汉语教学在非洲得到蓬勃发展，呈现出学员规模稳步增长，教学质量不断提高；本土汉语师资培养培训初见成效；文化交流活动丰富多彩，各具特色；日益注重职业技术培训等几大特点。以孔子学院为主体的海外汉语教学能否透过日常具体的汉语言教学，担负起文化传播的重任，增进文化理解，实现国家形象的当代表达，是海外汉语教学需要认真思考的问题。

中国文化是一个内涵十分丰富的概念。什么样的文化表述既能代表中国的文化精髓，体现中国的核心价值和软实力，又能彰显中国文化的独特魅力，实现国家形象的正确表达，这既是一个重要的学术命题，也是海外汉语教学需要认真思考的问题。历史原因，我们在对外文化传播中过多地停留在京剧、武术、剪纸、唐装汉服等传统文化方面，对现代中国的政治经济文化展示不够。对历史传统的介绍多，对当今现代的宣传不够，这存在一定的古厚今薄的倾向。与此相对，其他国家对我国的文化输出则形式多样，从影视、书刊、时装、快餐乃至迪士尼乐园，与现代社会和生活密切相关，易为社会大众所接受。我们必须承认传统与现实始终存在一定的距离，悠久的文化传统必须通过“现实”的路径，经过传统与现实的融合、转化，才能更好地发挥影响力，生成文化软实力。海外汉语教学中，需要语言与文化、传统与现代相交融的理念，改变单一的教学模式，变语言教学与文化传播为一个有机体系，寓传统于现代中，让世人看到一个令人耳目一新的中国，而不仅是一个传统而古老的中国，从而实现国家形象的当代表达。

目前以孔子学院为主体的海外汉语教学既要控制学院数量，提高办学质量，更需要将汉语学习者尤其是青少年吸引进来，以海外汉语教学为纽带，促进中外政治、经济、商务、体育等多方面交流，提升中国文化国际影响力，实现由语言教学到历史文化传播，从文化思想传播到国家形象当代表达的目标。针对海外汉语教学的教学环境，教学中应积极举办各种文化交流活动，展现中华文化的魅力，增进学生对中国的感知，为进一步的影响传播奠定感性基础。非洲各孔子学院为扩大影响，仅 2012 年即组织各类文化交流活动近 600 场，参加人数约 40 万人次。配合汉语教学开设了中华文化才艺班，在传授中华才艺同时，按物质文化、行为文化、精神文化等形态推介中国文化，并从学生的反馈中研究非洲学生对中国文化的态度。牛长松在《孔子学院与中国对非语言文化外交》[①] 中介绍了他们在孔子学院问卷调查的情况。问卷针对物质文化和行为文化设计了 15 项具有代表性的中华文化形态的问题：物质文化包括长城、五星红旗、熊猫、长城、中国菜、黄河、兵马俑、中央电视台（CCTV）等项；行为文化包括中国功夫、中国书法、京剧脸谱、太极拳、中医、中国诗词、舞龙舞狮等项。针对精神文化及价值观，问卷设计了 6 项有关中国的制度与理念，包括仁爱、和谐社会、独立自主、和平发展、人民代表大会制度、和而不同等问题。在设计孔子学院学生对中非关系认知时，参考中国香港学者沙伯力的问卷[②]，设计了中国发展模式、对中资企业的满意度、对中国商人的看法、对中国对非政策的看法、中国对非洲国家的帮助程度等问题。调查问卷选择了西非喀麦隆孔子学院、北非埃及开罗孔子学院和苏伊士运河大学孔子学院、南非博茨瓦纳大学孔子学院的学生为调查对象，最终收回问卷 493 份，有效问卷 387 份。从问卷分析看：孔子学院学生对孔子学院举办的 7 类文化推广活动，参与度最高的是武术表演、文化节；通过语言教学，非洲人民了解了中国，对中国的印象积极正面，84.7% 的孔子学院学生喜欢中国。喜欢的理由是：中国是个美丽的国家，文化历史悠久，人民勤劳，经济发达，主张和平共处，尊重多元文化。受访的汉语学习者，对中国文化都有浓厚的兴趣，但在吸收中国文化中，对中国菜、熊猫、长城等物质文化，

① 牛长松:《孔子学院与中国对非语言文化外交》,《西亚非洲》，2014年1期，第64—78页。

② 沙伯力、严海蓉:《非洲人对于中非关系的认知（下）》,《西亚非洲》，2010年第11期，第51—59页。

以及中国书法、中国功夫、中国中医等行为文化的认知水平较高，了解程度明显高于其他文化符号。相比于物质文化和行为文化，孔子学院学生对中国核心价值观和社会制度认知程度较低。这是因为学生的汉语水平还不高，对中国文化的了解和理解基本是通过节日文化体验、文化展览等获得相关知识。

在语言教学和文化推广活动中，古为今用，洋为中用，中为洋用，用文化的力量、感情的贴近，让更多外国朋友理解中国人今天的生活、制度和道路，是海外汉语教学需要不断努力的方向。

四、结　语

作为担负国家文化传播重要功能的海外汉语教学，是中华文化传播、国家形象表达的重要途径。就目前而言，通过汉语语言教学与推广，促进中华文化有效传播，匡正各种偏差，准确传输当代中国形象和未来中国发展的国家表达，既是海外汉语教学的当下目标，也是海外汉语教学的终极使命。

迦南神话视域中的圣经海怪研究

——兼论圣经海怪与中国龙的区别

深圳大学　林　艳

引　言

圣经神话研究得到西方学术界普遍认可与接受是在20世纪90年代以后。[①] 古代近东（Ancient Near East）文明重见天日，令学者在近东神话背景下研究圣经神话的做法更具科学性和指导意义。古代近东包括美索不达米亚平原、叙利亚—巴勒斯坦（迦南）以及埃及，其中迦南曾是以色列民族繁衍生息的重要区域。迦南文明对以色列民族及其圣典的影响不可估量，而本文涉足的圣经神话更绕不开迦南神话的影响。

圣经神话经常出现上帝与海怪（sea monsters）争斗的主题。海怪是创造与秩序的对立面，是邪恶的象征。上帝征服海怪的神学意涵就是除掉威胁宇宙的邪恶势力，并恢复创造时的秩序。学界普遍认为上帝与海怪的争斗神话拥有深厚的迦南神话背景，圣经作者借用迦南神话的争斗主题，表

① 也有学者认为圣经中上帝与海怪的争斗神话受巴比伦神话的影响。见Hermann Gunkel, "The Influence of Babylonian Mythology Upon the Biblical Creation Story", in *Creation in the Old Testament*, edited by Bernhard W. Anderson (Philadelphia: Fortress Press; London: SPCK, 1984), pp.25–52; W. G. Lambert, "A New Look at the Babylonian Background of Genesis", in *"I Studied Inscriptions from before the Flood": Ancient Near Eastern, Literary, and Linguistic Approaches to Genesis 1-11*, edited by Richard S. Hess and David Toshio Tsumura (Winona Lake, Ind.: Eisenbrauns, 1994), pp.96–113。

达着完全不同的神学旨趣。[1] 由于中文圣经常将海怪译作“龙”，导致中国基督徒对自身文明里的龙文化抱有深刻的敌意与抵触情绪。圣经海怪的原意为何？早期的圣经翻译为何将海怪译为“龙”？中国的龙文化究竟有什么含义？为了解答这些问题，本文将具体分析圣经里的海怪，并探究圣经作者要表达的神学思想；对圣经海怪的迦南神话背景进行探源，了解它们之间的影响与差异；对圣经海怪与中国“龙”进行区分，帮助中国基督徒与普通读者认识二者的差异，从而消除中国读者对龙文化的迷惑，建立起与自身文化的认同感。

一、圣经主题与海怪

圣经神学主题包括创造、犯罪、堕落、救赎以及末世等，圣经海怪几乎出现在所有这些神学主题内。以下将围绕圣经海怪在创造主题与救赎主题内的具体呈现，逐一分析圣经作者借此表达的神学思想。

1. 创造主题与海怪

圣经创造主题的一个特点就是上帝通过征服海怪进行创造。例如：

“神自古以来为我的王，在地上施行拯救。你曾用能力将海（sea，יָם）分开，将水中大鱼（dragons，הַתַּנִּים）的头打破。你曾砸碎鳄鱼（Leviathan，לִוְיָתָן）的头，把它给旷野的禽兽为食物。你曾分裂磐石，水便成了溪河。你使长流的江河干了。白昼属你，黑夜也属你；亮光和日头是你所预备的。地的一切疆界是你所立的；夏天和冬天是你所定的。”（《诗篇》74：12—14）[2]

这段经文出现的第一个海怪是“海”（sea，יָם）。而在迦南神话里，海神就是亚姆（Yam）。上帝“将海分开”令我们想起《创世记》上帝创造的大能，上帝通过分开诸水创造了穹苍（《创》1：6—7），通过让天下的水聚在一处而使海水与陆地分开（《创》1：9—10），上帝首先要征服海水才进行创造。

“鳄鱼”（Leviathan，לִוְיָתָן）是另一个海怪，鳄鱼的“头”（רָאשֵׁי）使用

---

① 本文引用的中英文圣经如无特别说明，分别是新标点和合本与新修订标准本（New Revised Standard Version）。

② John Day, *God's Conflict with the Dragon and the Sea: Echoes of a Canaanite Myth in the Old Testament*, Cambridge: Cambridge University Press, 1985, pp.65–72.

了复数。迦南神话中的利维坦（Leviathan）就拥有七颗头颅。这个传统也延续到圣经，《启示录》中的大红龙/兽有七头十角（《启》12：3，13：1，17：3）。需要指出的是，“鳄鱼”（Leviathan，לִוְיָתָן）并不等同于自然界的鳄鱼，因前者有舌头，而自然界的鳄鱼是没有舌头的；而且前者的嘴里可以喷火冒烟，这显然与自然界的鳄鱼不是一种生物。“鳄鱼”（Leviathan，לִוְיָתָן）是神话里与创造有关的动物，它与现实世界的鳄鱼或者其他已知的生物不同。①

大鱼（dragons，הַתַּנִּים）也是圣经里的海怪，被认为是鳄鱼的助手。②上帝打碎这些海洋怪物的头，实际上就是杀死、征服海怪，从而令白昼、黑夜、亮光、日头、夏天、冬天这些创造秩序得以巩固（《创》9：22）。

《诗篇》还有其他通过征服海怪进行创造的经文，又如：

“耶和华啊，你所造的何其多，都是你用智慧造成的，遍地满了你的丰富。那里有海，又大又广，其中有无数的动物，大小活物都有。那里有船行走，有你所造的鳄鱼（Leviathan，לִוְיָתָן）游泳在其中。”（《诗篇》104：24—26）

《诗篇》104 章是智慧文学的篇章之一。耶和华用智慧创造万物，这样的创造在《箴言》里出现过：“在耶和华造化的起头，在太初创造万物之先，就有了我（智慧）……那时，我在他那里为工师，日日为他所喜爱，常常在他面前踊跃。”（《箴》8：22—30）创造主题与智慧文学在这里实现了交汇。这里强调威胁宇宙秩序的鳄鱼——那么凶猛的海怪——都是耶和华创造的，它与上帝的其他造物和平共处。③这段经文也再现了《创世记》1 章上帝在第六天创造时的情景：“造出大鱼（great sea monsters，הַתַּנִּים）和水中滋生各样有生命的动物，各从其类”（《创》1：21）。通过这种方式，上帝实现了对海怪的征服，实现了对创造秩序的确立。

《约伯记》中也出现了圣经中的其他海怪：

“他以能力搅动大海（sea，יָם），他藉知识打伤拉哈伯（Rahab，רַהַב）。藉他的灵使天有装饰；他的手刺杀快行的蛇（twisting serpent，נָחָשׁ בָּרִחַ）。看哪，这不过是神工作的些微，我们所听于他的是何等细微的声音，他大

① John Day, *God's Conflict with the Dragon and the Sea: Echoes of a Canaanite Myth in the Old Testament*, Cambridge: Cambridge University Press, 1985, p.24.

② Ibid., p.73.

③ E. Hertlein, 'Rahab' *ZAW*, No.38, (1919–1920), p.135.

能的雷声谁能明透呢？”（《约伯记》26：12—14）

这段经文描述了耶和华战胜海怪，并在结尾欢呼他创造的权能。其中出现了海怪“拉哈伯”（Rahab，רַהַב），早先的学者赫尔特林（E. Hertlein）主张拉哈伯指代埃及，上帝打伤拉哈伯就是摧毁埃及。[①] 赫德尔（A. Heidel）认为拉哈伯是真实存在过的远古海洋生物，后来消失了。[②] 学者现在不大接受这样的看法。学者戴（John Day）主张拉哈伯与后文提到的另一种海怪“快行的蛇”（twisting serpent，נָחָשׁ בָּרִחַ）等同。由于“快行的蛇”是鳄鱼（Leviathan，לִוְיָתָן）的另一种称呼（《赛》27：1），所以拉哈伯可能是鳄鱼的代名词。[③]

《约伯记》还出现了一种海怪“河马”。“你且观看河马（Behemoth，בְהֵמוֹת）。我造你也造它，它吃草与牛一样。”（《约伯记》40：15）近代学者一般认为“Behemoth（בְהֵמוֹת）”就是“河马”（hippopotamus），是现实世界里真实存在的动物。[④] 现在的学者一般认为它也是上帝在创造时征服的神话海洋生物，是骄傲、邪恶的象征。“Behemoth（בְהֵמוֹת）”一词源自迦南神话“艾勒之牛阿提克”（El's calf Atik），这是一种与鳄鱼（Leviathan，לִוְיָתָן）类似的神话动物。[⑤] 如果说《诗篇》里出现海怪，是为了颂扬上帝创造时斩杀海怪的神功武力，那么《约伯记》里反复出现海怪，则是为了说明约伯连上帝所造的海怪都无法理解，约伯又如何能够明白上帝创造的奇妙和他目下的景况。因此，约伯应该谦卑顺从上帝那奇妙不可测度的旨意。[⑥]

本文目前已经列举了圣经中出现的海（sea，יָם）、大鱼（dragons，הַתַּנִּים）、鳄鱼（Leviathan，לִוְיָתָן）、拉哈伯（Rahab，רַהַב）、快行的蛇（twisting serpent，נָחָשׁ בָּרִחַ），河马（Behemoth，בְהֵמוֹת）等海怪，圣经神学描述它们都是上帝在创造时征服的动物，是威胁创造的邪恶力量。它们大多来自迦南神话，在自然界中并不存在。圣经神学认为上帝通过斩杀这些海怪从而能建立或重新确立世界秩序，人应当敬畏上帝创造的奇妙和大能。

---

① A. Heidel, *The Babylonian Genesis: The Story of Creation*, Chicago: the University of Chicago Press, 1951, p.107.

② John Day, *God's Conflict with the Dragon and the Sea*, p.39.

③ Ibid., p.62.

④ Ibid., pp.81–82.

⑤ Edgar. Jones, *The Triumph of Job*, London: SCM, 1966, p.108.

⑥ John Day, *God's Conflict with the Dragon and the Sea*, p.90.

而敬畏耶和华是智慧的开端（《箴》9：10），创造主题与智慧文学在此处有了神学上的连接。

2. 救赎主题与海怪

《圣经》中上帝与海怪的战争最初发生在创造之时，圣经神学认为随着人类历史的展开，这种神怪冲突不但没有消失，反而以各种形式参与历史发展的进程。上帝多数时候站在以色列一方，而海怪幻化成以色列一个又一个敌国。以色列与敌国的冲突象征创世之初上帝与海怪争斗的历史再现。因此，上帝与海怪争战的创造主题历史化为上帝帮助以色列打败敌国的救赎主题。以色列历史上影响深远的敌人是埃及，因以色列在埃及长期寄居为奴。以色列王国时期，虽然埃及不再是当时世界的主宰，但是埃及压迫以色列的历史深植于人们的意识：

“埃及的帮助是徒然无益的，所以我称他为坐而不动的拉哈伯（Rahab，רַהַב）。”（《以赛亚书》30：6—7）

这段经文的成书时间约在公元前705年至前701年之间，其中透露的谴责犹大与埃及结盟的蠢行在《以赛亚书》中频频出现。因埃及的帮助是徒劳无益的。这句经文直接告诉人们埃及就是邪恶的海怪化身，但有的经文表达不那么明显：

“我要提起拉哈伯（Rahab，רַהַב）和巴比伦人，是在认识我之中的。看哪，非利士和推罗并古实人，个个生在那里。”（《诗篇》87：4）

拉哈伯在这里与巴比伦人、非利士人、推罗人以及古实人这些外邦人相提并论，所以这些民族多少带有海怪的邪恶形象。就连没多少影响力的古实人都在这个列表里，也没有提及当时能够平衡北方强国巴比伦的埃及。因此，学者认为此处的拉哈伯就是埃及。①

埃及作为海怪的意象也出现在《以西结书》中：

“埃及王法老啊，我与你这卧在自己河中的大鱼（the dragons，הַתַּנִּים）为敌。你曾说：这河是我的，是我为自己造的。我耶和华必用钩子钩住你的腮颊，又使江河中的鱼贴住你的鳞甲……”（《以西结书》29：3—5）

先知以西结也将埃及比作“大鱼”（the dragons，הַתַּנִּים），使用这个意象是因为出埃及的拯救主题与红海有关（《出》14）。不过这里做了去神话的处理（demythologization），上帝并不直接与海怪争斗，而是分开红海、

① John Day, *God's Conflict with the Dragon and the Sea*, p.96.

让海水淹没埃及军兵。[①] 以西结是被掳到巴比伦的先知，他用上帝过去对以色列的拯救事件作为复兴掳民的依据。

埃及这头海怪象征以色列的敌人，巴比伦也是上帝要击打的对象：

“耶和华的臂膀啊，兴起！兴起！以能力为衣穿上，像古时的年日、上古的世代兴起一样。从前砍碎拉哈伯（Rahab，רַהַב）、刺透大鱼（dragon，הַתַּנִּים）的，不是你吗？使海（sea，יָם）与深渊（the great deep，תְּהוֹם）的水干涸、使海的深处变为赎民经过之路的，不是你吗？”（《以赛亚书》51：9—11）

这首哀歌出自第二以赛亚（《赛》40—55），成书于以色列被掳巴比伦时期。[②] 经文里出现的大鱼、海、深渊、拉哈伯这些海怪象征以色列的仇敌，成为邪恶的化身。“像古时的年日、上古的世代兴起一样”指上帝在创世之初与海怪争战，最终确立创造的美好秩序。“使海与深渊的水干涸、使海的深处变为赎民经过之路”特指出埃及过红海的拯救事件。被掳的先知即以上帝过往的拯救行为作为信心的基础，盼望他的臂膀再度兴起。先知认为上帝不仅在创世之初和出埃及拯救事件中击败海怪，也必将在拯救巴比伦掳民的过程中战胜海怪，而被掳归回就是新的创世与新的出埃及（《赛》56—66）。

需要指出的是，“深渊”（the great deep，תְּהוֹם）也是海怪的一种，最早出现在《创世记》开篇“起初，神创造天地。地是空虚混沌，渊面黑暗”（《创》1：1—2）。早期研究古代近东神话的学者衮克尔（Hermann Gunkel）认为“深渊”原是巴比伦创世神话里的女神提阿玛特（Tiamat）。[③] 但是有其他学者认为以色列的“深渊”源自迦南神话。因为《创世记》1章与深受迦南神话影响的《诗篇》104章极其相似，而前者的成书时间晚于后者，[④] 所以《创世记》1章也深受迦南神话的影响。[⑤] 不过，巴比伦文

① 公元前587年，犹大国首都耶路撒冷被巴比伦王尼布甲尼撒摧毁，第一圣殿被捣毁，以色列王国时代从此结束。国王、贵族、祭司和工匠在内的上万名犹大人被掳掠到巴比伦，史称“巴比伦之囚”（Babylonian Exile）。《以赛亚书》40—55章的成书时间就在此一时期。

② Hermann Gunkel, “The Influence of Babylonian Mythology Upon the Biblical Creation Story”, pp.25–52.

③ B. W. Anderson, *Creation versus Chaos: The Reinterpretation of Mythical Symbolism in the Bible*, Philadelphia: Fortress Press, 1987, pp.91–92.

④ John Day, *God's Conflict with the Dragon and the Sea*, p.51.

⑤ W. G. Lambert, “A New Look at the Babylonian Background of Genesis”, *JTS*, 1965 (16), p.289.

明并不是一个封闭孤立的体系，而是海纳百川、高度发展的文明。我们很难说她里面所有的元素都来自古代美索不达米亚，严格说她意味着泛巴比伦主义（pan-Babylonism）。她可能和以色列人的《创世记》有部分内容对应，也可能和迦南、古代埃及、哈兰、赫梯以及早期希腊文明发生关联。[①]因此，两种看法都有其合理性。

海怪在圣经当中还指代亚述（叙利亚）：

“主必使大河（river，נָהָר）翻腾的水猛然冲来，就是亚述王和他所有的威势，必漫过一切的水道，涨过两岸；必冲入犹大，涨溢泛滥，直到颈项。以马内利啊，他展开翅膀，遍满你的地。”（《以赛亚书》8：7—8）

海怪“大河”（river，נָהָר）指代亚述王和他的威力，亚述并没有被上帝击败，上帝反而令他暂时获得胜利。这段经文反映了公元前734年至前731年北国—叙利亚危机时，北国和叙利亚联手攻击犹大国。先知以赛亚将拯救的消息“神与我们同在”（以马内利）带到锡安，以此坚立南国犹大人的信心。[②]

圣经神学认为上帝与海怪冲突的历史化就是上帝不断干预人类生活并拯救以色列人的过程。历史上，以色列与周边民族交往频繁，圣经记载了众多邻国对以色列的欺压与侵犯。圣经作者将这些事件用上帝与海怪争战的神话形式加以表达，以此从神学上说明上帝创造美好的世界并不意味着他就此隐退，而是不断出现在以色列历史中，并施行拯救。

二、迦南神话视域考

古代迦南（Canaan）地处现今叙利亚—巴勒斯坦一带，是古代近东这一文化地理概念的一部分。以色列民族至被掳时期已在迦南生活了上千年，迦南的文化和文明深深影响了以色列民族的方方面面，包括她的神话。迦南神话最初被刻在泥板上，后埋没于历史的尘埃。直到1928年，一位阿拉伯农夫犁地时发现一些泥板残片，后在考古学家谢福（C. F. A. Schaeffer）的带领下让这批泥板重建天日，迦南神话也因此出现在众人眼前。发现泥板的地方是古代迦南乌加里特（Ugarit）城市，现今被称作拉斯沙姆拉

① John Day, *God's Conflict with the Dragon and the Sea*, p.103.

② G. R. Driver, *Canaanite Myths and Legends*, Edinburgh: T. & T. Clark, 1978, p.1.

（Ras Shamra）。[①] 这些刻有楔形文字的泥板形成于公元前 13 世纪，而乌加里特城在大约公元前 1200 年被海上民族（Sea Peoples）入侵毁灭。泥板真实再现了公元前 13 世纪的迦南宗教生活。[②]

迦南神话的主体部分围绕巴力（Baal）登基做王展开。最早的主神是艾勒（El），河神亚姆（Yam）是他的儿子。河神受到科塔—哈西斯（Kothar-and-Hasis）的威胁，于是他派使节到父神艾勒那里，要艾勒在立山（Mount LI）召集众神迫使巴力投降，这样亚姆就可以拥有他的黄金。使节到达时，众神正在欢宴，巴力坐在艾勒旁边。亚姆的使节令众神畏惧，但巴力毫无惧色并谴责使节。女神阿纳特（Anat）和阿斯塔特（Astarte）劝阻巴力不要发怒。行文至此出现残缺，后面就出现巴力和亚姆的冲突。亚姆明显处于优势，这时科塔—哈西斯介入并鼓励巴力。[③]

科塔—哈西斯成立了两个帮派（club），命名为"驱逐者"，并念咒以助声势。第一个帮派与亚姆作战时失败，第二个成功了。[④] 然后，女神阿斯塔特指导巴力收拾亚姆的残骸，最后宣布："亚姆已死，巴力为王！"行文至此，泥板又出现残缺，后文就是建造巴力的宫殿。巴力及他的配偶阿纳特也与迦南神话其他海怪利维坦（Leviathan）、亚姆（Yam）、阿尔斯（"艾勒之牛"阿提克）等有过争斗。[⑤]

圣经中神怪冲突的主题深受迦南神话的影响。不过迦南神话里的创造主是艾勒，巴力才是与海怪争斗的神祇。到了圣经神话这里，创造主就是那位与海怪争斗的上帝。圣经作者借用迦南神话的争斗主题，剔除其中多神信仰的痕迹，努力表达以色列上帝的一神崇拜与信仰。

三、圣经海怪与中国龙

圣经中的"dragon"是威胁创造的海怪，是魔鬼、邪怪和暴力的象征，上帝通过斩杀"dragon"完成创造或施行拯救。而"龙"是中国古人

① Walter Beyerlin, ed., *Near Eastern Religious Texts Relating to the Old Testament*, Philadelphia: Westminster, 1978, p.186.

② Frank Moore Cross, *Canaanite Myth and Hebrew Epic: Essays in the History of the Religion of Israel*, Cambridge: Harvard University Press, 1973, p.114.

③ Frank Moore Cross, *Canaanite Myth and Hebrew Epic*, p.115.

④ Ibid., p.119.

⑤ 庞进:《中国祥瑞：龙》，西安：陕西人民出版社，2012 年，第 2 页。

对“蛇、鳄、鱼、鲵、猪、鹿、熊、牛、马等动物，和雷电、云、虹、龙卷风等天象经过多元融合创造而成，具备长身，大口，大多有角、有足、有鳞、有尾等形象特征，和喜水、好飞、通天、善变、显灵、征瑞、示威等品性的神物；其实质是中华先民对自然力的神化。经过漫长时间的创造、演进和升华，龙已成为中华民族的广义图腾、精神象征、文化标志和情感纽带”。① 但是，中国的圣经翻译长期以来将西方“dragon”的形象与中国“龙”的概念匹配，这种误译的影响是巨大的，直到今日依然没有改观。“我国一部分基督教信众根据圣经盲目地认为‘龙’就是魔鬼，因而产生不利于基督徒与非基督徒和好的事例”②，从而严重影响中国基督徒对自我身份的认识。③ 文化上的误译对世俗社会也有很大影响。

中国的祥瑞图腾“龙”如何成为圣经海怪“dragon”？这要追溯到首位来华的新教传教士罗伯特·马礼逊（Robert Morrison, 1782–1834）。他将钦定本旧约和新约 34 处“dragon”中的 33 处译为中国的“龙”，另外一处译为“妖兽”(《赛》27：1)。犹太裔学者施约瑟（Samuel Isaac Joseph Schereschewskv, 1831–1906）比之前译者使用了更多的“龙”字。“传教士利用这种翻译引申出一种压迫性的基督教观念：圣经中的上帝长期与中国文化做斗争，制裁中国文化和宗教中的罪恶。他们设想能够获得上帝的授权，摧毁存在于中国文化结构中的撒旦。”④

“龙”似乎成为这场论争的焦点。因此，厘清圣经“龙”的翻译，可以帮助我们看懂两种异质文化下的表征符号。现以《以赛亚书》27：1 出现的海怪为例：

“到那日，耶和华必用他刚硬有力的大刀刑罚鳄鱼（לִוְיָתָן），就是那快行的蛇（נָחָשׁ）；刑罚鳄鱼（לִוְיָתָן），就是那曲行的蛇（נָחָשׁ），并杀海中的大鱼（הַתַּנִּים）。”

希腊文七十士译本（LXX）记录的海怪分别有“Leviathan”“serpent”“dragon”。“Leviathan”音译为“利维坦”（לִוְיָתָן）；“serpent”采用的希伯

---

① 赵志恩：《圣经观与“龙”的问题》，《金陵神学志》，2006 年第 3 期，第 64 页。

② 在一些保守基层教会，甚至出现不愿意过农历新年的现象，乃至对中华五千年文明加以否定的极端态度，将“中国历史上的不幸归咎于中国文化中对龙的崇拜”。同上注。

③ 李炽昌：《多神与一神之张力：圣经翻译处境化的商榷》，《深圳大学学报（人文社会科学版）》，2013 年第 1 期，第 16 页。

④ 例如《出埃及》7：9，10，12；《申命记》32：33；《诗篇》91：13；等等。

来语是“נָחָשׁ”一词；“dragon”的希伯来语用了“תַּנִּין”一词。后来的各类英文版本的圣经，诸如钦定本、修订标准本（Revised Standard Version）以及新英语圣经（New English Bible）都对第一类海怪采用了音译。对第二类海怪的翻译，钦定本采用了“piercing serpent”，修订标准本是“fleeing serpent”。第三类海怪，修订标准本使用了“dragon”的译法，但是同样在这个译本的其他经文里，这个词有时被译成“serpent”。[①] 钦定本译成“dragon”。[②] 有时钦定本也采用“whale”这一译法。[③]

总之，“תַּנִּין”这个词在现代译本里使用的频率要比旧版本低：钦定本比七十士译本低，而修订标准本又比钦定本低。新英语圣经通常译为“sea monster”，例如《诗篇》74：13；有时也译为“monster”，例如《以赛亚书》27：1和《以西结书》29：3。新英语圣经采用的这个译法就取代了修订标准本“dragon”的译法。当然也有例外的情况，在新英语圣经《以赛亚书》51：9和《耶利米书》51：34那里，“dragon”的译法依然保留着，而修订标准本《耶利米书》51：34的译名采用了“monster”一词。

大多数中文圣经已经抹除了“龙”的译名。和合本就将“לִוְיָתָן”译作“鳄鱼”，将“תַּנִּין”译作“大鱼”。天主教思高本圣经仍然将“תַּנִּין”译作“龙”，例如《耶利米书》51：34；有时还将这个词译成“毒龙”，例如《诗篇》74：13，91：13；或者还有“飞龙”的译名，例如《约伯记》26：13；更有“蛟龙”的译法，例如《以赛亚书》27：1和《阿摩斯书》9：3。只有吕振中译本和现代中文译本恰当考虑了古代迦南的文化背景，将“תַּנִּין”译为“海怪”。不过，现代中文译本有时也保留了“龙”的译名，例如《以赛亚书》27：1“לִוְיָתָן”被翻译成“戾龙”；《耶利米书》51：34“תַּנִּין”被译作“巨龙”。但是所有这些现代译本，无论是英文还是中文圣经，仍然将《启示录》里的海怪译作“dragon”（龙）。现代中文译本更试图将“龙”译成“戾龙”（the perverse dragon）。[④]

为了方便读者阅读和比较，现列表如下：

---

① 例如《诗篇》148：7和74：13。

② 例如《约伯记》7：12。

③ 例如《启示录》12：3，7，9；13：2，4，11；16：13，20：2。

④ 庞进：《中国祥瑞：龙》，第3页。

圣经版本	海怪一	海怪二	海怪三
七十士译本（LXX）	Leviathan 《以赛亚书》27：1	Serpent 《阿摩斯书》9：3； 《创世纪》3：1	Dragon 《约伯记》26：13
马索拉抄本（MT）	לִוְיָתָן	נָחָשׁ	תַּנִּין
詹姆士王钦定本（KJV）	Leviathan	Serpent 《约伯记》7：12	Dragon 《诗篇》74：13； 148：7/ Whale 《约伯记》7：12
修订标准译本（RSV）	Leviathan	serpent	dragon
新英文圣经（NEB）	Leviathan	sea serpent	monster 《以西结书》29：3
和合本	鳄鱼	蛇	大鱼
天主教思高本	里外雅堂	飞龙 / 蜿蛇	蛟龙 《耶利米书》51：34
吕振中译本	鳄鱼	蛇	蛟龙
现代中文译本	戾龙	古蛇	海怪 / 巨龙 《耶利米书》51：34

因此，圣经世界的“dragon”与中国“龙”完全不相干。对于中国读者而言，圣经海怪“dragon”除了可以翻译为“蛟龙”（邪恶的龙），也可以根据它的发音译作“劫根”。对于西方读者而言，中国“龙”可以英译为“Loong”。这样就可以避免很多文化上的误读和由此造成的隔阂。

结　论

圣经中象征邪恶的海怪经常被翻译成中国文化里的“龙”，这样的误译可能造成中国基督徒对自身文化传统的抵触和对本民族身份的焦虑，亦不利于西方基督教国家对中华文化的接纳与欣赏。本文正是出于这样的认识研究圣经中的海怪。圣经海怪是创造的对立面，是邪恶的象征。圣经神学认为上帝通过征服海怪完成创造的奇功，又在历史中与海怪不断争战施行拯救。圣经海怪有深厚的迦南神话背景，这样的研究有助于读者认识到圣经在本质上体现了“多元宗教经典”的特质。希伯来圣经作者竭力在文本中做去神话处理，并使之适应以色列社群的一神信仰。中国读者在研读圣经时，如果能够考虑这种异教神话背景，无论对加深圣经的认识还是接纳文化传统身份都有借鉴意义。

英使团亚历山大戏曲题材画作考

——兼论戏曲题材西方画的写实性

深圳大学　陈雅新

威廉·亚历山大是英国马戛尔尼（George Macartney）访华使团的画师之一。他1767年生于肯特郡的梅德斯通镇；1782年至1784年间可能从师过画家朱利叶斯·凯撒·伊布森（Julius Caesar Ibbetson）；1784年2月27日，被皇家学院录取为美术生，并在此度过了七年，直到1792年随使团出访中国；1802年获得白金汉郡皇家军事学院的风景画画师职位，并入选古物学会会员；1808年入职大英博物馆，任助理管理员；1816年于家乡梅德斯通镇去世。随使团出访中国，并绘制了数量庞大的中国题材画作，是他一生中最大的事迹与贡献，因此被写入墓志铭中。①

当时的英国为了在中国获得更多的经济利益，以为乾隆祝寿为名，派遣使团于1792年9月26日起航，1793年（乾隆五十八年）8月抵达天津，随即入京，9月2日启程赴热河觐见了83岁的乾隆皇帝，9月25日返回北京，经白河、大运河先抵杭州，后抵广州，于12月19日正式受到广州官员的接待。离开广州后，在澳门停留了一段时间始返航，于1794年9月回到英国。这是中英第一次通使。在18世纪的大部分时间里，东方的影响力一直在欧洲建筑、陶瓷、家具设计和园林造景中的起着重要作用。特别在1730年至1760年间“中国风”在英国盛行，尽管到18世纪末有所衰退，但仍是19世纪英国品味的一个显著特征，所以任何有关中国人生活的第一

① 关于亚历山大的生平事迹，详参：Susan Legouix, *Image of China, William Alexander,* London: Jupiter Books Limited, 1980, pp.5–20。

手研究，都必定引起受过教育的公众相当的兴趣和好奇。亚历山大一定已经意识到他将有机会利用这段经历，因此花了至少七年的时间修改他的中国素描，创作出一大批水彩画与插图成品。[①]中国的山水、人物、服饰、风俗等方面都被绘诸笔下。

他的作品现主要存于英国伦敦的印度事务部图书馆（现转至大英图书馆）、大英博物馆、维多利亚和阿尔伯特博物馆，美国纽黑文的耶鲁大学英国艺术中心、加州的亨廷顿图书馆，以及他家乡的梅德斯通博物馆，并有相当数量的画作藏在私人手中。其中大英图书馆的藏画最多，约 870 幅。[②]其中已出版的作品主要见于他 1805 年出版的《中国服饰》[③]和 1814 年出版的《中国人的服饰和礼仪图解》[④]二书，以及使团其他成员的回忆录中。[⑤]

李惠在其论文第四章“图像：中国戏剧的具像化”中，梳理了包括亚历山大画作在内的马戛尔尼使团在华观剧的相关史料，勾勒出了英使观剧的整体情形，对亚历山大的相关画作进行了分析。文中提供的线索与许多结论，都富有启发性。笔者在此基础上另撰新文，有几点理由。一是李文画作收集不够齐备，未注意到英国曼彻斯特大学惠特沃思美术馆所藏描绘天津戏台的《天津河景》与大英博物馆所藏未经发表的一幅戏曲武将肖像画。二是李文对马戛尔尼使团成员的相关记述利用得不够全面，主要引用了有中文译本的马戛尔尼、斯当东、巴罗和安德逊的著作；[⑥]而本文另外引

---

① Susan Legouix, *Image of China, William Alexander,* London: Jupiter Books Limited, 1980, p.7.

② 关于收藏亚历山大作品的机构，详参：Susan Legouix, *Image of China*, *William Alexander*, 第 5 页及附录 2。

③ William Alexander, *The Costume of China*, London: Published by William Miller, Albemarle Street, 1805.

④ William Alexander, *Picturesque representations of the dress and manners of the Chinese*, London: Printed for John Murray, Albemarle-Street, By W. Bulmer and Co. Cleveland-Row, 1814.

⑤ 以亚历山大的画作为插图的书目，详参 Susan Legouix, *Image of China*, *William Alexander*, p.22。

⑥ ［英］马戛尔尼著、刘半农译:《乾隆英使觐见记》，天津：百花文艺出版社，2010 年;［英］斯当东著、叶笃义译:《英使谒见乾隆纪实》，北京：群言出版社，2014 年;［英］爱尼斯・安德逊著、费振东译:《英国人眼中的大清王朝》，北京：群言出版社，2001 年;［英］乔治・马戛尔尼、［英］约翰・巴罗著，何高济、何毓宁译:《马戛尔尼使团使华观感》，北京：商务印书馆，2013 年。此外，相关史料的中译本还有:［英］威廉・亚历山大著、沈弘译:《1793：英国使团画家笔下的乾隆盛世》，杭州：浙江古籍出版社，2006 年;［英］威廉・亚历山大著，赵省伟、邱丽媛编译:《西洋镜——中国衣冠举止图解》，北京：北京理工大学出版社，2016 年，等等。

用了未有中译本的亚历山大和福尔摩斯·塞缪尔的日记。其中藏于大英图书馆的亚历山大日记尚未经出版，是了解画家本人对戏曲态度的重要材料之一。[①] 三是在英文古籍方面，由于使用中译本，李文存在一些对原著重要信息漏读与误解的情况；而本文皆用原著第一版或最佳英文整理版，自译过程中发现也避免了中译本的不少问题。更重要的是，李文的主旨在于探讨文化隔阂造成的西方人对戏曲的迥异认识；笔者则认为，在做他方面研究之前，首先要对核心材料——亚历山大戏曲题材画作的基本历史信息进行全面考察，具体分析画作内容的写实性，这是利用其作为史料的基础工作。

一、剧场建筑画

1793 年 8 月 11 日，英使团抵达天津。亚历山大有两幅画描绘此日天津一河畔剧场演戏的场景。一幅名为《天津剧场》，现藏于大英图书馆，为其画集《372 幅描绘 1792 至 1794 年马戛尔尼勋爵出使中华帝国所见山水、海岸线、服饰与日常生活》（*Album of 372 drawings of landscapes, coastlines, costumes and everyday life made during Lord Macartney's embassy to the Emperor of China. Between 1792 and 1794. Artist*）中的第 181 幅。画集编号 WD959：1792–1794。[②] 此画长 20 厘米，高 10 厘米，右上角书“Theatre at Tien Sin”（天津剧场）。[③] 另一幅名为《天津河景》，现藏于英国曼彻斯特大学惠特沃思美术馆（University of Manchester, Whitworth Art Gallery），编号：D.1955.4。画宽 45.7 厘米，高 28.6 厘米，右下角有画家署名及日期：

---

① 亚历山大的日记 *Journal of a voyage to Pekin in China, on board the Hindostan E.I.M., which accompanied Lord Macartney on his embassy to the Emperor*，现藏大英图书馆，编号 Add MS 35174，见于数据库 China: Trade, Politics and Culture, 1793–1980。对此日记版本性质的研究，见 Susan Legouix, *Image of China*, *William Alexander*, London: Jupiter Books Limited, 1980, 8。此日记字迹十分模糊难辨，幸得中山大学中国非物质文化遗产研究中心白瑞斯教授（Prof. Berthold Riese）帮助转录，在此致谢。

② 见大英图书馆网页 http: //searcharchives.bl.uk/primo_library/libweb/action/dlDisplay.do?docId=IAMS040–003280426&fn=permalink&vid=IAMS_VU2。

③ 此画被收入刘潞、吴芳思编译《帝国掠影——英国访华使团画笔下的清代中国》（北京：中国人民大学出版社，2006 年）一书。画的尺寸见该书第 20 页。

“W. Alexander 96”，可确定其完成年份为1796年。[①] 这两幅画一近景、一远景，向我们展现了天津河畔剧场演戏迎接英使的场景。

《天津剧场》[②]

《天津河景》（*River Scene, Tientsin*）

对于这次演出，亚历山大在其日记中记载：

8月11日 星期日：……七点钟到达了天津，这个我们要暂时停留之地。……十点钟，大使阁下与随从、护卫们上了岸。此城最高长官及其他高级别官员在岸上以隆重的仪式来欢迎。一座宏伟的公开剧场

---

① 参见惠特沃思美术馆网站：http: //gallerysearch.ds.man.ac.uk/Detail/2149，以及 Susan Legouix, *Image of China, William Alexander,* 50。

② 此图为笔者购于大英图书馆的高清图像，并购得使用权，涉版权问题，如引用，请联系该馆。

建在了河的对岸，以供使团娱乐。演员们装扮得浓墨重彩，跳跃相当敏捷，乃至表演中的动作、吟诵甚至音乐都极度喧嚣，简而言之，因缺乏节制而不能平滑顺畅。[①]

使团的其他成员对此次演剧也多有记述。马戛尔尼在日记中写道：

Sunday，August 11.

This morning we arrived at the city of Tientsin ... Our yachts stopped almost in the middle of the town before the Viceroy's pavilion. On the opposite quay, close to the water, was erected for this occasion a very spacious and magnificent theatre, adorned and embellished with the usual brilliancy of Chinese decorations and scenery, where a company of actors exhibited a variety of dramas and pantomimes during several hours almost without intermission.[②]

[译：8 月 11 日，星期日

今天早晨我们抵达了天津……我们的船停在了几乎位于市中心的总督的行辕前。为了这次接见，对面的岸边建立了一座宽阔壮丽的剧场。它被常见的中国装饰物与舞台布景点缀得十分美观。其上，一个戏班在数小时内几乎无间歇地表演着各种戏剧与哑剧。]

使团副使斯当东对这一内容有着更为详细的描述：

Among other instances of his attention to the Embassador, a temporary theatre was erected opposite to his Excellency's yacht. The outside was adorned with a variety of brilliant and lively colours, by the proper distribution of which, and sometimes by their contrast, it is the particular

① William Alexander, *Journal of a voyage to Pekin in China, on board the Hindostan E.I.M., which accompanied Lord Macartney on his embassy to the Emperor.* 文中有些单词模糊难辨，笔者据前后文意大致翻译。

② Edited by J. L. Cranmer–Byng, *An embassy to China, Being the journal kept by Lord Macartney during his embassy to the Emperor Ch'ien-Lung, 1793-1794,* London: Longmans, 1962, p.78. 中文为笔者译。刘半农译本谓“有神怪之剧、有人事之剧”，不知何据。见刘半农译《乾隆英使觐见记》，第 18 页。

object of an art among the Chinese to produce a gay and pleasing effect. The inside of the theatre was managed, in regard to decorations, with equal success; and the company of actors successively exhibited, during the whole day, several different pantomimes and historical dramas. The performers were habited in the ancient dresses of the Chinese at the period when the personages represented were supposed to have lived. The dialogue was spoken in a kind of recitative, accompanied by a variety of musical instruments; and each pause was filled up by a loud crash, in which the loo bore no inconsiderable part. The band of music was placed in full view, immediately behind the stage, which was broad, but by no means deep. Each character announced, on his first entrance, what part he was about to perform, and where the scene of action lay. Unity of place was apparently preserved, for there was no change of scene during the representation of one piece. Female characters were performed by boys or eunuchs.①

［译：其他让大使留意的事物中，有一座临时剧场搭建在大使停船的对面。剧场外部通过合理的搭配与对比，装饰着各种鲜艳而生动的色彩。创造艳丽而使人愉悦的效果，是中国人的一门特殊技艺。剧场内部也被装饰得同样出彩。一整天中，戏班的演员们成功地演出了几场不同的哑剧与历史剧。表演者穿着剧中人物时代所穿的中国古代服饰。对话是用一种宣叙调来说的，并配有多种乐器伴奏。每次停顿都被一声巨响所填充；其中，锣发挥了很大的作用。舞台很宽，但并不深。乐队就位于舞台的之后、完全可见的地方。每个角色第一次出场时，都要宣布他要表演的是哪一部分以及故事发生的场景所在。地点的统一显然是做到了，因为在一段表演中没有场景更换。女性人物是由男孩或太监来演。］

安德森是马戛尔尼大使的贴身男仆。他的日记也详细记载了这一内容：

① George Staunton, *An authentic account of an embassy from the king of great Britain to the emperor of China,* Vol. Ⅱ , London: Printed by W. Bulmer and CO. For C. Nicol, bookseller to his majesty, Pall-Mall, 1797, pp.30-31.

At half past ten, the Ambassador, attended by all his suite, guards, & c. in full formality, went on shore to pay a visit to the chief mandarin of the city, whose palace is at a small distance from the river, and placed in the center of a very fine garden: it is a lofty edifice, built of brick, with a range of palisadoes in the front, fancifully gilt and painted. The center building has three, and the wings two stories. The outside wall is decorated with paintings, and the roof is coloured with a yellow varnish that produces a very splendid effect. This building contains several interior courts, handsomely paved with broad flat stones.

…

A play was also performed on the occasion, as a particular mark of respect and attention to the distinguished visitor. The theatre is a square building, built principally of wood, and is erected in the front of the mandarin's palace. The stage, or platform, is surrounded with galleries; and the whole was, on this occasion, decorated with a profusion of ribbons, and silken streamers of various colours. The theatrical exhibitions consisted chiefly of warlike representations; such as imaginary battles, with swords, spears, and lances; which weapons the performers managed with an astonishing activity. The scenes were beautifully gilt and painted, and the dresses of the actors were ornamented in conformity to enrichments of the scenery. The exhibition was varied also, by several very curious deceptions by flight of hand, and theatrical machinery. There was also a display of that species of agility which consists in tumbling, wherein the performers executed their parts with superior address and activity. Some of the actors were dressed in female characters; but I was informed at the time, that they were eunuchs, as the Chinese never suffer their women to appear in such a state of public exhibition as the stage. The performance was also enlivened by a band of music, which consisted entirely of wind instruments: some of them were very long, and resembled a trumpet; others had the appearance of French–horns, and clarinets: the founds of the latter brought to my recollection that a Scotch bag–pipe; and their music, being destitute both of melody and harmony, was of course, very disagreeable to our ears, which are accustomed to such perfection in those essential points of music. But we had every reason to be satisfied with the entertainment, the circumstances of which were replete with novelty and curious amusement. ①

[译：上午十点半，大使与他的所有随从、警卫等全副正装，上岸去拜访此城最主要的官员。其宫殿距河边不远，位于一座非常漂亮的花园中心。那是一座用砖砌成的高大建筑，前面围着一系列的栏杆，镀金和绘制得别出心裁。中心建筑物为三层，两翼各为二层。外墙饰以绘画。屋顶涂以黄色清漆，产生出非常华丽的效果。这座建筑包含着几个内部庭院，地面用宽阔平坦的石头铺得很美观。

……

其间也上演了一部戏，是对重要来宾表示尊敬和重视的一个特别标志。剧场是一座方形建筑，主要是木制的，建在官员官殿的前面。这一舞台，或者说平台，四周被回廊围绕；而在此场合下更被饰以缤纷的彩带与五颜六色的丝绸飘带。戏剧展现的主要是战争题材，例如假想的打斗，表演者驾驭剑、枪与矛等兵器展现出惊人的灵敏。舞台布景被镀金和绘制得很漂亮，演员的服装也被装饰得与布景相映衬。演出通过运用一些相当新奇的幻觉手法及剧场机械，呈现多样化。还有一个包含在翻滚中展现敏捷的表演，表演者以优异的演说与动作完成了自己的部分。有些演员穿戴成女性角色，但当时我被告知他们是太监。因为中国人从来不会让女性出现在这样一种公开演出的舞台上。演出也因乐队的伴奏而生动。乐器全为管乐②：有些很长，类似于喇叭；其他的有着法国圆号和单簧管的外观，后者让我想起了苏格兰风笛。他们的音乐既缺乏旋律，又缺乏和声，当然不适宜于我们的耳朵——我们习惯于音乐关键点上的尽善尽美。但我们完全有理由满足于这种娱乐，因为它充满了新奇之趣。]

① Aeneas Anderson, *A narrative of the British embassy to China in the years 1792, 1793, and 1794*, London, 1795, pp.76–77.

② 原文为“The performance was also enlivened by a band of music, which consisted entirely of wind instruments”。“wind instruments”意为“管乐”，而费振东中译本误将其译为“丝弦乐器”。见费振东译:《英国人眼中的大清王朝》，第 63 页。李惠引用了费振东译本此段内容，见其《16—18 世纪欧洲人著述中的中国戏剧》，中山大学博士学位论文，2017 年 5 月，第 170 页。

使团警卫福尔摩斯·塞缪尔在其日记中有如下记载：

We arrived early this day, at the city Tien Sing, where a sumptuous entertainment was provided for his Lordship, and the gentlemen in his train; and a very handsome cold collation of fowls, fruit, & c. sent to his attendants and guard, on board their respective boats; which were all drawn up in such a manner, that they had a full view of a musical tragi–comic representation, in the Chinese style; performed in a temporary building, erected for that purpose, in the front of the chief mandarin's house. The performers were numerous, richly dressed, and very active in different ludicrous attitudes they put themselves into. This entertainment lasted about three hours; and when it was finished, the boats began to move slowly forward.①

[译：我们一早便抵达了天津城。此城为勋爵和与他同行的先生们准备了丰富的娱乐；并将非常精致的禽肉、水果等冷食分送到侍从和警卫的船上；所有这些都是中国式的，包括一部我们能清晰看到全貌的音乐悲喜剧演出；戏剧在一座特意建造的临时建筑上上演，位于最高官员的官邸前。表演者数量众多，衣着华丽，非常活跃地投入于展现不同的滑稽态度。这一娱乐持续了三个小时；结束后，船队开始缓慢地向前行驶。]

从以上记载可知，直隶总督在天津对英使团进行了隆重的欢迎和接待。其中一项重要内容就是演戏娱宾。在七点船队抵达至十点大使登岸的三四个小时内，戏剧不间断地上演，供使团在船上观赏。初来乍到的英国人无疑对这次演出产生了深刻的印象，因此纷纷将之记入自己的日记或回忆录。两画中所描绘的正是为了欢迎大使而临时建造的剧场。其对面，在河的另一岸是总督接待大使的行辕。如安德森所描述，此行辕是一座“非常漂亮的花园”，其中包含着几层院落。位于花园中心的主殿便是总督与大使会谈之所。安德森称其为一座三层的建筑，两翼的建筑为二层，用砖铸成，

① Holmes Samuel, *The Journal of Mr. Samuel Holmes, Serjeant-Major of the XIth Light Dragoons, during his attendance, as one of the guard on Lord Macartney's embassy to China and Tartary, 1792-3*, London: W. Bulmer and CO, 1798, pp.126–127.

围以层层勾栏，雕画得十分精美。我们在画中看不到这些建筑，但可想见剧场所在的整个建筑群的样貌。

从《天津剧场》可见，戏台依一座庭院的前墙而建。总督行辕必面南，因此戏台与画中其他主要建筑皆面北。戏台背后是一座硬山顶建筑，灰色屋瓦，两山之上饰鸱尾，正脊中间饰宝瓶状脊刹，檐下有一排红色檐柱及角柱，斗栱部位被绘成了绿色。硬山顶与灰色屋瓦都说明这是座级别很低的建筑。[①] 檐柱间斗栱部分被绘成了拱形，则不符合中国木结构建筑的形制（如图）。此殿两侧还隐约可见些矮小房屋，其右一座攒尖顶凉亭清晰入画。从《天津河景》还可见戏台背后的建筑群，一座高耸的宝塔格外显眼。戏台右侧远处有一座炮台，其间的河岸上列着一字排开的士兵，一则表示欢迎仪式之郑重，一则向外夷宣示军威。据记载，这些士兵全副盛装，每隔数人便有一人背后绑着一面艳丽的彩旗。但这些勇士们竟有的在这种场合下扇着扇子，配备的火绳枪也早已落伍，还是难免被英人暗笑。[②] 大使的远洋帆船停在了戏台对面，河上很多中国小船在为使团供应饮食和传达消息。

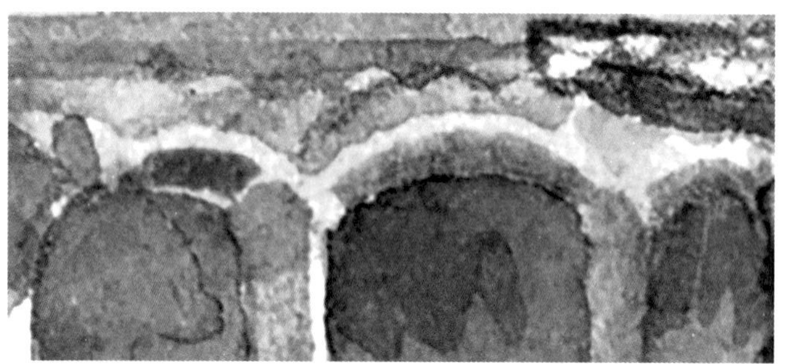

斗栱额枋部位细部

---

① 一般认为庑殿顶最尊，歇山顶次之，而悬山、硬山级别较下。关于清代琉璃瓦的颜色，梁思成谓："黄色最尊，用于皇宫及孔庙；绿色次之，用于王府及寺观；蓝色象天，用于天坛。其他红紫黑等杂色，用于离宫别馆。"见梁思成：《中国建筑史》，天津：百花文艺出版社，1998 年，第 349 页。

② William Alexander, *Journal of a voyage to Pekin in China, on board the Hindostan E.I.M., which accompanied Lord Macartney on his embassy to the Emperor*, "August 11".

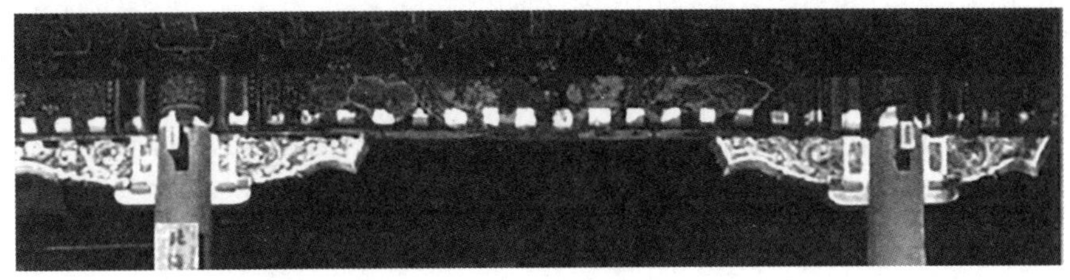

清式建筑常见之斗栱额枋部位①

戏台依靠院墙，建在了院落之外的河岸上，能够让使团一到达便感受到剧艺娱宾的热情；同时临水而建，有助于戏台取得良好的音响效果，“可以利用水的回声作用增添乐音的幽回效果”。②但并非紧邻河水，在台前还有一块空地供普通观众驻足。从画中可见，戏台为伸出式，三面敞开。平面如安德森所称，为方形。台基很高，与院墙持平，便于远观，让船上的外国使者能“清晰看到全貌”，而不便于近处岸上的观众。台基墙面饰以彩绘，四角上立柱，柱端透过屋檐而出，可见其临时搭建的性质。两山后部又立两山柱，山柱之后封闭起来，作为后台。前台围以被绘成多种颜色的矮栏杆。柱间连以绿色额枋。屋顶为金色，似乎是歇山顶，但四周的披檐并不明显。两山也被刻意绘制。正脊两端饰鸱尾，又似乎是祥云状装饰物。额枋与檐角上挂有诸多彩色装饰物，应即为安德森所说的“五彩缤纷的彩带与丝绸飘带”。这座为了迎接远国来宾而特意修饰的戏台的确足够出众，赢得了使团成员的纷纷称赞。斯当东更从中得出结论：“创造艳丽而使人愉悦的效果，是中国人的一门特殊技艺。”戏台下的岸边挤满了观众，但对他们来说，“番鬼”的样貌比戏剧更有吸引力。据记载，如果把围观者聚集起来可达两百万人，为了近一点观看“番鬼”，当时竟有数千人拥入河中，站在没颈深的水里。③虽然这些估算的数字不一定准确，但足以想见当时人山人海的

---

① 此建筑为北海悦心殿，取自梁思成：《清式营造则例》，北京：清华大学出版社，2006年，第57页。

② 廖奔：《中国古代剧场史》，郑州：中州古籍出版社，1997年，第25页。

③ William Alexander, *Journal of a voyage to Pekin in China, on board the Hindostan E.I.M., which accompanied Lord Macartney on his embassy to the Emperor,* “Aug. 11”; Holmes Samuel, *The Journal of Mr. Samuel Holmes, Serjeant-Major of the XIth Light Dragoons, during his attendance, as one of the guard on Lord Macartney's embassy to China and Tartary, 1792-3*, London: W. Bulmer and CO, 1798, p.127.

场面。

画中演出的场面则不甚清晰，约略可见舞台左右两侧坐有伴奏乐师，中间为正在演出的演员。据上述记载，一个戏班正在台上几无间断地演戏，也许如马戛尔尼所说演了数小时，也许如斯当东所说演了一整天。但无疑演出时间之长让外国使臣大为吃惊。斯当东称所演戏剧为历史剧和哑剧。历史剧无疑义，而哑剧则非描述中国戏剧的一个常用词汇。安德森称“戏剧展现的主要是战争题材”。被认为是“哑剧”的，应该就是这些对话很少、展现敏捷的打戏。斯当东注意到了中国戏剧的一些特点：吟诵式的对话、锣在对话中的运用、宽而不深的舞台[①]、乐队的位置、舞台布景、男扮女装等。他的观察相当仔细而准确。对于他来说，这些都是中国戏剧的特殊之处，因此格外注意。安德森的记述也提及舞台布景、演员服饰、表演技艺、伴奏乐器、男扮女装等方面。但他称“乐器全为管乐”，显然不准确，至少斯当东还记载了锣。但可见管乐给了他深刻的印象。他所谓看起来像单簧管的乐器也许是笛，“苏格兰风笛”或为笙，因此为他们演出的有可能是昆班。尽管他对表演技艺等方面表示称赞，但其实并不能真正欣赏中国戏剧：“音乐既缺乏旋律，又缺乏和声，当然不适宜我们的耳朵——我们习惯于音乐关键点上的尽善尽美。”此次演出令他满足的不过是异域新奇之趣。

另外，两画还被从未到过中国的英国画家阿罗姆（Thomas Allom，1804–1872）所模仿。他主要以此两幅画为据，加以想象和发挥，创作了《天津剧场》一画，作为1842年出版的《插图中华帝国》（*The Chinese empire illustrated*）一书的插图。阿罗姆所描绘的事物比原画更加清晰，然而就戏曲史料价值而言，则无法与原画相比。

---

① 这种宽而不深的舞台形制形成于明代前期，“把过去平面近似方形的亭榭式建筑改为平面长方形的殿堂式建筑，即根据表演的需要，加宽台口，而缩小舞台进深”。详参廖奔：《中国古代剧场史》，第24页。

阿罗姆《天津剧场》（*Theatre at Tien-Sin*）①

二、舞台人物画

乾隆皇帝在热河行宫接见了使团，其间隆重上演了盛大的戏剧。然而到达北京后，亚历山大被留在了北京，不能随使团去热河。亚历山大曾为错过这次观看长城的机会而感到终生遗憾。令我们遗憾的是，画家没有留下描绘热河演剧的画作。1793 年 12 月 19 日，使团自北京返航抵达广州，当地政府也给予了相当高规格的接待。戏剧无疑仍是其中的重要部分。在广州期间，亚历山大因为集中观看了大量演出，因而绘制了丰富的戏曲题材的画作。除了《一位中国戏剧演员》和《一部中国戏剧》确定无疑为画家在广州的创作外，《一位中国演员》《一位舞台表演者》我们推断也很可能是据广州的演出而创作。

---

① 此图见 Thomas Allom, *The Rev G. N Wright, M.A., The Chinese empire illustrated,* Vol.4, The London printing and publishing company, 1858。此书中的插图被李天纲编入《大清帝国城市印象——19 世纪英国铜版画》（上海古籍出版社、上海科学技术文献出版社，2002）一书，文字并未翻译。李书中不知何故把此画名改为“大戏台子”，所作注释文字多不知何据，并有信息错误，例如说此画所据的亚历山大的原画收于亚历山大 *The Costume of China* 一书，误。

《一位中国戏剧演员》

《一位中国戏剧演员》为亚历山大1805年出版的画集《中国服饰》中的一幅。据画上文字，此画印刷出版于1801年8月13日。《中国服饰》包含画作48幅，名为“服饰”，但实际内容为画家在沿途看到的中国人与事物，除了各类人物肖像外，还有生产生活场景、礼俗、宗教、刑罚、建筑、船舶、风景等题材。每幅画下都附有一页解说文字，主要是对与画作相应的中国各方面情况进行介绍，有时也包括画中内容的原型与创作时间、地点等信息。此书实际上是一本图文并茂、可信度很高的介绍中国的读物，在当时影响颇广，1815年以法文出版，又直接、间接影响了其后很多著作。[①] 画家为这幅《一位中国戏剧演员》所作的说明如下：

A CHINESE COMEDIAN

Theatrical exhibitions form one of the chief amusements of the Chinese; for though no public theatre is licensed by the government, yet every Mandarin of rank has a stage erected in his house, for the performance of dramas, and his visitors are generally entertained by actors hired for the purpose.

① 关于此书的影响，详参：Susan Legouix, *Image of China*, *William Alexander*, p.15。

On occasions of public rejoicing, as the commencement of a new year, the birth–day of the Emperor, and other festivals, plays are openly performed in the streets, throughout the day, and the strolling players rewarded by the voluntary contributions of the spectators.

While the Embassador and his suite were at Canton, theatrical representations were regularly exhibited at dinner time, for their diversion. This character, which the Interpreter explained to be an enraged military officer, was sketched from an actor performing his part before the embassy, December 19, 1793.

These entertainments are accompanied by music: during the performance of which, sudden bursts, from the harshest wind instruments, and the sonorous gong, frequently stun the ears of the audience.

Females are not allowed to perform: their characters are therefore sustained by eunuchs; who, having their feet closely bandaged, are not easily distinguished from women.

The dresses worn by players, are those of ancient times.①

[译：　　　　　　　一位中国戏剧演员

戏剧是中国人的一种主要娱乐方式。尽管政府并不许可开设公共剧院，但为了演戏，每位不论什么级别的官员都会在家中建戏台。每有宾客，总演戏来慷慨招待。

每当全民欢庆之时，例如新年、皇帝的生日及其他节日，街上会有全天的戏剧演出。巡演的戏班会得到观众自愿捐赠的赏赐。

当大使和他的随从们在广州的时候，为了让他们消遣，戏剧总会在晚宴时照例上演。图中这一人物，翻译把他解释为一位愤怒的军官，是据 1793 年 12 月 19 日为使团演出的一位演员画的，当时他正演出他的戏份。②

---

① William Alexander, *The Costume of China*, London: Published by William Miller, Albemarle Street, 1805.

② 李惠据此段文字，谓此画是亚历山大“仿照中国画师的作品绘制的，原作是‘1793年12月19日，在使团来到之前，根据实际的表演画的’”(《16—18世纪欧洲人著述中的中国戏剧》，第187页)。然文中实无此意。可能由于她误解了原文“This character, which the Interpreter explained to be an enraged military officer, was sketched from an actor performing his part before the embassy, December 19, 1793.”。

这些演出都伴有音乐：演出中突然从最尖厉的管乐器和响亮的锣中爆发出来，经常震聋观众的耳朵。

女性不允许演戏：女性角色因此要靠太监来扮演；太监们的脚被紧紧的捆裹住，也不易从女性中区分出来。演员所着戏服都是古代的衣服。]

可知，此戏剧人物是据1793年12月19日为大使演出的演员所绘。亚历山大的日记有对于此次演出的记载：

1793年12月19日

……中午，大使阁下和随从们在约定好的商馆对面上岸，受到广州官员的接待。一座饰以灯笼和罗纹带的戏台非常引人注目。相当多的官员在场。礼炮不断发射，音乐不断演奏，军人列队于在去往公馆的河岸上。大使阁下与我们非常尊敬的中国朋友王大人和乔大人及乔治·斯当东爵士同行。跟随演奏的是当地政府雇来为我们停留期间提供娱乐的伶人。接下来我和随从中的一位先生再一次愉快地相见，交换我们对最近所见的记录。大使阁下刚一到达住所坐下后，演员们便开始唱戏。他们装扮精美，动作夸张，而吟诵和其他都很喧闹。女性人物由太监来演。这些年轻的太监同女性一样装扮，甚至也裹小脚，特别是听了他们说话的声音，很难认出他们不是女性。晚饭期间戏一直在演，使我们当中一些人感到有点不耐烦。戏演罢，杂技演员们表演了一些让人瞠目的节目，这时一顿极其丰盛的中国晚餐已经准备好……①

马戛尔尼在其日记中也对这次演戏有简略的记载：

Thursday, December 19

At eleven o'clock a.m. we set out in the state barges for Canton... The Viceroy and his assessors took their stations opposite to us, and a conversation began, which lasted about an hour. It chiefly turned upon

① William Alexander, *Journal of a voyage to Pekin in China, on board the Hindostan E.I.M., which accompanied Lord Macartney on his embassy to the Emperor.* 文中有些单词模糊难辨，有些增入的部分行序难辨，笔者据文意大致翻译。

the incidents of our journey from Pekin and the arrival of Lion, which the Viceroy requested might come up to Whampoa. We then adjourned to the theatre, on which a company of comedians (who are reckoned capital performers, and had been ordered down from Nankin on purpose) were prepared to entertain us. And here we found a most magnificent Chinese dinner spread out upon the tables...] ①

[译：12 月 19 日，星期四

上午十一点，我们乘坐中国官船去往广州……总督和其属员与我们相对而坐，开始了约一个小时的谈话。主要谈及我们从北京而来路上的情况，以及“狮子号”应总督之邀开到了黄埔。然后我们就去了剧院，一个戏班的演员正在那准备为我们演戏。他们是特意从南京聘请来的，被认为是极好的演员。而桌上则排开了最为丰盛的中国晚宴……]

据此记载，广州为表示对英使的格外重视，特意从南京聘请最好的演员为大使演出。南京所在的江浙地区昆剧最为繁盛，加之此时的昆剧仍被视为最高雅的剧种，其一家独大的地位尚未被花部取代，适宜于正式场合，故为使团演出的可能为昆剧班。1793 年的广州剧坛是外江班的天下。据 1791 年广州外江梨园会馆《重修梨园会馆碑记》和《梨园会馆上会碑记》记载统计，1791 年来广外江班共 53 个，其中同属于江浙地区、唱昆剧的姑苏班 15 个：升华班、庆云班、万福班、五福班、清音班、庆春班、添秀班、集秀班、嘉庆班、祥麟班、直庆班、春星班、吉祥班、文彩班、景星班。而同年在外江梨园中担任首事的六人中，三人来自姑苏班。② 可见当时昆剧在广州的盛演。也许为英使表演的便是广州外江梨园会馆的某个姑苏班。但也许不是，因为据会馆行规规定，来广只唱官戏、不唱民戏的戏班允许不上会。③ 然而亚历山大又称伴奏音乐“突然从最尖厉的管乐器

① Edited by J. L. Cranmer-Byng, *An embassy to China, Being the journal kept by Lord Macartney during his embassy to the Emperor Ch'ien-Lung, 1793-1794,* London: Longmans, 1962, p.203.

② 这些信息是笔者据此二碑及广州外江梨园会馆其他碑刻比较统计而得，这些碑文见中国戏剧家协会广东分会、广东省文化局戏曲研究室编:《广东戏曲史料汇编》第 1 辑，1964 年，第 36—66 页。

③ 见乾隆四十五年《外江梨园会馆碑记》，载中国戏剧家协会广东分会、广东省文化局戏曲研究室编:《广东戏曲史料汇编》第 1 辑，1964 年，第 43 页。

和响亮的锣中爆发出来，经常震聋观众的耳朵”，似乎又是弋腔或花部的特点。

据上述所载，演戏是在一剧场内，并与晚宴同时，因此应是在室内。但画中所绘的场所像是一露天庭院，而把一房屋作为后台，与文献记载不符，也不甚符合戏曲舞台常情，显非写实。此人物为净角，武将装扮；头戴帅盔，盔顶插倒缨，其形制在清代应较固定，与今日舞台常用的帅盔大体相同，但更简洁，没有绒球和白蜡珠（如下图）；髯略类于黑短夹嘴髯或黑虬髯，但似乎是贴上去的，非今日“挂髯”之制。面上有两道黑，但不似今日花面浓重的勾脸；内衬绿底黄纹箭衣，外穿红色硬靠，靠旗四面，靠身饰金色龙纹，下甲饰虎头，胸前所佩似乎为护心镜；腰系粉色大带；足蹬靴，靴底不似今日高底靴之厚；身左挂刀鞘，刀柄方向朝后，为腰刀；一手持刀，一手持大板斧；肩上所披则不知为何名称服饰，与靠领大不相同。靠之下甲较今日常用之形制更短。其装扮与武器，与升平署戏画中的霸王类似，[①] 也许此演员所扮便是项羽。

1793 年

不早于 1861 年[②]

约 1897 年[③]

当今[④]

此画除收入《中国服饰》外，在印度事务部藏品卷一中还有一幅描绘此演员头部和肩部的草图；布莱顿博物馆和美术馆（Brighton Museum and Art Gallery）藏有一幅非常类似的画作，但头饰和服装有所不同，手中的大

① 王文章编：《中国艺术研究院藏清升平署戏装扮像谱》，北京：学苑出版社，2008 年，第 28 页。

② 同上书，第 77 页。清宫戏画年代不早于咸丰十一年（1861），见朱家溍：《说略二》，载于刘占文主编：《梅兰芳藏戏曲史料图画集》，石家庄：河北教育出版社，2001 年。

③ Alph. Favier, *Péking. Histoire et description,* Péking: Imprimerie des Lazaristes au PÉ–T’ANG, 1897, p.450.

④ 刘月美：《中国昆曲衣箱》，上海：上海辞书出版社，2010 年，第 108 页。

板斧也被一面三角旗所取代；布莱顿皇家馆（the Royal Pavilion, Brighton）长廊的尽头，在一盏楼梯间窗口的灯上，一个据此画而绘的人物形象依稀可见。①

《一位中国演员》②

画一位武将让画家意犹未尽。《一位中国演员》所绘同样是一位舞台上的将军。此画现藏于大英博物馆，馆藏编号：1865，0520.203，是亚历山大一册 82 幅中国画集中的第 11 幅。画高 22.3 厘米，宽 33.4 厘米。所在画册封面高 44.3 厘米，宽 33.4 厘米。画上题英文“一位中国演员，1793 年 12 月 14 日”（A Player of China. Dec. 14. 1793）。画册前有一个描述每幅画主题的清单，其中对此画的描述是“11，一位演员的肖像，正在演绎一位愤怒的将军，见参见《中国服饰》”（11 Portrait of a Player, enacting

① Susan Legouix, *Image of China, William Alexander*, p.75.

② 此画为笔者购于大英博物馆的高清图像，并购得使用权，涉版权问题，如引用，请联系该馆。

the character of an irritated General. Vide D. o [Costume of China]）[①]。亚历山大《中国服饰》一书并未收此画，这里也许是参见书中同类画作的意思。

12 月 14 日为英使团到达广州前的第五天，此时使团已进入广东境内。据马戛尔尼日记记载，使团 13 日凌晨一点到达韶州府，即今韶关；14 日从韶州启行，夜泊观音山。从接下来的日记可知，观音山位于从韶关至清远的途中。[②]使团也许在韶州府观看了戏剧，但此事均不见于使团成员的日记或回忆录。因此，画上所识的“14 日”似乎值得怀疑，或是“19 日”之误。画中人物形象与上一幅《一位中国戏剧演员》有些类似，也许此画便是据在广州演出的演员所绘，毕竟画家在广州能够看到大量戏剧演出。

此人物同样头戴冠，不勾脸，髯形似五绺髯或黑虬髯，内衬箭衣，外扎硬靠，腰束大带，足蹬靴。他左手挥腰刀，右手持剑，刀、剑鞘各挂于左右腰间。其冠之形制颇特别，不见于清代他种戏画，形似帅盔，其后却有软带或方翅一对；其冠上所插似翎子，但又嫌太短。这也许是当时的形制，也许并非写实。其髯、下甲、靴底，形制与上一幅相同，不同于今日。此画没有描绘演出的剧场环境，仅能看到的方格地板，可能也非来自真实。

---

① 参见大英博物馆网站：http: //www.britishmuseum.org/research/collection_online/collection_object_details.aspx?objectId=3532735&partId=1&searchText=1865, 0520.203&lookup-people=e.g.+Hokusai，+Ramesses&people=&lookup-place=e.g.+India，+Shanghai，+Thebes&place=&from=ad&fromDate=&to=ad&toDate=&lookup-object=e.g.+bowl，+hanging+scroll，+print&object=&lookup-subject=e.g.+farming，+New+Testament&subject=&lookup-matcult=e.g.+Choson+Dynasty，+Ptolemaic&matcult=&lookup-technique=e.g.+carved，+celadon-glazed&technique=&lookup-school=e.g.+French，+Mughal+Style&school=&lookup-material=e.g.+canvas，+porcelain，+silk&material=&lookup-ethname=e.g.+Hmong，+Maori，+Taiðname=&lookup-ware=e.g.+Imari+ware，+Qingbai+ware&ware=&lookup-escape=e.g.+cylinder，+gravity，+lever&escape=&lookup-bibliography=&bibliography=&citation=&museumno=&catalogueOnly=&view=&page=1

② Edited by J. L. Cranmer-Byng, *An embassy to China, Being the journal kept by Lord Macartney during his embassy to the Emperor Ch'ien-Lung, 1793-1794,* London: Longmans, 1962, pp.196-200.

《一位舞台表演者》　《一位女演员》

《一位舞台表演者》同样是武将。至此，足见亚历山大对净脚扮演的武将格外感兴趣。此画是亚历山大 1814 年出版的画集《中国人的服饰和礼仪图解》画集中的一幅。此画集在形式和题材上与《中国服饰》类似，包括各类中国题材画作 50 幅，同样，每幅画都附有画家的说明文字。此画所附文字如下：

A STAGE PLAYER

By the military emblem on the breast-plate, the annexed figure of a stage player must be intended to represent a great general or some military hero famous in the annals of China. Noisy music and extravagant gestures are the characteristic features of the Chinese stage, of which it would lead us into too long a detail to convey any intelligible account; and we prefer, therefore, to refer to the curious and interesting descriptions which have been furnished on this subject by Lord Macartney, Sir George Staunton and Mr. Barrow. We have only to add, that the figure was sketched from the life.①

---

① William Alexander, *Picturesque representations of the dress and manners of the Chinese,* London: Printed for John Murray, Albemarle-Street, by W. Bulmer and Co. Cleveland-Row, 1814. 赵省伟、邱丽媛译本只译了此段前半部分，见其《西洋镜——中国衣冠举止图解》，第 194 页。

[译：一位舞台表演者

从胸牌上的军事徽章可知，图中的舞台演员一定是在扮演中国历史上的某位杰出的将领或作战英雄。喧闹的音乐和夸张的动作是中国戏剧的特点，这将使我们陷入太长的细节而无法传达任何清晰的记述；因此，我们最好去参阅马戛尔尼勋爵、斯当东先生和巴罗先生新奇而有趣的相关描述。我只想补充一点：这是幅写生画。]

可见，此画同样为画家根据一位正在演出的演员而绘。但演出的时间、地点不得而知，可能也是据画家在广州所见。画中人物依然是武将，头戴盔，不勾面，髯亦非“挂髯”，形似黑虬髯，内衬箭衣，外扎软靠，腰束大带，穿彩裤。胸前绘兽牌，下甲绘虎头。虎头是靠上常见的装饰图案。清宫旧藏乾隆朝软靠上置有七个虎头：每支袖两个、下甲两个、胸口一个。[①] 此演员双手横握长枪，一副打斗中的姿态。

在《一位中国戏剧演员》画中，另有一女将正欲出上场门登场。正如画家在所附文字中说，女子不允许公开演戏。因此，此女将应是男性演员所扮，但其形象不甚清晰。也许画家写到此处，欲更详细地展现中国戏剧中男扮女装的形象，于是有了下一幅画的创作。

《一位女演员》也是亚历山大 1814 年出版的画集《中国人的服饰和礼仪图解》中的一幅。此画所附的说明如下：

A FEMALE COMEDIAN

It is, perhaps, more proper to call the annexed figure, the representation of a person in the character of a female comedian, than “a female comedian,” as women have been prohibited from appearing publicly on the stage since the late Emperor, Kien Lung, took an actress for one of his inferior wives. Female characters are now therefore performed either by boys or eunuchs. The whole dress is supposed to be that of the ancient Chinese, and indeed is not very different from that of present day. The young ladies of China display considerable taste and fancy in their head-dresses which are much decorated with feathers, flowers, and beads as well

① 郎秀华:《清宫戏衣》,《紫禁城》, 1984 年第 4 期。

as metallic ornaments in great variety of form. Their outer garments are richly embroidered, and are generally the work of their own hands, a great part of their time being employed in this way. If it was not a rigid custom of the country, to confine to their apartments the better class of females, the unnatural cramping of their feet, while infants, is quite sufficient to prevent them from stirring much abroad, as it is with some difficulty they are able to hobble along; yet such is the force of fashion, that a lady with her feet of the natural size would be despised, and once classed among the vulgar.[①]

［译：一位女演员

或许，更恰当的说法是，图中所绘是一个正在扮演女性人物的演员，而非“一位女演员”。[②]因为自从已故皇帝乾隆娶了一位女演员为妾后，女演员就被禁止公开出现在舞台上。因此现在的女性人物要由男孩或太监们来演。整套服饰应该是中国古人穿的，实际和今天没有太大不同。[③]中国年轻女子的在头饰上相当富有品味和想象力，装饰以羽毛、花朵、珠子及各种各样的金属装饰品。她们的外衣绣得很华丽，通常都是亲手所绣，她们大部分时间都花在这上面了。如果这个国家不是以严格的习俗把上层女性幽闭在家室内，那么少年时非自然的裹脚也足以防止她们轻易外出，因为她们蹒跚着走路并不容易；然而，这就是时尚的力量，一个有着自然尺寸脚的女人会被鄙视，一度被视为粗俗。］

这段文字中，画家主要向西方读者介绍了中国女子的装扮与裹脚习俗，却没有说明此画是据哪次演出而绘。画中演员头戴额子，插翎子两根；内穿白素褶子，外穿坎肩，戴粉色云肩；足被绑成三寸金莲，亚历山大觉得

---

① William Alexander, *Picturesque representations of the dress and manners of the Chinese*, London: Printed for John Murray, Albemarle–Street, by W. Bulmer and Co. Cleveland–Row, 1814. 赵省伟、邱丽媛译本漏译了不少内容，且亦将“a female comedian”译为伶人，误同沈弘，见其《西洋镜——中国衣冠举止图解》，第 192 页。

② 沈弘将标题及此句中的“a female comedian”（意为“一位女演员”）均译作“伶人”，误，乃不知“伶人”不特指女伶，也包括男伶。见沈弘译：《1793：英国使团画家笔下的乾隆盛世》，第 61 页。

③ 沈宏将此句后半句译为“跟当今的服装的确大相径庭”，误。原文为：“The whole dress is supposed to be that of the ancient Chinese，and indeed is not very different from that of present day.”。见沈弘译：《1793：英国使团画家笔下的乾隆盛世》，第 61 页。

“不易从女性中区分出来”，反映了魏长生将踩跷技艺带入北京后的情况。[①]其额子的形制今不常见。插翎子通常表示人物的骁勇，与靠、甲、战袄等戎装搭配，画中却与坎肩搭配，似有矛盾。其外衣，无袖应为坎肩，正中开襟似帔，花纹又类宫装。[②]这些现在看来不尽合适之处，也全不见于清宫升平署戏画（如下图），也许是当时的形制，但更可能的是此画并非写生。因为亚历山大的其他戏曲题材画作，或在画上标明时间、地点，或在附文中说明画作内容的依据，而此画没有这些标识，其写实性值得怀疑。

七星额子、翎子、战袄、云肩

七星额子、翎子、硬靠、云肩

七星额子、翎子、宫装、云肩

① 李惠:《16—18 世纪欧洲人著述中的中国戏剧》，第 190 页。

② 李惠谓此演员头上所戴为小凤冠，无据；谓所穿为女蟒，显误，因为蟒的形制为大襟右衽有袖，而图中为对襟无袖。

三、演出场面画——戏画《铁冠图》考

《一部中国戏剧》①

《一部中国戏剧》现藏于大英图书馆，是亚历山大的画集《278 幅描绘 1792 年至 1794 年马戛尔尼勋爵出使中华帝国所见山水、海岸线、服饰与日常生活》（*Album of 278 drawings of landscapes, coastlines, costumes and everyday life made during Lord Macartney's embassy to the Emperor of China. Between 1792 and 1794*）中的第 168 幅。画册编号 WD961: 1792–1794。② 此画长 38 厘米，高 22 厘米。③ 水彩画。画上角写有英文“中国剧场，1793 年 12 月 21 日于广州”（A Chinese Theatre, Canton. 21 Dec. 1793）。此画原画虽鲜为人知，但据其镌刻的版画却流传颇广。希思 1796 年将之篆刻为版画④，香港艺术馆（馆藏编号：AH1964.0431.027）和维多利亚阿尔伯特博物馆（馆藏编号：S307–2009）均有收藏。为篆刻之便，版画内容的方向与原画呈一百八十度翻转，细节上变得更加清晰，但就史料价值而言，则无法

① 此画为笔者购于大英图书馆的高清图像，并购得使用权，涉版权问题，如引用，请联系该馆。

② 见大英图书馆网站 http：//searcharchives.bl.uk/primo_library/libweb/action/dlDisplay.do?docId=IAMS040–003280428&fn=permalink&vid=IAMS_VU2。

③ 此画被收入刘潞、吴芳思编译:《帝国掠影——英国访华使团画笔下的清代中国》一书。画的尺寸见是书第 161 页。

④ 见维多利亚阿尔伯特博物馆网站：http：//collections.vam.ac.uk/item/O181922/h–beard–print–collection–print–alexander–william/。

与原画相比。1797 年斯当东的《英使谒见乾隆纪实》出版，将此版画作为书中第 30 幅版图。

《中国舞台上历史剧的一幕》（维多利亚阿尔伯特博物馆藏）

此画绘于 12 月 21 日。亚历山大、马戛尔尼日记所描述的 19 日的演戏情况已见前文所引。马戛尔尼在 20 日的日记中，继续记载了演戏的情况：

Friday, December 20

The theatre, which is a very elegant building with the stage open to the garden, being just opposite my pavilion, I was surprised when I rose this morning to see the comedy already begun and the actors performing in full dress, for it seems this was not a rehearsal, but one of their regular formal pieces. I understand that whenever the Chinese mean to entertain their friends with particular distinction, an indispensable article is a comedy, or rather a string of comedies which are acted one after the other without intermission for several hours together. The actors now here have, I find, received directions to amuse us constantly in this way during our time of our residence. But as soon as I see our conductors I shall endeavor to have them relieved, if I can do it without giving offence to the taste of the nation or having my own called in question.

In case His Imperial Majesty Ch'ien–lung should send Ambassadors to the Court of Great Britain, there would be something comical, according to our manners, if my Lord Chamberlain Salisbury were to issue an order to Messrs. Harris and Sheridan, the King's patentees, to exhibit Messrs. Lewis and Kemble, Mrs. Siddons, and Miss Farren during several days, or rather nights together, for the entertainment of their Chinese Excellencies. I am afraid they would at first feel the powers of the great buttresses of Drury Lane and Covent Garden as little affecting to them as the exertions of these capital actors from Nankin have been to us.①

[译：12 月 20 日，星期五

剧院是一座极优雅的建筑，其舞台开向花园，正对着我的住所。当我早上起来看到演员们已经装扮整齐正在演戏时，我很惊讶。因为这似乎不是在彩排，而是开始表演正式剧目之一了。我明白了，每当中国人有意对朋友格外款待时，演一场戏是不可或缺的，或者说是演一系列的戏，一出接一出不间断地演上几小时。我发现演员们得到了指示，在我们居住期间要一直以这种方式招待我们。但只要见到我们的管事，我就会尽力让他命演员们停下来，只要我这样做不触犯这个国家的品味或使我自己陷入麻烦。

如果乾隆皇帝陛下派使者去大不列颠朝廷，按照我们的规矩，如果张伯伦阁下发布命令的话，演一些戏剧是没问题的。御用演员哈里斯和谢里丹也可出演。其他几位著名演员也可以在几日内或几个晚上为中国的阁下们演出。我只是担心我们最杰出的演员们也不能投其所好，正如他们费了很大力气从南京聘请最好的演员来娱乐我们那样。]

使团的主计员巴罗（1764—1848）也记述了在 19、20 两日他们在广州的观剧情况：

Although the British factory was in every sense more comfortable than

① Edited by J. L. Cranmer-Byng, *An embassy to China, Being the journal kept by Lord Macartney during his embassy to the Emperor Ch'ien-Lung, 1793-1794,* London: Longmans, 1962, 203-204. 刘半农将最末一段译为“然吾恐将来乾隆皇帝遣使至英国时，雇用伶人演剧以娱之则可，若欲罗致名伶多人日夕开演，则势有所不能也。”不但比笔者所见原文大为简略，含义也出入很大。见刘半农译《乾隆英使觐见记》，第 143 页。李惠引用了刘半农译本此段内容，见其《16—18 世纪欧洲人著述中的中国戏剧》，第 183 页。

the most splendid palace that the country afforded, yet it was so repugnant to the principles of the government for an Embassador to take up his abode in the fame dwelling with merchants, that it was thought expedient to indulge their notions in this respect, and to accept a large house in the midst of a garden, on the opposite side of the river, which was fitted up and furnished with beds in the European manner, with glazed sash windows, and with fire grates suitable for burning coals. On our arrival here we found a company of comedians hard at work, in the middle of a piece, which it seemed had begun at sun–rise; but their squalling and their shrill and harsh music were so dreadful, that they were prevailed upon, with difficulty, to break off during dinner, which was served up in a veranda directly opposite the theatre.

Next morning, however, about sun–rise, they set to work afresh, but at the particular request of the Embassador, in which he was joined by the whole suite, they were discharged, to the no small astonishment of our Chinese conductors, who concluded, from this circumstance, that the English had very little taste for elegant amusements. Players, it seems, are here hired by the day and the more incessantly they labour, the more they are applauded. They are always ready to begin any one piece out of a list of twenty or thirty, that is presented for the principal visitor to make his choice.①

［译：尽管英国商馆在各方面都比中国提供的最豪华的宫殿更舒适，然而根据中国政府的原则，大使不能与商人一起居住。我们认为容忍这种观念是权宜之策，因此接受了河对面、花园中的一座大房子。它安装着欧洲风格的床、玻璃推拉窗和适合烧煤的炉排。当我们到达的时候，发现一个戏班的演员正在努力表演。这部戏似乎在太阳上升时就开始了，现在演到了一半。他们的尖叫与刺耳、尖厉的音乐糟糕透了。因此，当我们在剧场对面的阳台吃晚餐时，艰难地劝他们停了下来。

① John Barrow, *Travels in China*, London: Printed by A. Strahan, Printers–Street, For T. Cadell and W. Davies, in the Strand, 1804, p.609.

然而，次日清晨，当太阳升起时他们的演出又重新开始了。但在大使以及他所有随从的特别请求下，他们被辞退了。我们的中国管事们大吃一惊，并从中得出结论：英国人对高雅娱乐毫无品味。演员们似乎是被按天雇佣的。因此他们越是连续不断地演出，越是被雇主赞赏。他们总是做好准备，随时表演包含二十或三十个剧目的戏单中的任何一出。戏单是为重要宾客选戏准备的。]

从两人的记载可见，使团在到广州后的两日内，便已对这马拉松式的演出方式忍无可忍，因此极力设法让它停下来。然而安德森 21 日的日记依旧提及演戏，可能是日演戏仍在继续：

December 21, Saturday, 1793

For several days after his Excellency's arrival at this place, he was entertained during dinner by a Chinese play, on a stage erected before the windows of his apartment; and with extraordinary feats of legerdemain, which always accompany their public entertainments of this country. ①

[译：1793 年 12 月 21 日，星期六

大使阁下到达此处几天后，他的晚餐时间便有中国戏剧演出作为娱乐。戏台建立在他公寓的窗前。也有一些非凡的戏法表演。这些总是这个国家公众娱乐不可或缺的部分。]

马戛尔尼使团在广州下榻之地，经研究者考证，是旧属十三行行商 Lopque（可能为陈远来）的花园。1794 年访华的荷兰使团成员小德金（Chrétien-Louis-Joseph de Guignes）（1759—1845）和范罢览（Andre Everard van Braam Houckgeest）（1739—1801）的日记中，对此花园中的戏台都有记载。② 从上引材料可见，自使团到达广州到这幅画诞生的几日内，画家每天都能看到戏剧。画中描绘的正是这几日演出的一个场景。对于解读这幅画，最具有参考价值的是斯当东对于此剧的记述。因为他直接描述

① Aeneas Anderson, *A narrative of the British embassy to China in the years 1792, 1793, and 1794*, London, 1795, p.259.

② 蔡香玉:《乾隆末年荷使在广州的国礼与国宴》，载赵春晨等编:《广州十三行与清代中外关系》，广州：世界图书出版社广东有限公司，2012 年，第 249—252 页。

了画中戏剧的故事和演出情形。然而，在他的回忆录中，却把此段描述与此画归到天津看戏的部分。笔者认为，相较于斯当东的回忆录，亚历山大在画上自题的文字更为可信。因此，依然认为此画以及斯当东对此画的描述都是以广州的演出为据。斯当东对此剧的描述如下：

> One of the dramas, particularly, attracted the attention of those who recollected scenes, somewhat similar, upon the English stage. The piece represented an emperor of China and his empress living in supreme felicity, when, on a sudden, his subjects revolt, a civil war ensues, battles are fought, and at last the arch–rebel, who was a general of cavalry, overcomes his sovereign, kills him with his own hand, and routes the imperial army. The captive empress then appears upon the stage in all the agonies of despair naturally resulting from the loss of her husband and of her dignity, as well as the apprehension for that of her honour. Whilst she is tearing her hair and rending the skies with her complaints, the conqueror enters, approaches her with respect, addresses her in a gentle tone, soothes her sorrows with his compassion, talks of love and adoration, and like Richard the Third, with lady Anne, in Shakspeare, prevails, in less than half an hour, on the Chinese princess to dry up her tears, to forget her deceased consort, and yield to a consoling wooer. The piece concludes with the nuptials, and a grand procession. One of the principal scenes is represented in Plate 30 of the folio volume.①
>
> ［译：其中的一部戏剧，让人回忆起英国舞台上的有些相似的场景，特别吸引了我们。这一段剧情表现了一位中国皇帝和他的皇后过着十分幸福的生活。突然间，他的臣民起来反叛，内战爆发，战斗打响。最终叛军首领，这位骑兵将军打败并亲手杀死了君主，并掌控了帝国的军队。然后，被俘虏的皇后出现在舞台上，因为失去了丈夫和尊贵，以及对自己节操的担忧而极度痛苦和绝望。当她撕扯着自己的头发并诅咒上苍时，征服者走了进来，尊重地靠近她，用温柔的语调

① George Staunton, *An authentic account of an embassy from the king of Great Britain to the emperor of China*, Vol. Ⅱ, London: Printed by W. Bulmer and CO. For C. Nicol, bookseller to his majesty, Pall–Mall, 1797, pp.31–32.

称呼她，用怜悯来抚慰她的悲伤，言说着爱意与恋慕。就像盛行的莎士比亚剧中的理查德三世与安妮夫人一样，不到半个小时这位中国公主便擦干了眼泪，忘记了她已故的丈夫，而顺从于善于安慰的追求者。这段情节以婚礼和盛大的游行告终。主要场景之一见图 30。]

李惠称斯当东描绘的剧目很可能就是《铁冠图》。“皇后，可能是冒名保护公主的费贞娥，她所嫁之人也不是叛乱的首领，而是首领义子李过。费贞娥假意与李过成婚，在洞房花烛夜将其刺死。可能是由于《刺虎》一出的场面过于血腥，或是时间的原因还未搬演，使得使团对此剧情节与内容有了误解。”[①] 考虑到斯当东对戏曲的理解程度，加之再无更合适的剧目与之对应，笔者认为这一推断不无道理。在此要补充的一个证据是，《刺虎》也同样上演了。在巴罗的回忆录中，有一段记述广州演剧的内容：

A set of players of a superior kind travel occasionally from Nankin to Canton; at the latter of which cities, it seems, they meet with considerable encouragement from the Hong merchants, and other wealthy inhabitants. At these exhibitions the English are sometimes present. The subject and the conduct of one of their stock pieces, which being a great favourite is frequently repeated, are so remarkable, that I cannot forbear taking some notice of it. A woman being tempted to murder her husband performs the act whilst he is asleep, by striking a small hatchet into his forehead. He appears on the stage with a large gash just above the eyes, out of which issues a prodigious effusion of blood, reels about for some time, bemoaning his lamentable fate in a song, till exhausted by lots of blood, he falls, and dies. The woman is seized, brought before a magistrate, and condemned to be flayed alive. The sentence is put in execution; and, in the following act, she appears upon the stage not only naked, but completely excoriated. The thin wrapper with which the creature（an eunuch）is covered, who sustains the part, is stretched to tight about the body, and so well painted, as to represent the disgusting object of a human being deprived of its skin; and in this

① 李惠:《16—18 世纪欧人著述中的中国戏剧》，第 169 页。

condition the character sings or, more properly speaking, whines nearly half an hour on the stage...[①]

[译：一个高水品的南京戏班有一次来了广州，看来受到了行商和富民们的热捧。英国人有时也观看这些演出。有一部戏以及其中常演出目中的一出极受欢迎，被频繁重演。它如此特别，以至于我忍不住要讲一下它。一个被怂恿谋杀亲夫的女人，趁着丈夫睡着开始行动，将一把小斧头插进了他的前额。他出现在了舞台上，带着眼上方一个很大的伤口，大量鲜血正惊人地从中渗出。他踉跄了一会儿，哀唱着自己悲惨的命运，直到失血过多，倒地力竭而亡。女人被抓住带到法官面前，被判活剥皮。宣判被执行了。在接下来的表演中，她不仅赤裸出现在舞台上，而且被完全剥了皮。包裹在此人（一个太监）身上薄薄的覆盖物被尽力拉伸，紧紧地贴在演员身上，并且被精心描画，来表现人被剥了皮后令人恶心的样子。就在这样的情况下，人物唱了起来，更准确地说是说了起来，在舞台上哀号了将近半个小时……]

显然，巴罗在广州看到的南京高水平戏班，很可能便是专门从南京聘请招待英使的那个戏班。[②]即便不是那个戏班，作为使团成员，斯当东、巴罗与亚历山大所能看到的戏剧应该都是一样的。笔者以为，巴罗所描述的也很可能是《铁冠图》。不过斯当东描述了其上半部分，自崇祯帝与皇后的宫中生活，到李自成破城，再到费贞娥装作公主嫁于李过为止；而巴罗描述其后费贞娥在洞房之夜将李过刺死的情节，即《贞娥刺虎》一出。由于文化上的陌生，特别是语言障碍，使二人分别记录了一部戏的不同出目，而以为是不同的两部戏，并且对情节的理解也与戏剧本意有不少出入。大英图书馆藏有一幅名为《贞娥刺虎》的广州外销画，创作年代为嘉庆五至十年（1800—1805）[③]，可辅证此剧在当时广州的盛演。

① John Barrow, *Travels in China*, London: Printed by A. Strahan, Printers-Street, For T. Cadell and W. Davies, in the Strand, 1804, pp.221-222.

② 李惠：《16—18世纪欧人著述中的中国戏剧》，第184页。

③ 详参王次澄等编著：《中国清代外销画精华》第六卷，广州：广东人民出版社，2011年，第84—85页。

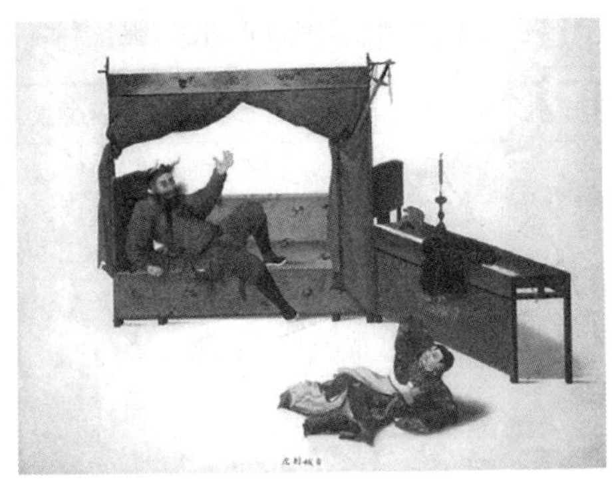

贞娥刺虎

然而可惜的是，李惠没有注意斯当东的记述的与亚历山画中描绘的是同一故事，因此没能对此画中剧目做出认定以及进行更为深入准确的解读。[①] 笔者认为，这幅《一部中国戏剧》极可能据《铁冠图》之《撞钟》《分宫》两出而绘。

《撞钟》一出，讲述崇祯皇帝向皇后感叹明朝气数将尽，他虽勤政爱民，仍引起了巨寇李自成的反叛。皇后请求令太子出奔，以求长远之计。于是皇帝带着司礼监太监王承恩亲赴国丈周奎家，请周保护太子出逃。谁知周竟在聚众饮酒作乐，拒不见皇帝。王承恩建议撞响景阳钟，聚集群臣，共商退兵之策。但二更撞响钟后，直到四更只有襄城伯李国贞一人骑马来见驾。随后又有太监杜之秩假意来见，其实他早已暗通李自成。《分宫》一出，讲述监军杜之秩打开城门，李自成攻入京城。太子与崇祯帝惜别后出逃。公主被崇祯剑杀。皇后自刎。崇祯帝一人向煤山走去。

戏画中，右侧伞盖下所立男子，即崇祯帝。其身边之小儿，即太子。崇祯前之女子，即公主。伏于地上者为王承恩。画左侧，扎硬靠者，即李国贞。可见，从人物上，戏画可与两出戏相符。我们再从服饰方面加以对比、印证。1963 年出版的《昆剧穿戴》，记载了老艺人曾长生口述，徐凌云、贝晋眉校订的早年苏州“全福班”“昆曲传习所”常演剧目。我们首先

---

① 在前引斯当东描述此剧的文字中，中译本漏译了最后“主要场景之一见图30”一句，也没有刊此幅图（见叶笃义译:《英使谒见乾隆纪实》，北京：群言出版社，2014年，第301页）。原著中图30即希思镌刻的亚历山大《中国剧场》，斯当东书中将其命名为《中国舞台上历史剧的一幕》。如只据中译本，则会将斯当东记述的与亚历山大画中描绘的看作互不相干的材料。李惠也许是受了中译本影响，未能对画中剧目做出认定。

且将画中能够辨识的服饰与此书中所记这两出的服饰做一比较。

人物	《一部中国戏剧》	《昆剧穿戴》
崇祯帝	头戴皇冠，身穿蓝蟒，腰束玉带	（官生）头戴文唐，口戴黑三，身穿宝蓝蟒、衬月白团头帔、大红褶子，腰束角带、汗巾，红彩裤，高底靴。注：出宫换九龙冠，脱蟒挂宝剑，披黄斗篷，戴风帽
公主	头戴凤冠，插雉鸡尾	（花旦）梳大头戴花旦凤冠，身穿粉红花帔衬皎月素褶子，腰束白裙，白彩裤，彩鞋
王承恩	黄箭衣	（老旦）头戴大太监帽，身穿黄龙箭衣、黄马褂，加帅肩，腰束黄肚带，红彩裤，高底靴，颈戴朝珠，腰挂宝剑
李国贞	口戴白满，扎白色硬靠[①]，衬箭衣，高底靴，手执马鞭	（老外）头戴金踏镫，口戴白满，身穿白靠、衬箭衣、背皇宫绦，红彩裤，高底靴，腰挂宝剑，手执马鞭
太子	苦生巾，褶子	（作旦）头戴大紫金冠，身穿湖色花褶子、衬黑褶子，腰束黄宫绦，红彩裤，高底靴。注：逃出宫时除紫金冠，换苦生巾，飘带打结，脱湖色花褶，换黑褶子（塞角）

戏画中，立于伞盖下之人，无疑身份高贵，为崇祯帝。他头戴之冠，前戴垂旒，显然是皇冠。其形制虽然与《昆剧穿戴》所说的文唐不同，但二者都是皇冠，并不矛盾。更具辨识度的，是崇祯所着蓝蟒，与《昆剧穿戴》正符合。而据研究者称，崇祯帝只在《撞钟》一出才穿宝蓝色线绣团龙蟒[②]，印证了我们的判断。即将出逃的太子，跪于崇祯膝下，似乎正抱着崇祯的腿，依依不舍之状。太子因为易装而逃，故此时他头戴苦生巾，身穿素褶子，与《昆剧穿戴》基本相符。公主立于崇祯面前。在叛军入城之际，她要求皇帝一剑杀了她，以保全节。她头戴凤冠，衣服不大能辨认清楚，但与《昆剧穿戴》的规定似乎没有太大矛盾。她冠插两根雉鸡尾，以表示她的刚毅和果敢。伏于地上者，为忠诚于崇祯帝的太监王承恩，此刻他可能正在跪报叛军入城的消息，请皇帝决断。他头戴太监帽，身穿黄箭衣，与《昆剧穿戴》的规定类似。当然戏画中最显眼的要属右侧扎硬靠之人。此人正是忠臣李国贞。此时的他，听到皇帝撞响景阳钟后，快马加鞭

① 李惠认为此演员所着为氅，而非靠（李惠:《16—18世纪欧人著述中的中国戏剧》，第187页），误。因为氅的款式为大领右衽（参见刘月美:《中国昆曲装扮艺术》，上海：上海辞书出版社，2009年，第22页），显与此图不符。此人所着虽不见前身的下甲，但可见胸前的靠身与后身的下甲，因此更近于靠。

② 刘月美:《中国昆曲装扮艺术》，第328页。

从前线赶来。他面挂白满髯，身扎白靠，手执马鞭，与《昆剧穿戴》相吻合。这些都印证了我们对画中剧目的判断。只是画中李国贞所戴之冠颇特别，左右有两方翅。方翅一般是忠贞正直的人物所戴，与李的身份相符，但多用于文官所戴的纱帽，而非武将之盔。

判断此剧为《铁冠图》，还有一些旁证，便是早在十七世纪，欧洲人对崇祯皇帝的故事就相当了解。1654年意大利传教士卫匡国（Martino Martini）的《鞑靼战争史》（*Histori von dem Tartarischen Kriege*）出版，以作者的亲身经历为背景，涉及了遍布全国的农民起义、明王朝灭亡、清军进关入主中原等重大事件，在欧洲产生了广泛影响。此书“在1654年至1706年之间被译成九种欧洲语言，发行了二十一种版本。比卫匡国稍后的德国作家哈格多恩（Christian W. Hagdorn）的《艾官或伟大的蒙古人》（*Aeyquan oder der große Mogol*, Amsterdam 1670）和哈佩尔（Eberhard Werner Happel）的《亚洲的欧诺加波》（*Der asiatische Onogambo*, Hamburg 1673），这两部以中国为题材的长篇小说，都从《鞑靼战争史》取得其基本素材。”① 十七世纪荷兰最著名的诗人冯德尔（Vondel, 1587–1679），主要取材于卫匡国的《鞑靼战争史》，写了一部诗作《崇祯和中国皇帝的末日》（*Zunchin of ondergang der Sineesche heerschappij*），为明代的末代皇帝崇祯大唱悲歌。“卫匡国对明朝衰落的惊人描绘使剧作家范·德·胡斯（J. A. van der Goes）深受启发，设想创作一出悲剧《被袭击的中国》。该剧完成于1667年，但直到1685年才得以出版。他在这部作品中描述虚构的满清亲王篡位的成功。”② 在1665年出使中国的荷兰使团成员尼霍夫的著作中，

① 朱雁冰:《耶稣会与明清之际中西文化交流》，杭州：浙江大学出版社，2014年，第90页。

② ［荷］包乐史著，庄国土、程绍刚译:《中荷交往史》，（荷兰）路口店出版社，北京1999年修订版，第82页。

有一幅名为《崇祯皇帝杀女上吊》画作。[①] 这些，都说明了欧洲人对崇祯皇帝故事的熟悉，同中国戏剧家一样，也将此故事编成了戏剧。斯当东称亚历山大《一部中国戏剧》所绘剧目“让人回忆起英国舞台上的有些相似的场景，特别吸引了我们”。也许，斯当东等在英国看到的正是这个故事。

《崇祯皇帝杀女上吊》

画中我们还可以看到，伴奏人物位于舞台后方观众完全可见的地方，反映了当时演出的实际面貌。其中前排一人敲锣、一人吹唢呐、一人拉胡琴。在舞台背景方面，与前几幅戏曲人物肖像画不同，此画描绘出了一个具体的舞台空间。但我们稍一留意便可发现其中的不妥：极为夸大的柱基和立柱，以及在本该是留有上、下场门的隔墙所在处，却是一片蓝天白云。

此画也同样被阿罗姆所模仿。在他《插图中华帝国》一书中有幅题为《中国官员的晚宴》的画作。此画中，官员们一边宴饮，一边赏戏；而戏剧人物的形象显然是模仿亚历山大《一部中国戏剧》并加以发挥而来。而奥

① 图片引自初版荷兰文版，Joan Nieuhof, *Het gezantschap der Neêrlandtsche Oost-Indische Compagnie, aan den grooten Tartarischen Cham, den tegenwoordigen keizer van China: waar in de gedenkwaerdighste geschiedenissen, die onder het reizen door de Sineesche landtschappen, Quantung, Kiangsi, Nanking, Xantung en Peking, en aan het keizerlijke hof te Peking, sedert den jare 1655 tot 1657 zijn voorgevallen, op het bondigste verhandelt worden: beneffens een naukeurige Beschryving der Sineesche steden, dorpen, regeering, wetenschappen, hantwerken, zeden, godsdiensten, gebouwen, drachten, schepen, bergen, gewassen, dieren, &c. en oorlogen tegen de Tarters: verçiert men over de 150 afbeeltsels, na't leven in Sina getekent,* Ⅱ , 1665, p.220。

古斯特·波尔杰又模仿阿罗姆之作，创作了《晚宴》一画，作为1845年出版的法国老尼克著《开放的中华》[①]一书的插图。

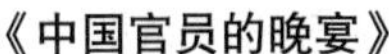

《中国官员的晚宴》

《晚宴》

结　论

以图像为戏曲史料，首先要考虑的便是图像内容的可靠性。这一点已引起戏曲文物研究者的重视。[②]其实，无论是图像还是文献，用作史料时，无不首先要判断其可靠性，最可信的正史也不例外。通过对亚历山大戏曲题材画作中的建筑、服饰、装扮、剧目等方面的考证分析，我们看到，这些画具有很高的写实性。但其中有几处明显不写实，需要注意：《天津剧场》中戏台后建筑的斗栱额枋部位被绘成拱形，不符合中国木结构建筑的形制；《中国服饰》中的《一位中国戏剧演员》，其描绘的舞台背景既与文献记载不符，也有悖于戏曲舞台常情；《一部中国戏剧》中，夸大的柱基与立柱、取代前后台隔墙的蓝天白云都显非写实。也有几处与今日情形相差较大，其真实性似可质疑：大英博物馆藏《一位中国演员》中有两软带或方翅的盔头；《一位女演员》中形制特殊的额子和外衣；《一部中国戏剧》中戴两方翅的盔头。

之所以出现这些不尽写实之处，从画的绘制过程可以找到主要原因。现在已知亚历山大的中国题材画在千幅以上，但只有相当小的一部分是出使期间完成的原始素描，而大部分都是回到英国后才陆续完成，亚历山大

---

① Par Old Nick, *Ouvrage Illustré Par Auguste Borget, La Chine ouverte*, Paris: H. Fournier, Éditeur, 1845. 有中译本：钱林森、蔡宏宁译：《开放的中华》，济南：山东画报出版社，2004年。

② 参见范春义：《戏剧图像的价值及判定方法》，《文艺研究》，2017年第1期。

为之花了至少七年时间。对比《中国服饰》与《中国人的服饰和礼仪图解》两书，会发现前书中的人物都是被鲜明地置于精心营造的背景中，而后书中的人物所在背景经常是空白。[①]可见不同时段亚历山大对画的处理情况并非一致。

至此，我们试对这些画的写实性做一定的归纳：第一，凡题有时间、地点，或附文说明为写生之作，写实性更高；没有这些标识的，可能是画家凭印象或据相关材料创作。第二，在有标识的舞台人物画和演出场面画中，演员形象可能多是画家在当时绘制，至少完成了素描，写实性更高；而演员所处的环境，可能是后来填补。在非写实的部分中，可以看出至少有两种因素影响了画家的创作。一是画家对作品的审美考虑。例如在《一部中国戏剧》中，画家以远处的蓝天白云取代前后台间的隔墙，从而形成更为美观的构图。研究者称像亚历山大这样的西方画家，他们的创作十分重视绘画艺术的审美效果，即便是写实之作，也“更关心审美表现和整体艺术效果，而不是细节”[②]，这不无道理。二是画家容易受到其熟知的西方事物的误导。例如，《天津剧场》中戏台后建筑的斗栱额枋部位被绘成拱形，《一部中国戏剧》中夸大的立柱与柱基显然受了画家对西方建筑固有印象的影响。

这些画创作于乾隆五十八年（1793）或稍晚，比升平署戏画早了六七十年。[③]戏曲年画产生得虽然早，但形成完全反映舞台面貌，而不混以楼台山水、真马实车的画风，却是道光朝的事。[④]这些画作为戏曲史料，从时间之早便可见其价值。其中有几点尤其值得关注。一是画中反映的戏曲服饰、装扮信息。尽管《扬州画舫录》和《穿戴题纲》等文献留下了乾嘉时期的戏服清单，但戏服的具体形制无从得知。这些画则提供一批可供对照的形象资料。我们发现，画中的很多服饰、装扮与今日舞台常见之形制已大不同。例如武将不勾脸，胡须似乎并非“挂髯”，靠的下甲比今日更短，武将靴底不似今日之厚等，值得戏曲服饰、装扮史研究者参考。二是

---

① Susan Legouix, *Image of China, William Alexander*, pp.7–16.

② Paul A. Van Dyke, Maria Kar–Wing Mok, *Images of the Canton Factories 1760-1822, Reading History in Art,* Hong Kong University Press, 2015, p.54.

③ 清宫戏画年代不早于咸丰十一年（1861），见朱家溍《说略二》。

④ 朱浩:《戏出年画不会早于清中叶——论〈中国戏曲志〉“陕西卷”“甘肃卷”中时代有误之年画》,《文化遗产》，2016 年第 5 期。

这些画是戏曲传播研究的重要史料。如上所述，它们或被收入画册，以不同语言出版；或被镌刻成插图，经常出现在关于中国的书籍中；或被其他画家不断模仿。这些无疑有助于促进西方人对中国戏曲印象的形成。其后自中国广州等地出口到欧美的外销画中，包含着大量戏曲题材画作，正可见西方人对于戏曲已形成的好奇。此外，迎接外国使臣的河畔剧场、乾隆朝《铁冠图》演出画，都是以往剧场史、传奇史研究不曾用过的新材料。类此，都值得研究者关注。

文化创新与人类命运共同体

——首届深圳大学饶宗颐文化论坛综述

深圳大学　王伟均

2018年11月22—23日，深圳大学饶宗颐文化研究院承办的“文化创新与人类命运共同体”——首届深圳大学饶宗颐文化论坛在深圳市紫荆山庄举行。来自美国、法国、日本、韩国等国外专家以及海峡两岸暨香港、澳门部分高校、研究机构的专家学者，文化机构与文化企业代表、嘉宾共100余人参加了此次论坛。中共深圳市委常委、宣传部部长李小甘和深圳大学党委书记、深圳大学饶宗颐文化研究院院长刘洪一教授在开幕式上致辞。

论坛以“文化创新与人类命运共同体”为主题，突出“跨界”特点，围绕“中国文化自信与文化哲学创新”“传统文化的现代传承与国际传播”“饶学研究与跨学科视野”等议题，开展多角度跨学科的理论研讨。整个论坛以大会演讲和分论坛两种形式展开，成中英、胡经之、汪德迈、张隆溪等十三位具有国际影响的教授为论坛作了大会演讲，其他来自哲学、历史、文学、教育、艺术等不同学科的与会专家学者，以国际化的视野、广度与高度，分别在三大分论坛中各自阐述了所研究领域的最新学术成果和见解，共同探讨饶宗颐先生及其学术文化思想、成就与影响，磋商中华优秀传统文化的发展与创新、传承与传播，实现了思想的共建、互补与共享，显示出了学界的文化自觉和对时代精神的响应。除大会演讲和分论坛发言之外，论坛还举行了由深圳大学饶宗颐文化研究院为纪念饶宗颐先生特别编辑的《饶宗颐纪念文集》发布仪式。

一、中国文化自信与文化哲学创新

时值改革开放四十周年，中国在经济、科学技术和人民生活水平等方面取得重大成就。进一步提升国家文化软实力，实现中华传统文化的创造性转化和创新性发展，坚定文化自信，推动中国优秀传统文化“走出去”；在错综复杂的国际政治、经济、文化条件下促进不同文化间的有效交流与融和，彰显中华优秀传统文化的世界价值与当代意义，构建人类命运共同体的精神纽带——成为时代赋予中国知识分子的重要任务，需要以文化创新的理念，进行文化哲学的理论思考。议题“中国文化自信与文化哲学创新”方面，与会众专家学者就文化在新时代的价值与作用、文化的现代转型及其基本程式、文化创新及其发生机制、国家的文化政策和发展方向，以及人类文化精神的走向与构建人类命运共同体等多个层面进行了深入的探讨，凸显了新时代背景下学界知识分子的时代关怀。

其一，文化概念创新与人类命运共同体，探讨文化概念创新对于构建人类命运共同体的重要意义。国际中国哲学学会荣誉会长、美国夏威夷大学哲学系终身教授成中英，以士尔教授的《两界书》和“两界学”为例进行了阐释。成教授指出，《两界书》提出的“界”与“两界”的概念，是文化概念的重大创新，对于新时代文化新哲学的创建具有重大意义。基于“界”的认知来转化人的认知、展现历史的发展和人的未来，方能更进一步探索人类生命的根源、文明的出路以及人类的未来等根本问题。成教授认为，《两界书》达到了一种对人的行为规范的创新，重新打造了一个人类文化发展的成果，代表着一种人类价值追求的持续，最终达到人类生活、生命的共同体的建立，共同语言的建立，共同方向的建立，最终实现人类命运共同体的建立。

其二，文化创新、实践与人类命运共同体，探讨文化创新、实践对于构建人类命运共同体的重要性。深圳大学资深教授胡经之先生首先阐述了文化实践在构建人类命运共同体中的重要性，以及文化在具体实践中起到的先行作用与影响。胡先生指出，构建好人类命运共同体，需要脚踏实地，付诸实践，要文化先行，以先进的价值理念引领未来。人类在文化关系中得到全面提升，物质文明、精神文明、社会文明、政治文明和生态文明都能按美的规律来建设，得到协调发展，人类的生态才能得到全面改善，德智体美全面发展的自由个性才能生成。

日本福冈国际大学国际交流学院院长海村惟一教授，阐释了《两界书》的文化创新价值。海村教授指出，在“文化创新”方面，《两界书》是一部与文化哲学有关的21世纪的问天奇书。中国的《两界书》在汇总、融合人类至今为止所有的古今东西巨哲们的智睿，以作者士尔自身的体悟和睿智，在思索中国的“当下”以及人类的“当下”所面临的困惑。并相信，随着《两界书》走出中国、走向全球，新的“轴心时代”迟早会来临，因为《两界书》也将是“新轴心时代”的启蒙书和指南书。

国务院外国专家局“海外名师”及上海交通大学讲席教授高宣扬、中国人民大学艺术学院院长丁方教授、深圳市社会科学院文化研究所所长陈长治教授与深圳市委宣传部副部长吴忠研究员、深圳市社会科学院副院长王为理研究员，分别从文化的生命及其创建动力、中国高等教育结构的转变、中国文化转型，以及人类文化精神的走向，处理本土和全球的关系、传统与现代的关系等方面，论及了文化创新、“跨界融合创新”、文化再造和文化更新等问题，以及现代文化精神在构建人类命运共同体中的重要作用与实践影响。

其中，高宣扬教授指出，文化的生命力深深埋藏在文化自身之中，同时又具有强大的威力，关键在于文化创造者如何利用天地各种自然环境和历史机遇把它充分地发挥出来。中国人的创造活动形成了中国文化自身的生命。中国文化伴随着历史的不断演进，生生不息地进行着自我运动和创新，并随着现代化的进展而不断发生变化和重构。他同时认为，中国文化与外来的各种文化传统不断地对话，并且在诠释中进行创新。对话和诠释也是文化创新的动力。吴忠研究员指出，构建人类命运共同体体现了开放、高远、雄厚的现代文化精神，需要从树立全球性文化意识、秉持“和而不同”的文化境界、确立人与自然和谐统一观、重建个体与整体的内在统一、强化文化创新理念几个方面做出深入思考和努力。王为理研究员认为，人类命运共同体是非常宏大的概念，它超越种族、超越文化、超越国家、超越意识形态的概念。要达成这样的目标，尽管本身是要超越文化的，但它背后有其文化支撑，这个文化支撑就是文化创新。

其三，中国传统文化、典籍、节日与人类命运共同体，探讨中国传统文化典籍、节日在构建人类命运共同体发展的突出作用。中央文史研究馆馆员、东南大学教授陶思炎以中华传统节日文化为例，阐述了节日文化在构建人类命运共同体中的抓手作用。陶教授认为，中国传统节日是促进人类命运共同体的文化抓手。中华传统节日的文化价值在于它作为传承因素、传播媒介，传承、传播了生活需要和哲学观念，因此可以作为人类命运共同体的文化支撑，在当代以及更远的未来继续发挥功能作用，并显示出永久的文化活力。

上海交通大学人文艺术研究院院长、讲席教授王宁，强调了全球化背景下发挥新儒学的力量在构建人类命运共同体中的时代价值。他指出，作为中国土生土长的儒学，在历经数千年的坎坷后，在全球化时代的后现代语境下得到了重新建构，它作为中国文化土壤里的独特产物，是中国的人文知识分子据以与西方后现代理论进行平等对话的重要文化理论资源。在当前西方社会物欲横流、人文精神受到挑战进而发生危机的时刻，呼唤儒学的复兴并以此将中国文明和文化的精神在全世界加以弘扬，是我们难得的契机。

台湾中国文化大学文学院院长黄藿教授挖掘了儒家王道文化思想的现代价值及其对于构建人类命运共同体的积极作用。他指出，中国的儒家文化思想追求的是内圣外王之道，追求从伦理学层面的个人修身到哲学层面的外王之道是一贯相连、由内往外推的过程，这个过程以修身德行为本。儒家历经尧、舜、禹、汤、文、武、周公，建构了一个王道政治的道统，是一套结合伦理学与政治哲学的王道文化思想。王道文化思想以其文化包容的强大感召力吸引着周边邻国，形成了东亚文明圈。中国当前国家实力兴起，近期提出“一带一路”建设的倡议，与“带路”沿线的国家维持和平友好关系，协助各国发展基础建设，和平共荣，就是王道文化思想的表现。并进而强调，中国儒家王道文化不仅是治国的良方，也是国与国之间相处并维持和平的原理，不仅是世界各文明古国中极为罕见的宏伟思想，更是今日国际之间和平相处的救世良方。

台湾慈济大学校长王本荣教授从文化演化的视角，强调了中国传统文化经典的重要性。他认为，所谓构建人类命运共同体，首先要把中国国学经典《难经》《内经》《易经》读好，让每个人从内心彻底地改变，也要推广教育，让所有人类都能够跨越政治、跨越宗教种族，能够变成真正的兄弟。

二、传统文化的现代传承与国际传播

如何在现代社会传承中国传统文化，并使之传播至世界各地，融入时代语境，“使之与现实文化相融相通，共同服务以文化人的时代任务”，是当代中国必须关注的重大现实问题。议题“传统文化的现代传承与国际传播”方面，与会者的探讨涉及中国文化的现代传承与发展、中国文化海外传播的模式与方法、中国文化经典的外译与影响、中外文化的交流等多个细致层面，既反映了当今中国传统文化传承与传播的基本现状，也展现了学界对于中国优秀传统文化如何更好地“走出去”所进行的深度思考。

针对中国文化的传承与传播，成中英教授指出，中国文化是一个开放的体系，对中国文化本身要有高度认识，在这个认识之下，要加强对自我文化的传播，重新认识经典。我们传播中国文化要有自己的东西，要有自己的传承，传承自己要有很好的把握，而且要有自己的信念、自己的自信，同时能够知己知彼，掌握西方的问题进而更好地回答西方的问题，掌握西方的长处、短处进而更好地表达我们的想法。传播不仅是信息交换，而是彼此对照，进行沟通、理解、协调，再进行合作、共同努力，把人类共同的问题探讨出来，建立人类发展的共同愿景。

美国纽约州立宾汉顿大学戏曲孔子学院院长、杰出教授陈祖言根据自己长期在美国大学教学的经验，讲述了中国文化海外传播的模式与境界。陈教授指出，作为一个学者，在海外传播中国文化，可采用三种结合模式：第一，文化传播与学术研究结合的模式；第二，文化传播与教学结合的模式；第三，文化传播与中西文化结合的模式。并且进一步指出，中国文化海外传播的主体主要是青年，教学是很重要的平台。传播中国文化要考虑到双向的交流。同时，中国海外文化传播的整个模式是个润物细无声、细致漫长的过程，如此才能达成“晓看红湿处，花重锦官城”的效果。

上海视觉艺术研究院文化艺术研究院院长刘传铭教授从文字与汉字的起源、变化与发展方面，总结了人类与中国文明的发展。刘教授指出，人文学科是具有深厚背景的学科，又极具时代感。我们需要通过对汉字学理化的梳理，通过有效的传播来为这个时代作出贡献，为人类命运共同体的打造贡献我们的绵薄之力。

此外，北京大学出版社外语编辑部主任、编审张冰教授，北京中英书院邓鸿教授，台湾大学国际长张淑英教授，分别从不同的视角着重探讨了中国文化海外的现代传承与海外传播问题。张冰教授从中国文化在俄罗斯的跨文化传播影响历程探讨了俄罗斯知识分子对中国文化经典的认知和接受。张淑英教授强调了语言翻译或者文化互相传输在中国文化“走出去”

的过程中起到的重要作用，认为可以将中国文化“走出去”与西方文化“带进来”两个层面融合起来进行探究。邓鸿教授则从更宏观的角度论述了传统文化的现代化传承与国际传播问题。邓教授强调，传统文化的国际传播不仅需要了解对方文化及渊源，更主要的是要了解自己的文化。惟有东西方文化融合，以对方听得懂、看得明的文化符号，才谈得上国际传播。

三、饶学研究与跨学科视野

弘扬饶宗颐先生学术和艺术精神，促进“饶学”和中华传统文化研究的发展，需要跨文化与跨学科的视野。议题“饶学研究与跨学科视野”方面，专家学者们从不同的语境、经验和情怀层面，追忆与缅怀了一代国学大师饶宗颐先生，对其学术成就、文化精神、典范作用和后世影响等进行了阐述，同时也展现出了后世学人立志秉承饶宗颐先生遗志、传承与传播中国优秀文化、促进各民族文化交流与沟通、协力构建人类命运共同体的宏伟梦想。

法兰西学士院通讯院士、法国远东研究院前院长汪德迈先生阐述了饶宗颐先生在文化研究与文化传播方面所起的典范作用。他认为，在当代中国文化界，饶宗颐先生是一位继承传统、承上启下、开辟新路的典范。饶宗颐先生以其个人著作和艺术作品为中国文化国际地位的提升作出了独特贡献。他同时指出，在世界范围内，要发挥中国文化的优势，最重要的就是在中国培养更多的像饶宗颐先生这样的精神领军人物。中国应该加强对自己文化特有价值观的支持和推介，包括文学艺术创作、政治、道德等方面；对教育、媒体以及真善美的社会活动和行为给予正能量的支持。

国际比较文学学会主席、香港城市大学“长江学者”讲座教授张隆溪十分赞同汪德迈院士的观点。以饶宗颐先生的文化传播理念为出发点，以自己与饶宗颐教授的学术交往为例证，张教授强调了在文化越来越集中、愈加交汇的全球化背景下，“和而不同”对于研究与传播中国传统文化的重要性。他指出，“和而不同”是来自中国古代的重要智慧，它主张“不同的声音并存，是百花齐放”。饶公的学问和态度代表了这样一种精神，这种精神在二十一世纪具有特别的意义，是学者要秉持的精神。

海村惟一教授从“饶学”到“两界学”以及饶宗颐文化研究院一年来的努力与成果，强调了“以心传心”所代表的“饶学”精神的时代价值和实践意义。海村教授十分认同在二十一世纪的“东学西渐”史中，饶宗颐是一个重要的开风气的人物。“饶学”作为汉字文化圈的学术符号已是无需质疑的事实。他认为，“以心传心”，即以先生之心发现和认识先生的问道精神、弘道智慧，是“饶学”的时代价值和普遍意义。唯有以心传心，才能高度理解“饶学”，并能承之、传之，在文化创新方面作出巨大贡献。并进一步指出，士尔教授问天地十年而作的《两界书》以及系列著作，可以说是“饶学”问道精神、弘道智慧最好的承传。

香港大学饶宗颐学术馆副馆长郑炜明研究员从饶宗颐先生在华学与关联主义的国学、“三重证据法”与“五重证据法”、新经学以及“学艺双携——通人”的培养理念等方面的理论建设与实践，总结了饶宗颐先生在理论建设与文化传播上取得的突出成就。郑教授认为，饶宗颐先生提倡的华学是中华传统文化全球化的早期代表；饶宗颐先生关联主义的国学，实际上就是指文化在传承和传播之中是“你中有我，我中有你”的双向交流的一种体现。

此外，香港大学饶宗颐学术馆馆长李焯芬教授、法国阿尔多瓦大学李晓红教授、韩国外国语大学中文学院院长朴宰雨教授、福建师范大学中文系欧明俊教授、深圳大学原党委副书记王宋荣教授、韩山师范学院院长林伦伦教授、澳门大学中文系施议对教授，分别讨论了饶宗颐先生在海内外的各种文化交流活动，总结了饶先生以传承和弘扬中华文化为己任，奋力疾行，在构建人类命运共同体的实践中作出的贡献，以及饶先生身上具有的努力、用功、专注和善于创新的学术精神，并勉励年轻学者向饶先生学习。

其中，朴宰雨教授主要介绍了饶宗颐先生与韩国汉学家车柱环先生互相酬赠诗词及交往的经历，并介绍了“饶学”在韩国的发展情况。欧明俊教授重点论述了饶宗颐先生与法国汉学家的学术渊源和学术互动，以及饶先生对中法文化交流所作出的贡献。林伦伦教授重点介绍了“潮学”以及饶宗颐先生对“潮学”的研究和关注状况。施议对教授讨论了饶宗颐先生对“饶学”的态度以及“饶学”的实质等问题。施教授认为，如同饶宗颐先生自己所讲述的，他所做的学问是人类的精神史、人类精神创造史，饶宗颐先生百科全书式的学问都是围绕此为中心，这就是“饶学”的“一”。

四、论坛所反映的学术趋势

从学术角度来看，跨学科、跨领域的国内外著名专家与学者的参与，契合当前学术界与整个社会发展、世界发展潮流的前沿性、突出性问题，呈现出的国际化的色彩、国际化的视野、国际化的宽度高度，以及与会专家们提出的众多前沿性的问题与命题，包括后现代化的问题、全球化的问题、新儒学的问题，使此次论坛呈现出了跨界、高端、时代性、国际化、探索性的显著特点。论坛所反映出的高度问题意识和前沿性，具有非常现实的积极意义。深圳大学城市文化研究所所长吴俊忠教授将其总结概括为三点：为在世界多极化、多元化国际文化背景下构建人类命运共同体提出了富有积极意义的文化创新观点，开阔了思路；为我国的饶宗颐研究提供了典型的范例，对于继承饶宗颐精神和方法具有现实的示范和推进作用；为繁荣发展深圳的学术文化搭建了高层学术平台，营造了浓厚的学术氛围。